2012年度教育部人文社会科学研究规划基金项目
批准号：12YJA880111

DAZHONGXIAOXUE
TIYU KECHENG NEIRONG
YITIHUA GOUJIAN

大中小学体育课程内容一体化构建

王皋华 著

PEOPLE'S EDUCATION PRESS 人民教育出版社
·北京·

图书在版编目（CIP）数据

大中小学体育课程内容一体化构建/王皋华著. —北京：人民教育出版社，2015. 11

ISBN 978-7-107-29589-8

Ⅰ. ①大… Ⅱ. ①王… Ⅲ. ①学校体育—研究 Ⅳ. ①G807

中国版本图书馆 CIP 数据核字（2015）第 287746 号

人民教育出版社出版发行

网址：http://www.pep.com.cn

人民教育出版社印刷厂印装　全国新华书店经销

2015 年 11 月第 1 版　2016 年 1 月第 1 次印刷

开本：787 毫米×1 092 毫米　1/16　印张：24　字数：355 千字

定价：41.20 元

序

世界是由不同的系统构成的，系统之间的相互衔接就产生了自然界和人类社会中的普遍现象。衔接的普遍性寓于系统的普遍性之中，这无论对开放系统还是封闭系统都是一样的。现今，人们不约而同地从不同方位提出了同一研究与探索的课题，如整体功能、集体效应、总体框架、配套措施、多边一体化等，令人惊异的是，它们都与同一个命题紧密相关，这个命题就是衔接。由于事物发展的不断深化而一步步显露出来的事物之间衔接的本来面貌，迫使我们不得不去研究它、理解它、分析它和处理它。

2014 年 3 月 30 日，教育部印发了《关于全面深化课程改革落实立德树人根本任务的意见》（以下简称《意见》），从指导思想、基本原则、工作目标、主要任务、具体措施、科学研究和激励机制等方面对全面深化课程改革提出了明确具体的任务和要求。《意见》多次提到并强调各学段学科内容的上下贯通和有机衔接并明确指出：目前“高校、中小学课程目标有机衔接不够，部分学科内容交叉重复，课程教材的系统性、适宜性不强”等。《意见》指出，要进一步明确各学段各自教育功能定位，理顺各学段的育人目标，使其依次递进、有序过渡；要避免有的学科客观存在的一些内容脱节、交叉、错位的现象，充分体现教育规律和人才培养规律；修订课程方案和课程标准，依据学生发展核心素养体系，进一步明确各学段、各学科具体的育人目标和任务，完善高校和中小学课程教学有关标准；要增强整体性，强化各学段、相关学科纵向有效衔接和横向协调配合；编写、修订高校和中小学相关学科教材，加强各学段教材上下衔接、横向配合，基本建成高校、中小学各学段上下贯通、有机衔接、相互协调、科学合理的课程教材体系。

体育学科的课程内容本是一个整体，学科知识、运动技能、行为养成、文化传承之间内在的衔接性，体现了体育学科的整体性。学校体育应是一个由小学体育、中学体育、大学体育前后衔接、有机联系的系列，前一学段是后一学段的铺垫和基础，后一学段是前一学段的延续和发展。从教育的整体性来看，三个学段体育课程衔接为统一整体才算是完整意义的学校体育。体育课程衔接作为优化体育课程的手段或者实现体育课程系统化、整体化的措施，应把促进学生健康成长作为课程衔接的出发点和落脚点，通过优化组合和科学协调小学、初中、高中、大学各学段体育课程目标任务、课程内容、课程实施、课程评价，使各学段的体育课程与教学更加有特点、有重点、有层次，使体育课程系统的功能得到最佳发挥。

加强课程衔接研究是我国课程改革健康发展和有效教学的内在要求，是顺应世界课程改革的发展趋势，是我国课程理论由静态走向动态的逻辑必然，是我国课程理论从宏观阐述转向微观研究的进步。但是，目前关于体育课程衔接的研究还不多，具有可操作性的研究成果更是凤毛麟角，还有课程内容与教学内容如何界定、教学内容如何选择、一体化的课程内容体系如何构建、课程目标达成与否的评价体系如何建立等一系列的问题亟待解决。

王皋华教授完成的《大中小学体育课程内容一体化构建》研究成果对进一步深化我国体育课程改革、构建一体化的大中小学体育课程内容体系、明确各学段具体的教学目标和任务等做了理论的阐述和模式的构建。该研究选题的定位和基本观点与《意见》的精神一致，其研究成果为明确各学段体育教育功能定位、明确各学段、各学科具体的育人目标和任务、教学内容的依次递进、有序过渡、强化各学段教学内容的纵向有效衔接和横向协调配合、进一步修订课程方案和课程标准、制定大中小学体育课程教学质量评估标准、不同学段体育课程教材的编写和修订都具有重要的参考价值。

为了贯彻落实教育部《关于全面深化课程改革落实立德树人根本任务的意见》文件的精神，我们必须认识到统一课程理念是体育课程衔接的思想基础，课程目标的整体性、层次性、阶段性是体育课程衔接的准绳，课程内容的逻辑性、序列性是体育课程衔接的核心，课程实施与评价的有效性是体育课程衔接的表现形式。全面协调各个学段体育课程体系之间的关系，强调小学、中学、大学体育课程在纵向上的相关性、序列性，彰显体育课程体系在育人过程中的整体性，推动我国体育课程改革的健康发展和体育课程的有效实施是深化体育课程改革的根本任务。研究大中小学体育课程内容一体化、设计大中小学体育课程内容一体化的课程体系，理应成为我们这一代体育工作者所肩负的历史使命。

我相信，体育课程衔接作为一个新的、重要的课程研究领域，能够丰富体育课程理论的发展并推动课程改革实践的深入，并且在当前体育课程全面改革的背景下，在全体体育教育工作者的不懈努力下，建立和完善相互衔接的大中小学一体化的体育课程体系更能彰显体育课程的魅力和活力，真正实现体育教育的价值追求，即使受教育者成为具有健康的体魄、良好的运动技能、健全的人格修养的合格人才。

王登峰

2014 年于北京

前言

21世纪的教育正向社会化、信息化和国际化的趋势发展。经济和社会的发展与进步，必然导致学校教育发生变革，而每次教育改革最终必然要落实到课程这个核心问题上。现代课程改革实践的历史证明，课程内容的改革往往是课程改革的先导和突破口。我国“体育与健康课程标准”的颁布本身就是对原有体育课程理念的突破。这一突破必将引起人们对课程内容选择原则的反思、对课程内容选择依据的反思、对课程内容选择的反思，寻求课程内容选择的突破口。

课程包括宏观课程（学校所有课程）和微观课程（每门学科）。本书所要讨论的是微观课程，即学校体育课程内容。课程是培养未来人才的蓝图，也是学生通往社会的桥梁。这张蓝图怎样绘制，这座桥梁如何设计，关系到学校体育的培养目标是否能实现；关系到体育课程是否能够发挥其完整的教育功能。

从1956年教育部正式公布了新中国第一套中小学体育教学大纲开始，到1979年的扬州会议，再到以素质教育为主旋律，以《体育与健康课程标准》为代表的课程改革，在体育课程、教学内容、组织形式、教学方法和手段等方面都进行了各种各样的改革实践和理论探索，对体育课程的性质、任务、应该教什么等的争论始终没有停止。学术思想的空前活跃、学术观点的百花齐放、课程内容选择的五花八门，理论多、实践少；分散多、集中少，成为多年来学校体育课程理论与实践的主要特征，但始终没有形成较为一致的体育课程内容选择的价值取向。

在素质教育背景下学校体育“健康第一”目标的提出，则进一步将传统课程内容体系理论上的缺陷和实践中的难以操作的困难集中地显现出来。因此，尽快重建我国学校体育课程内容体系，满足时代发展和青少年身心健康的需要，构建与“健康第一”的学校体育目标相匹配的体育课程内容体系是当前体育教育改革与发展亟待解决的问题。只有知道“教什么”，才能知道“怎样教”。课程内容谈的是“教什么”的问题，它是体育课程的核心。教学目标的设定、教学内容的选择、教学方法的选择以及教学评价都是围绕着课程内容的选择来进行的。

体育课程内容的选择一直是体育课程设计的核心问题，也是体育课程设计中最棘手的问题。在以往的体育课程内容选择过程中，学校的体育课程历来都被看作是传授体育知识、技能的场所，往往是直接将竞技运动项目移植到课程内容中来，或者简单地根据与体育课程目标对应的要求来选择课程内容。但是，现在这一观点已经受到挑战，对体育课程内容的选择需要进行重新审慎思考。

体育课程内容的科学选择是一个看起来不难，但却是历史难题。在过去的体育课程建设中，不断遇到体育课程内容选择的困惑。在当前体育与健康课程改革之中，依然深切感到来自体育课程内容选择的困扰。时至今日，依然在讨论体育教学内容选择的依据问题，依然不能完全说清楚这个问题。可见，体育教学内容的选择问题至今仍然是一个大难题。

体育课程内容体系的组织必须在党的教育方针指导下，在国家教育行政部门确定的体育课程的目的和任务的框架内进行。构建体育课程内容体系，首先要确定体育课程内容的领域和范围，其次根据体育课程内容的不同领域设定若干相应的教学目标，最后再根据学校的具体条件选择能够实现这些教学目标的教学内容。体育课程内容是构成体育教育的基本要素，是完成体育课程的目的和任务的重要条件，是选择体育教学内容的直接依据。

在查阅大量的国内外文献资料、前人研究的有关成果和对我国课程及学校体育研究的专家进行访谈的基础上，根据多年的课程理论研究和教学实践体验，提出了我国大中小学一体化的体育课程内容体系。这个课程内容体系是学生提高身体基本活动能力、掌握体育知识、发展身体素质、维护身体健康、提高体育技术与技能、养成健康的行为与习惯、传承体育文化，实现体育课程目标的基础。该体育课程内容体系有利于学生形成合理的认识结构、技术技能结构、能力结构和行为、文化结构。

一体化体育课程内容体系对体育课程内容进行了明确的分类，对体育课程内容的选择范围进行了清晰的界定，构建了一张清晰、理想的各学段选择教学内容的网络。其目的是要解决各学段体育教学内容选择的规定性、约束性和规范性问题；各学段教学内容的衔接性问题；各学段课程教材编写范围的界定问题；各学段教学内容的有序编排问题；各学段课程目标达成与否评价的标准问题；各学段体育课程教学质量评估标准的制定问题；培养系统接受体育教育的人的问题。

一体化体育课程内容体系的结构具有显著的纵向复合性。课程内容体系所涉及的7个方面都需要随着学生年龄的增长或学段的递增而相应地增加教学内容的广度和深度，不断提高课程内容在认知方面、身体基本活动能力方面、使用身体基本能力方面、身体运动素质和身体健康素质的发展与增进方面、维护身体和健康技能和方法的方面、强身健体手段和技能学习的方面、社会行为规范和健康生活习惯和生活方式的养成方面、体育文化的认知、理解与掌握方面循序渐进地学习和提高。充分体现体育教学内容结构的全面性、递进性、协同性和广博性。

一体化体育课程内容体系具有突出“健康第一”“以人为本”“全面发展”的指导思想；针对性强、涉及面广，突出学科基础、注重身体教育，强调行为养成和文化传承；考虑学生的现实和未来生活；技能学习回归到它在课程内容中应有的位置的特点。同时，一体化体育课程内容体系还有利于教师认识、理解和目的明确地选择教学内容；具有明确的目的性、针对性和可操作性；课程内容的分类有利于由浅入深地在不同学段编排教学内容，使大中小学的体育教学内容相互衔接成为可能；构建起我国自己的大中小学一体化的体育课程内容体系等特点。

一体化体育课程内容体系涉及到7个方面旨在解决体育教育中不同的问题。“认识身体”解决身体教育和体育锻炼的认知路径问题；“使用身体”解决身体基本活动能力的问题；“发展身体”解决身体运动素质和身体健康素质的提高问题；“保护身体”解决维护身体和健康的可操作性问题；“技能学习”解决健身强体的“工具”性问题；“行为养成”解决健康和社会行为的选择和矫正问题；“文化传承”解决体育文化的认识和理解问题。

体育作为学校课程中课时最多的一门必修课程，理应在知识领域、技能领域和情感领域以及身体发展领域等方面有一个与学生在身心发展不同阶段相适应的，且具有一定承上启下逻辑关系的课程体系。学校体育课程应是一个相对稳定的、有序的、相互衔接的整体。可以说，没有一体化的体育课程内容体系就没有系统的教学活动，而没有系统的教学活动就不可能达成所有的教学目标，就更谈不上教学内容的科学衔接了。因此，构建大中小学一体化的体育课程内容体系，理应成为当代体育工作者所肩负的历史使命。

我国大中小学一体化的体育课程内容体系的构建是我国体育教育领域最有意义的课程事件之一，是广大体育教育工作者必须认真对待和研究的重大课题。一体化的体育课程内容体系的构建是理论和实践的双重活动，仍需要广大体育教育理论工作者、广大的教师和学生、家长以及社会各界人士对它的选择和决定做出正确的判断、解释、说明、论证和修正，通过共同地、不断地努力来逐步完善我国大中小学一体化的体育课程内容体系。

本书共分十五章，其内容安排为：

第一章：通过对一些社会现象的分析、反思和讨论，阐明我国体育课程内容的重新构建已经成为当前体育教育工作者所面临的不可回避的现实问题。

第二章：回顾新中国不同历史时期，体育课程内容的演变与发展过程，以及在课程内容选择上所发生的变化、取得的成绩和存在的缺陷。

第三章：简述国外不同国家学校体育课程内容的演变与发展过程，国外体育课程内容构建的基本理念和指导思想，以及21世纪体育课程内容发展的国际趋势。

第四章：对我国体育课程内容的现状进行定量研究。试图回答我国不同学段学校体育课程中到底有哪些教学内容发生了重复，哪些理论或实践课程内容发生了脱节等问题。为重新构建一体化的体育课程内容体系提供依据。

第五章：体育课程内容选择的文献研究。涉及的内容有体育课程内容选择的依据、原则、分类、方法和过程，以及体育课程与教学内容选择的意见与分歧等内容。

第六章：体育课程内容一体化的文献研究。涉及的内容有党和国家对体育课程改革的期望、大中小学体育课程内容一体化的文献研究、体育课程内容一体化的必要性和可行性、大中小学体育课程内容一体化设计的基本指导思想等内容。

第七章：我国大中小学一体化体育课程内容体系。涉及的内容有理论依据、设计理念、基本框架，以及原有课程内容选择依据的缺陷和课程内容选择所面临的困难等内容。

第八章：一体化课程内容体系与国内外课程内容一致性比较。涉及的内容有"一体化课程内容分类"与"体育与健康课程标准"、与"美国国家课程标准"教学内容包容度分析；"体育与健康课程标准"与美国的"国家体育课程标准"教学内容比较。试图检验中国大中小学一体化的体育课程内容体系在构建课程内容体系方面的科学性、全面性和包容性。

第九章：一体化体育课程内容的组织与编排。涉及的内容有一体化体育课程内容体系的整体构建、结构特征和体育教学内容的组织与编排。

第十至十五章：不同学段（1—2年级、3—4年级、5—6年级、初中、高中、大学年级）一体化体育教学内容及具体实施。涉及的内容有认识身体、使用身体、发展身体、保护身体、技能学习、行为养成和文化传承。

大中小学体育课程内容一体化构建的研究是在前人研究的基础上完成的，在研究过程中作者参考和引用了许多专家、学者的研究成果，这些专家、学者的研究成果为大中小学一体化体育课程内容体系的构建、为一体化体育课程内容体系的具体实施贡献了他们的智慧和心血；在课题研究过程中，研究生静石宇、裴蕾、张瑞、曹禄云、张静蝉、王晓凤在文献资料收集、整理等方面给予我很多帮助；首都体育学院国际教育学院的全体员工敬业而努力的工作，为我完成课题赢得了时间，提供了条件，在此一并向所有为该课题顺利完成提供帮助的专家、学者、同事表示衷心的感谢！

由于本人水平所限，书中不当之处在所难免，诚恳希望同行和读者不吝指正。

王皋华

2013年10月

目 录

第一章　透过社会现象看我国体育课程内容的现状　/『1』
第一节　国民的健康状况　/ 1
第二节　洪昭光现象　/ 10
第三节　“爬树课”的风波　/ 11
第四节　跑酷运动　/ 16
第五节　选择体育教学内容的大讨论　/ 19
第六节　全球教育的追求与共识　/ 21
第七节　国民健康与学校体育的责任　/ 24

第二章　中国体育课程内容的演变与发展　/『29』
第一节　体育课程内容的演变　/ 29
第二节　不同时期教学大纲中的体育课程内容　/ 37
第三节　中国近现代体育教材内容类别的变化　/ 40
第四节　现行不同学阶段学校体育教学内容概述　/ 43
第五节　体育与健康课程标准的研究概述　/ 46
第六节　体育课程内容改革何去何从　/ 49

第三章　国外学校体育课程内容的演变与发展　/『55』
第一节　国外学校体育课程内容的研究综述　/ 55
第二节　国外学校体育课程内容的演变　/ 57
第三节　国外体育教学内容概览　/ 68
第四节　国外体育课程内容构建的基本理念和指导思想　/ 75
第五节　21 世纪国际体育课程内容的发展趋势　/ 78

第四章　我国大中小学体育课程内容现状　/『82』
第一节　体育课程内容界定及教材内容现状　/ 83
第二节　体育教材内容同意度分析　/ 87
第三节　研究的结论与建议　/ 98

第五章　体育课程内容的选择　/『100』
第一节　体育课程内容的特点及选择依据　/ 100
第二节　体育课程内容选择的原则　/ 102
第三节　体育课程内容选择的分类　/ 108
第四节　体育课程与教学内容选择的方法与过程　/ 120
第五节　体育课程与教学内容选择的意见与分歧　/ 123
第六节　体育课程内容统一性的表现形式　/ 127
第七节　体育课程内容体系的结构框架　/ 128

第六章　体育课程内容一体化概述　/『131』
第一节　党和国家对体育课程改革的期望　/ 131
第二节　大中小学体育课程内容一体化　/ 133
第三节　体育课程内容一体化的必要性和可行性　/ 144
第四节　大中小学体育课程内容一体化设计的指导思想　/ 146

第七章　体育课程内容一体化构建的理论依据与基本框架　/『149』
第一节　大中小学体育课程内容一体化设计的依据和理念　/ 150
第二节　体育课程内容一体化构建应注意的问题　/ 165
第三节　不同年龄段人体的身心发展　/ 169
第四节　学生内心的需要和欲望　/ 173
第五节　课程内容选择的困难及原有选择依据的缺陷　/ 177
第六节　大中小学体育课程内容的分类及构建　/ 181

第八章　体育课程内容一体化构建与国内外课程内容比较　/『194』
第一节　一体化课程内容与体育与健康课程标准教学内容比较　/ 194

第二节 一体化课程内容与美国国家课程标准教学内容比较 / 199
第三节 中国“体育与健康课程标准”与美国“国家体育课程标准”比较 / 221

第九章 体育课程内容一体化的组织与编排 /『222』
第一节 体育课程内容一体化体系的整体构建 / 223
第二节 体育课程内容一体化体系的结构特征 / 224
第三节 体育教学内容一体化的组织与编排 / 227
第四节 技能教学内容的组织与编排 / 236
第五节 不同学段体育课程实施的注意事项 / 251

第十章 小学体育课程内容一体化及具体实施 /『256』
第一节 小学 1-2 年级（水平一）体育教学内容及实施 / 256
第二节 小学 3-4 年级（水平二）体育教学内容及实施 / 261
第三节 小学 5-6 年级（水平三）体育教学内容及实施 / 271

第十一章 初中体育课程内容一体化及具体实施 /『285』
第一节 认识身体 / 285
第二节 使用身体 / 288
第三节 发展身体 / 289
第四节 保护身体 / 295
第五节 技能学习 / 299
第六节 行为养成 / 303
第七节 文化传承 / 305

第十二章 高中体育课程内容一体化及具体实施 /『308』
第一节 认识身体 / 308
第二节 使用身体 / 312
第三节 发展身体 / 312
第四节 保护身体 / 320

第五节　技能学习　/ 323
第六节　行为养成　/ 326
第七节　文化传承　/ 329

第十三章　大学体育课程内容一体化及具体实施　/『331』
第一节　认识身体　/ 331
第二节　使用身体　/ 332
第三节　发展身体　/ 333
第四节　保护身体　/ 337
第五节　技能学习　/ 341
第六节　行为养成　/ 344
第七节　文化传承　/ 348

第一章　透过社会现象看我国体育课程内容的现状

体育对于人的生存发展具有多方面的影响：它既是身心健康的保障，又是人际交往的手段，也是职业技能的基础甚至还成为一部分人的精神依托。同时，体育也是我国教育体制中学习年限最长的一门课程，贯穿整个学校教育阶段，其重要性毋庸置疑。

第一节　国民的健康状况

随着生活水平的提高，人们在健康方面的投入也日益增多。我国在改革开放以后实现了经济腾飞，国民的生存环境、工作和生活方式都发生了翻天覆地的变化。改革开放以来，中国老百姓的人均可支配收入有了大大提高，恩格尔系数大幅度下降，说明老百姓家庭的消费结构发生了显著的变化，普通公民已经能够将更多的钱用于非生活必需品的消费。在居民的消费支出中，衣着、日用品等生活必需品支出也同步下降，而体现生活享受与发展需求的住房、健康、教育、休闲等项支出的比重迅速上升。中国人正从以吃饱穿暖为标准的温饱型生活向以享受和发展为标准的小康型乃至富裕型生活转变。但是，生活水平的快速提高、生存环境和生活方式的快速转变也带来了问题，我国国民患心血管疾病、糖尿病、骨质疏松等非传染性疾病的越来越多。

一、成年人的健康状况不容忽视

有调查研究表明，目前人群疾病谱和死亡谱已发生了很大的变化，疾病的病因按生活方式、行为因素、人类生物学因素、环境因素、保健服务因素等方面划分，其中生活方式和行为因素占约60%。高血压、心脏病、中风、癌症和呼吸道疾病等都是不良的生活方式所引起的疾病。

2013年8月9日，由国家心血管病中心编制的《中国心血管病报告2012》发布，报告指出：我国心血管病（冠心病、脑卒中、心衰、高血压）患病人数为2.9亿，每10个成年人中就有2人患心血管病。估计每年我国约有350万人死于心血管病，占总死亡原因的41%，居各种疾病之首。估计我国每天心血管病死亡9 590人，每小时心血管病死亡400人，每10秒心血管病死亡1人。膳食不合理、吸烟、饮酒和缺乏运动等不良生活习惯导致心脑血管病危险因素流行趋势明显，心脑血管病患病人数呈快速增长态势。

报告显示：我国人群超重率（体质指数24～27.9kg/m^2）为17.6%，肥胖率（体质指数≥28kg/m^2）达5.6%。18岁以上超重者和肥胖者分别达到2.4亿和7 000万。我国人群超重、肥胖患病率仍然呈持续上升趋势，2009年上述人群中超重率和肥胖率分别达到30.0%和8.7%，中心性肥胖患病率达到45.3%。

我国人群血脂水平呈持续上升趋势，其中也包括少年儿童。根据2002年中国居民营养与健康状况调查，成人血脂异常患病率为18.6%，其中高胆固醇血症患病率2.9%，高甘油三酯血症患病率11.9%，低的高密度脂蛋白胆固醇血症患病率7.4%。估计我国血脂异常者至少2.5亿。

我国18～55岁居民体力活动主要来源于职业活动和家务劳动，除休闲时的体力活动略有增加外，其他形式的体力活动均呈下降趋势。我国经常参加体育锻炼的人数比例仅为28.2%，20～49岁青壮年参加体育锻炼的人群明显低于其他年龄组人群。

按以往15岁以上人群高血压患病率平均年增长3%推算，2012年我国高血压患病率为24%，估算全国高血压患者为2.66亿，每5个成年人中至少有1人患高血压。我国血脂异常者至少有2.5亿，20岁～39岁、40岁～59岁和60岁以上（含）的人群中，糖尿病患病率分别是3.2%、11.5%和20.4%。

2011年，我国急性心梗住院总费用为49.9亿元，颅内出血141.6亿元，脑梗塞223亿元，相应次均住院费用分别为16 793元、11 802元和7 325元。年增长速度分别为7%、5.4%和1.6%。世界银行曾预测，中国心血管病死亡率高于日本和欧美等发达国家，如不采取积极应对措施，

2005年—2015年，心血管疾病、卒中和糖尿病将给中国造成约5 500亿美元的经济损失。

生活方式疾病将成为我国国民的头号杀手！

二、体育人口的数量较少

国家体育总局2002年12月6日公布了2001年中国群众体育现状调查结果报告。报告显示：2000年，我国16岁以上城乡居民有35%的人在这一年中参加过一次或一次以上体育活动；65%的人没有参加过体育活动。

国外体育人口的情况

美国	对1919成年人的调查中54%的人经常参加锻炼；34%的人每周锻炼5小时以上
日本	每周锻炼3次以上的人占22%；1～2次的人占22%；每月1～3次的人占30%
加拿大	40%的人1周至少锻炼3次；11%的人1周至少锻炼1～2次
原西德	经常锻炼的人占总人口的64%。体育联合会会员占总人口的三分之一

其中，我国16岁以上的体育人口为18.3%；如果将7岁至15岁的在校学生和武装力量作为当然体育人口统计在内，我国的体育人口占可统计的7至70岁总人口的33.9%。

报告还显示：体育人口男性占56.6%；女性占43.4%。我国男性体育人口占男性总人口的20.2%；女性体育人口占女性总人口的15.8%。16～25岁的体育人口数量，占该年龄段总数的33.4%；26～35岁的体育人口数量，占该年龄段总数的14.4%；年龄段为36～45岁的体育人口数量，占该年龄段总数的12.8%；年龄段为46～55岁的体育人口数量，占该年龄段总数的15.3%；年龄段为56～65岁的体育人口数量，占该年龄段总数的21.7%；年龄段为65岁以上的体育人口数量，占该年龄段总数的22.2%。我国体育人口年龄结构呈现两端高中间低的“马鞍型”分布。

三、体育锻炼的意识淡漠

1999年WHO首次对世界192个成员国居民健康寿命的排名顺序

国别	平均健康生活时间（年）	名次
日本	74.5（女平均寿命87.6）	1
澳大利亚	73.2	2
法国	73.1	3
美国	68.42	4
中国	62.3（平均寿命71.8）	81
俄罗斯		91
印度		134

缺乏体育锻炼是导致非传染性疾病快速增长的主要原因。可是，由于人们缺乏体育锻炼维护健康的意识，体育锻炼的主要推动力却是“疾病”。有调查表明，10年前有50%的体育锻炼者是从病后开始锻炼的，而能坚持下来的人也不足5%。10年后，前者的比例上升到61.3%，而出于预防、健康需要能够自觉锻炼的人却没有增加。

有关我国国民身体锻炼情况的统计资料表明，我国目前有2亿职工，有体育活动习惯的人占10.4%，经常参加锻炼的人占25.6%，不参加锻炼的人达64%。大学毕业生走上工作岗位以后，能够坚持参加体育锻炼的男生约占43.3%，女生占33.2%；较少参加锻炼的男生达51.9%，女生达53.5%；另有5.4%的男生和13.3%的女生则完全不参加体育锻炼。随着毕业时间的延长，主动参加体育锻炼的人数则越来越少，成为大量的被动体育人口。

据1998年的调查统计，我国16岁以上的国民中有66.74%的人不参加任何体育活动。其原因有的是对体育缺乏兴趣爱好，有的是没有掌握锻炼身体的技术与方法，甚至还有人认为不必要和不宜参加体育锻炼。

宋逸等对2010年全国中小学生体育锻炼行为现状及原因分析研究显示，全国仅有22.7%的汉族中小学生平均每天体育锻炼1小时以上，16～19岁年龄段学生平均每天体育锻炼1小时以上报告率为12.5%，明显低于2009年美国青少年健康危险行为调查中高中生平均每天体育锻炼至少1小时的报告。①

李翠琴等的研究结果表明，按学校体育课按每周两学时的体育健康课90分钟，有效练习密度按35%计算，学生每周的直接身体练习不超过35分钟。同时，要求的每周三次课外体育锻炼，经调查仅有24%的学生经常参加课外体育锻炼，70%的学生偶尔进行体育锻炼，6%的学生没有体育锻炼的习惯，从不进行体育锻炼。②

马宝发等通过调查统计发现，有11.8%名的学生不愿参与体育锻炼，体育意识相对薄弱，对体育运动没有充分的认识和了解；有47.6%的学生狭隘地认为体育的作用只是用来强身健体，对体育作用的认识只停留在表面，缺乏参与体育锻炼的精神动力；有21.7%的女生认为体育可以减肥塑身，这是大多数女生愿意参与体育活动的主要原因；有40%的学生认为开展体育活可以活跃校园文化氛围，陶冶情操；有30.2%名的学生认为可以调节情绪、缓解压力，其中主要以大四毕业生居多。经过分析可以得出，大学生对体育的作用缺乏一个全面的认识，这是平时不参加体育锻炼的学生尤其是女生对体育比较冷淡的主要原因之一。③

四、医疗费用支出惊人

个体的健康状况与整个社会有着千丝万缕的联系。身体有病，即影响学习和工作，又要消耗社会财富，给家庭、单位、同事、亲友增加负担。就感冒而言，治愈一次的花费如按10元钱算，全国13亿人口就是130亿元，实际一年治疗费用远不止于此。

《中国卫生统计年鉴》显示，从2003年到2011年短短的8年时间里，我国门诊病人人均每次医药费由108.2元增加到179.8元，增长率为

---

① 宋逸等. 2010年全国中小学生体育锻炼行为现状及原因分析 [J]. 北京大学学报（医学版），2012 (3).

② 李翠琴等. 大学生体质下滑现象分析及对策 [J]. 湖北体育科技，2013 (1).

③ 马宝发等. 黑龙江普通高校对学生终身体育锻炼意识培养的调查研究 [J]. 科教文化，2013 (1).

66.2%；出院病人人均医药费由3910.7元增加到6632.2元，增长率为69.6%。①

在各自选用相同年份数据作为基准所得出的增长率显示医疗总费用增长率绝大多数时期都高于GDP的增长率。特别是1988年以后，两者增长率的差异明显拉大，医疗总费用增长率增速远远高于GDP增长率增速。同时，医疗总费用占GDP的比重总体呈现增长的趋势。②

五、学生的健康状况令人担忧

（一）体质健康状况下降

2011年8月9日，教育部公布了2010年全国学生体质与健康调研结果。调研结果显示："我国城乡学生的身高、体重和胸围等生长发育水平继续呈现增长趋势；反映人体生理机能水平的重要指标—肺活量，在连续20年下降的情况下，出现上升拐点；学生的营养状况继续得到改善，低体重及营养不良检出率进一步下降，且基本没有重中度营养不良；中小学生身体素质下滑趋势开始得到遏制。表现在爆发力素质（立定跳远）出现好转；柔韧素质（坐位体前屈）出现好转；耐力素质指标持续下滑趋势已经得到遏制；力量素质（握力）继续提高。"

调研结果指出："学生体质与健康存在的主要问题有：大学生身体素质继续呈现缓慢下降，但下降幅度明显减小。主要表现在19～22岁年龄组除坐位体前屈指标外，爆发力、力量、耐力等身体素质水平进一步下降，但与前一个五年相比（2000年—2005年），下降幅度明显减小；视力不良检出率继续上升，并出现低龄化倾向。"

长期缺乏体育锻炼严重影响了学生的生长发育和体质健康水平。学生夏天中暑的多、冬季着凉感冒的多、偶尔活动的强度大了，扭伤、骨折的多。学生中出现的这三多现象，真实地反映了当前学生的体质健康状况。

目前，全国中小学执行的"体育与健康课程标准"过分强调尊重学生

---

① 王萍等. 医疗费用增长与控制研究［J］. 宏观经济研究，2013（4）：14-19.

② 王鑫. 我国医疗费用增长的因素分析与控制策略［D］. 辽宁大学硕士论文，2013.

的体育学习兴趣与学生的“运动参与”等软性要求，并把培养学生体育学习兴趣摆在学校体育教育的重要位置。这就给“体育与健康课程标准”的实施，在政策导向上形成了误区。随之而来的体育课教学内容以及学生体育锻炼项目越来越倾向于趣味性、娱乐性和健身性，学生体育课和体育锻炼的运动量和运动强度无法得到保证。

中小学生体育运动伤害事故已经严重影响了学校体育教学和课外活动的正常开展。学校为了图省事，在不能绝对保证学生运动安全的情况下，只好在学生的体育活动内容和运动器材上下功夫、做文章，对于对抗性较强、运动强度较大的运动项目和体育活动学校不敢开展。危险性较大、安全性较低的体育器材与设施学校不敢摆放和投入使用。如此一来，中小学体育教学、课外活动内容不断“简化”和“缩水”，学生体育活动的内容越来越“空壳化”学生体育锻炼内容严重“缩水”与运动量不足，这也是制约学生体质与健康发展的重要因素之一。

体育课、课外体育活动时间被挤占、挪用和“虚设”的现象时有发生，体育课程的实际地位不高，这也是制约我国学生体质与健康发展的重要因素之一。

现代生活环境使得学生普遍缺乏吃苦精神，在生活中很少经受挫折和克服困难的体验与磨炼。由于学生怕苦、怕累思想严重，尤其是进行耐力跑，学生的抵触情绪大，运动兴趣普遍不高，不愿跑步、不喜欢跑步、很少跑步的学生越来越多。①

（二）不健康的生活习惯和方式

生活习惯多养成于青少年时期，并影响人的一生，因此在青少年时期养成健康的生活习惯至关重要。但来自我国百所大、中学校学生体育锻炼情况的调查报告表明：经常参加体育锻炼的学生只占总体的25.7%，而且课余锻炼的势头呈下跌趋势。在对大、中学生经常从事的课余活动调查中，排第一、二位的项目是“与同学、朋友聊天”和“做作业”，分别占被调查学生总人数的78.5%和67.3%；排在第11和17位的是最简单的锻

① 周良云等. 我国学生体质与健康状况“趋势性变化”的解读与思考［J］. 广州体育学院学报. 2013，33（1）.

炼方式跑步和做操。有大约 75.1%的大、中学生就连这最简便的锻炼也已“久违”了，而“睡懒觉”却排在第 8 位。

近来学生的心理问题逐渐引起各方面的广泛重视，很多学校都把焦点放在学生的心理辅导上，但不健康的生活习惯和方式对学生健康的影响却被忽视或还没有得到足够的重视。

（三）肥胖已成为青少年的重大健康隐患

随着物质生活水平的提高，现在我国肥胖患者已达 6000 多万，而且以 5 年增长一倍的速度发展。其中少年儿童肥胖占很大的比例。2010 年全国学生体质与健康调研结果显示 7～22 岁汉族学生肥胖检出率持续增加，城市男生为 13.33%，城市女生为 5.64%，乡村男生为 7.83%，乡村女生为 3.78%。①

肥胖在全国迅速蔓延，成为影响少年儿童健康最突出的问题。肥胖率持续、迅猛的增长给社会敲响了警钟。肥胖会给少年儿童带来巨大身心压力，而且容易引发高血压、糖尿病、高脂血症、冠心病等疾病。近年来，学生的性发育年龄在不断提前，再加上肥胖，就会导致成年后部分肿瘤（如女性乳腺肿瘤、男性前列腺癌等）发病年龄提前，患病率增加。

医学专家已经证实，超重和肥胖的影响是终生的，不但导致高血压、高血脂和糖尿病，同时也是胆结石的主要风险因素，并和骨关节炎有关系。超重与子宫癌成正相关关系，有较高体质指数的人无论男女其死亡率都会上升。

（四）青春期变成“危险期”

儿童时期神经系统的兴奋和抑制的发展对于心理健康十分重要。研究证明：如果幼儿时期的兴奋性没得到充分发展，会在青春期再一次得到发展，这时的身体不像幼儿那样弱小，身强力壮，受到刺激后，自身往往难以控制。因此，人们将青春期也叫作“危险期”。如果神经系统的兴奋性在幼儿时期得到充分的发展，青春期就平稳得多，而幼儿期兴奋性的发展是在宽松自由的条件下玩耍、游戏、运动等逐渐发展和完善的。

在现代化生活中，儿童的玩耍越来越受到限制，儿童由过去室外的玩

① 邹德敏. 学生体质与健康状况研究 [J]. 现代中小学教育，2013，(4).

要向室内的玩耍转变，特别是电视和电子游戏的普及，更减少了儿童的运动机会，放学后与同伴交往的机会减少，这些必将对他们的生长发育产生不良影响，导致了他们神经系统的发展迟缓，心理上出现自卑、缺乏自信、压抑、焦虑、退缩，行为上表现出孤独、多动症、注意力不集中、打架、破坏公物、少数青少年甚至发生自杀行为。

（五）体温调节机能的退化

人的机体具有一定的温度，这就是体温。由于人体内有完善的体温调节机构，在一定范围内不论环境温度如何变化，体温仍然能够维持在相对稳定的状态。温度过高或过低，都会影响体内生物化学反应的正常进行，严重的时候会直接导致死亡。体温是一个有节奏的生理值，一般是早晨低，然后逐渐上升，到午后达到最高值，从傍晚开始下降。这个节奏从出生后的 2 年到成人都是相同的。

有研究表明：城市和农村健康青少年儿童在一日检测体温的各时间段内，城市男女少年儿童的腋下体温明显低于农村的男女少年儿童。通过一周的连续检测，结果表明一周内每天都有相同的倾向。研究人员解释：城市少年儿童生活在热天有冷气，冷天有暖气这种经过人为调节的舒适环境里，使他们适应寒暑的能力下降。而这种体温调节机能低下现象，会影响自然产热功能及身体正常的新陈代谢，降低抵御寒冷的能力，容易患感冒，也会降低抵御酷暑的能力，容易中暑，即降低身体适应环境的自我保护能力。

（六）血压调节的功能的退化

人体具有根据身体姿势及身体活动情况，血压自动调节的功能，以保证身体在不同姿势的条件下及时地给大脑供血和供氧。血压调节功能是后天经过各种运动中的身体姿势变换逐渐发展完善的，当前少年儿童们普遍运动不足，限制了血压调节机能的发展和完善。1999 年研究人员对北京的 534 名幼儿和学生进行了调查，发现幼儿园有 80％的儿童血压调节不良，小学有 50％～80％、初中有 70％～80％的少年儿童血压调节不良。近年来人们经常可以看到军训或大型集会时学生晕倒的现象，从人体生理学的角度看，在站立过程中，由于重力的作用，血液容易留在下肢致使大脑缺血。如果血压调节机能良好的话，就能够保证大脑的供血，也就不会出现长时间站立后晕倒的现象。

有学者曾严肃地指出，我国学生身体这个硬件变化相伴而来的是道德、信念、情操等软件的退化。每一位教育工作者和学生绝不能让学生“营养够了、热量足了、运动少了、素质低了、健康水平下降了”的现象任其发展。

第二节 洪昭光现象

一、什么是“洪昭光现象”?

这个问题也许很多人不再需要回答，因为洪昭光这个名字和一个叫作“健康享受每一天”的健康讲座紧密相连，与这名字有关的朗朗上口的健康忠告，比如“一二三四五”、洪昭光的健康讲座内容已在电视、报纸、录音、光盘、书籍等不同形式的全国各类媒体上频频亮相；健康讲座笔录的民间“手抄本”已达68种之多，复印、邮件传递的更是不计其数；几十家出版社争先恐后想要出版他的讲稿；500多个单位团体排队等着邀请他去讲课；广州一家报纸独家刊登了洪昭光教授授权发表的健康报告《怎样活到100岁》全文，当天全市3000家便利店和东方书报亭零售的报纸，一个多小时就被争购一空；没“抢”到报纸的读者，则复印报纸争相传阅，以至于一些单位的复印机“吃不消了”;《怎样活到100岁》被各网站转载，无不放在醒目的位置，点击率始终遥遥领先。这份健康报告，老人们看了津津乐道，年轻人看了大呼“深得我心”。

这“热火朝天”的一切，被人们冠之以“洪昭光现象”。

二、“洪昭光现象”带来的思考

健康太重要了，健康就是节约，健康就是和谐，健康就是责任，健康就是价值。洪昭光教授就是希望通过他的健康讲座使大家都能建立二十一世纪健康观念，即20岁养成好的生活习惯，40岁以前没有病，80以前不衰老，“轻轻松松一百岁，快快乐乐一辈子”。

洪昭光教授的健康圣经到底有什么“魔力”? 在“洪昭光现象”的背

后还有什么？

首先，洪昭光教授讲座的“走红”不仅仅是因为语言的风趣和通俗易懂这么简单，而是有着更深刻的社会背景。当前我国的人口结构及疾病的发病与死亡模式发生了明显的变化，以心、脑血管疾病、肿瘤、糖尿病等为代表的慢性非传染性疾病已经严重威胁我国人民的健康，慢性非传染性疾病出现低龄化、扩大化并呈持续、快速的增长趋势。导致慢性病发病率逐年上升的原因主要是生活方式不当所造成的。

其次，“洪昭光现象”反映了国民在健康教育、体育教育等方面的缺失。洪昭光教授在他的讲座中曾经指出：“很多人不是死于疾病，而是死于无知。”为什么我们的国民在学校接受了完整的体育教育，接受了长达12年的体育教育后还会说“我不懂体育”，我们的国民对洪昭光教授的讲座如此痴迷并表现出如此强烈的反映呢？

这不得不引发我们的思考，我们的体育教育怎么了？

第三节　“爬树课”的风波

一、“爬树课”的由来

“爬树课”的准确学名为“攀树运动课”，旨在教授学生学习“如何安全爬上任何树，并在上面自由移动，甚至在树木之间灵活穿梭”，网友称其为“最新奇的课”，被媒体和人们给予了广泛关注。

这是厦门大学2012年新开设的公共基础课。据厦门大学教师在微博中透露，厦大朱校长从美国回来，得知美国大学开设有爬树课，要求体育教学部和资产处上山去找些树，尽快给学生开“爬树课”。此消息一出，厦门大学学生兴奋不已，他们在网络上奔走相告：“厦大爬树课真的开课啦!”期盼着新学期能开始上这门“神奇的课程”。

2012年厦门大学的攀树运动课首次开课，尽管学生对该课程热情高涨，校方只安排了60个名额，共设4个班级，每班15名学生。60名选课成功的幸运儿开始接触这门被称为“史上最新奇课程”，他们都被同学称赞“人品好到爆”。

爬树运动是一项惊险刺激的户外运动项目，同时具备很强的娱乐性。从厦门大学公布的一份课程简介可以看到，校方开设这门课的用意并非只是简单地学会爬树。除了让学生掌握一种爬树方法，掌握基本的逃生技能，还能培养学生挑战自我、临危不惧的危机处理能力。同时，登高望远可愉悦身心，亲近自然也会促使学生更加爱护环境。

二、“爬树课”引发的争论

厦门大学“爬树课”的消息一经传出，引起舆论哗然，对于高校开设“爬树课”的做法，人们褒贬不一，引发起不小的争论。

一些质疑者认为：这是哗众取宠和不务正业，学生既学不到对今后就业或创业有用的知识和技能，也不能仅通过一门课程就掌握了逃生本领。

校长此举有点盲目模仿的嫌疑。爬树课之前没有先例，这个运动是否适合中国大学生很难讲。而且，这种运动对树木的高度和粗细的要求也应该是比较高的，即便是找到了符合要求的树木，几十斤、上百斤的人吊上去，对树木也是种损害，这门课是有违环保意识。

教育的创新和进步，什么时候都不算晚。问题的关键在于，中国的教育进步似乎总是跟在西方发达国家的后面，有“东施效颦”的嫌疑，效果并不见得理想。譬如目的既然是培训逃生技能，为什么非得简单套用美国大学的爬树课？如果没有树，是不是还要将学生拉到山林里进行授课？教育成本高涨，谁来埋单？倒也不是说这样的形式不好，只是我们的大学其实更应该拥有具备自己内涵的教育载体和模式。事实上，美国大学“爬树课”的教育形式只是通用技术教育体系中的一个环节，等我们学来了“爬树”，人家已经开始“爬山”乃至“下海”了。

一些称赞者认为：从教育本身而言，爬树课的出现，无论是对于中国大学还是通用性的生存技能教育内容缺位的中国教育，都具有非常积极的意义。

当今的大中小学校，课程设置和教学目标多以升学、就业为指导，与生存本领相关的理论与实践教学却常常被忽视。学校开设爬树课，弥补教育内容缺失，强化生存本领教学，无疑是一种有益尝试。

厦门大学“爬树课”也是一把“逃生锤”，关于人怎么才能活着的知识，应该贯穿整个教育体系，这一点无可争辩。要不要开设爬树课，要不要加入逃生内容，这些关乎生命的安全教育，被我们的教育体系忽视太久了。

中国的教育一向讲究“正统”，认为这是件严肃的事情，尤其是在被认为“象牙塔”的高校，开设这样偏门的课程，似乎有损高等教育的严肃性。但其实，这里有两个误区：第一，生存技能教育是不是该进入教育体系；第二，大学教育的定位是什么？

大学开“爬树课”，听起来是很逗趣的一件事。但如果看看北京暴雨中市民求生技能之孱弱，也许晚来的这一课就显得有些悲壮而严肃。一方面，自然灾害暴雨、地陷、地震、雪灾时有发生，临危不惧的勇气有时不如应急避险的能力来得更为可靠；另一方面，中国的基础教育及高等教育很少关注生存技能，夏天溺亡的儿童，火灾中施救不当的成人，要么是靠行政禁令警醒，要么是以道德救赎遮蔽，缺课的内容有时需要以生命为代价补上。这样的课程所掌握的技能可能一辈子也用不到，但如果有需要的场合又显得束手无策，甚至一辈子会因此而终结。

厦门大学开设这样一门“爬树课”，重申对个人生命的珍惜、对安全教育的重视，不失为大学管理者的一种觉醒，是对教育体系反思后的补足，其实也给了中小学教育一种启迪。关于人怎么才能活着的知识，应该贯穿整个教育体系，这一点无可争辩。

在现行的教育体系中，这项至关重要的教育项目却有着一贯的缺失。据说在国外的教育体系中，在高中阶段就有体操、射箭、马术等课程可供学生选择，而在我国，除非家长和学生自发，直到大学才开设诸如简单走过场似的游泳课程。而个人的身心发展，除了具备一定的科学知识之外，难道不应该包括生存技巧和生活能力的培育吗？

厦大学“爬树课”，就像是车厢里的逃生锤，每个行走在健康生命之路上的人，都应该基础性地获得。教育，不应该仅注重如何获得工作赚钱机会，更应该包括基础性的对自己生命的保护，还有更高层次的对生活品质的感知力。这些都是现行教育体系的欠账，需要尽早去还，最重要的是要先意识到这一点。

千万别把“爬树课”仅当作一场玩笑而已，当教育以功利的脚步绝尘而去的时候，是该停下来等等人性的温暖、生命的敬畏、生存的感恩……“爬树课”虽然开得有点晚，总好过对风险的无知无畏、对意外的后知后觉。有些常识与能力，远比知识与道理来得更要紧。

逃生能力以及自救自护能力，几乎成为我国对学生的教育缺失。而这一切，对于学生未来的发展，恰恰是不可或缺的。事实上，类似“爬树”的各种技能在小学、中学就应当掌握，这样面对各种突如其来的灾难，就不会手足无措，而是临危不惧，沉着应对，成功自救互救，远离灾难的危害。

社会发展到今天，不仅大学课程里可以开设诸如爬树、游泳及对各类野生动植物习性的学习和实践，在中小学里，根据周边环境实际情况，更应把各类野外生存技巧纳入学习科目，让学生多掌握一种技能，既利于健康，又能提高自我安全保护的能力，不仅对学生家庭，对整个社会都是百利而无一害的。

三、“爬树课”引发的思考

“爬树课”其实并不是什么新鲜事物。据报道，美国已经有 1000 多所学校开设了这门课程。该校户外体育部开设了诸如攀岩、爬树等系列课程，作为学校体育教学的一部分。这门课程教学生如何使用绳索和特殊的登山装备安全地爬上树，在树上自由移动，甚至在树木之间灵活穿梭。只要能成功爬树，就能拿到这门课的学分。在美国康奈尔大学爬树课程介绍中有这样一段话：“无论你是热带雨林的研究员还是树艺家，回想一下当你第一次抓上树枝掏鸟窝时的兴奋吧！当你一直想爬上街上的大树，但始终都到不了第一个枝丫，你会怎么想？”

对于20世纪七十年代以前出生的人，下河游泳，上树掏鸟窝是再正常不过的，也是孩提时代玩耍的主要内容，就是在这种看似撒野的玩耍中，不仅锻炼了体质，磨炼了性格，还掌握了很多技能，爬树、游泳、对动植物的认识等等，成了人生一笔宝贵的财富，看似无关紧要，而一旦环境所需，往往不仅能挽救生命财产损失，也能转危为安。

现代科技的进步，使得人类某些肢体功能越来越退化，人变得越来越“懒”，不只对爬树这样的技能很陌生，大多数人早已是见水就晕的“旱鸭子”，很多人落水之后连起码的自救本领都没有。在人的一生中，谁也不想遇到突发灾难，但灾难有时还是不期而遇。2012年发生在北京61年一遇的特大暴雨灾害，有20多人在现代化的都市街头溺水死亡；2013年6月23日下午，湖北省当阳市两河镇发生一起溺水事故，6名刚结束中考的毕业生在沮漳河的河边玩耍时遇险，6人全部死亡。如果这些人都有游泳或爬树的本领，悲剧未必不能避免。

请问一下我们自己，是否懂得看树木的年轮或是天上的星星来辨识方向？有多少人知道当发生地震时是该躲在洗手间还是尽快跑出去？暴雨中遇难的司机，如果驾照考试中有相关车内逃生的内容，又何至于撞破头骨也未能逃生？再看看千军万马过独木桥走来的当代大学生，有多少懂得合理地运用自己的身体去面对各种突如其来的灾难，提高应急避险的能力？我们经常用类似体育教育资源稀缺、学业压力大之类的借口，来解释体育教育发展中的缺憾，但是体育教育体系自身的缺陷，经过几代人实践之后便再难掩盖。

在人的一生中，无论是遇到灾难还是正常工作，掌握一项基本技能，说不定什么时候就可以派上用场，甚至会挽救自己或他人的生命。让学生多掌握一些运动技能，既有利于健康，有能提高自我安全保护的能力，不仅对学生家庭，对整个社会都是意义重大的。“爬树课”的开设，看似简单可笑，但对提高运动技能、增强克服困难的勇气和丰富生活经验等“看不见的能力”大有裨益。爬树与攀岩异曲同工，都是考验人的体力、毅力、耐力，都是挑战自我、亲近自然的一种方式。学校是教学生各种本领的地方，学习知识、积累才干是掌握本领，学习攀岩、爬树同样是掌握本领，一旦派上用场，危急时刻它比知识、金钱管用得多。

第四节 跑酷运动

一、什么是跑酷运动

“跑酷”最初由越战中的法国士兵们发起，2002年在英国开始盛行，后来大卫·贝利(David Belle)把它发扬光大。法国电影《暴力街区13区》即是展示跑酷文化。跑酷以日常生活的环境为运动的场所，跑、跳、攀爬、翻滚以及其他一些方法都可以利用，所有这一切的目的就是，决不被障碍物所阻碍，无论墙、铁窗、栅栏、树木、岩石、交通工具、壕沟等。从事这项运动的人是将各种日常设施当作障碍物或辅助物在其间跑跳穿行。

二、跑酷运动的本质

跑酷绝不是为了一个漂亮的飞跃或是从很高的地方跳下所带来的哗众取宠或是吸引目光，也不是为了屋顶上跑来跑去或是其他挑战死亡的特技，这些反而歪曲了跑酷的本质。

跑酷是人类根深蒂固的本能，这种本能就是运动。跑酷将我们周围任何可以利用的环境设施“为我所用”，这种“移动的艺术”既不需要特别的设备，也不需要专门的训练，人体是从事这项运动的全部。跑酷运动装备很简单，一件T恤衫，一双轻便的跑步鞋以及一条运动裤足以。它结合了所有人体的自然能力，包括跑、跳、攀爬等。跑酷是一项能够开发人体潜在运动能力的一项体育活动，也是一种培养真正勇士精神的运动。

无论在城市，还是在乡村，这项运动要求参与在者面对出现在面前的任何障碍物，并“挑战它”。这就要求身体躯干和四肢具有良好的灵活性和超强的控制能力。归根结底，跑酷是训练人体快速移动能力的一种自然的方式。

三、跑酷运动的启示

（一）不受教育资源的限制

跑酷运动是21世纪年青一代认同的一项运动，它超越了全民健身的说教和竞技体育的残酷，体现了真正的快乐精神。跑酷运动中有一个核心理念，“两点之间只走直线”。跑酷运动将我们周围任何可以利用的环境设施“为我所用”，不需要特别的设备。练习者可以把任何场所作为运动的场地，运动场地具有随机性，便于在不同的地区开展。

（二）塑造学生人格

在现代钢筋水泥灌注的高楼大厦丛林中生存的人们，变得越来越慵懒。生活空间的狭小使人类的身心被压抑和禁锢。人们急切渴望返璞归真、回归大自然。交通工具的普及使很多人几乎连行走都想放弃。在沉重的学习负担和升学的双重压力作用下，现在的学生普遍存在胆怯自卑、过分敏感、心理脆弱、承受能力差、羞涩保守等心理问题。学生要克服或超越这种不良的心理状态就要提高自信、心态平和、学会勇于接受和挑战。这样学生才能够在面对眼前的障碍物，甚至在面对学习和生活中的挫折时敢于从容应对。从事跑酷运动对学生克服怯懦心理，提高自信有极大的促进作用。学生从中可以学会如何应对日常学习和生活中的种种困境，使自己超越身体和心理的极限。

（三）体现以学生为本的教育思想

跑酷是一个控制身体、移动身体的技巧和艺术，在运动中挖掘自身的潜力，回归人类的本性。跑酷的基本动作有：落地、翻滚、落地翻滚、鱼跃翻滚、平衡、猫爬、单脚跳远、精准跳远、侧手反抓栏杆、侧手反抓墙、快速上墙、蹬墙跳等。跑酷动作要优美、洒脱，要科学合理地控制自己的躯干和肢体，体现身体运动的高效性，同时进行自我展现。这些目标要能在任何环境中实现，环境不是重点，重点是精湛地处理自己身体与环境的关系。

（四）获得成就感和运动乐趣

体育教学不应等同于运动训练，过去的体育教学注重距离与时间，重量与强度，高度和远度等，体育教学一般在运动场或健身房中进行，对提高学生的竞技水平、意志品质等方面有一定的积极作用，但其体现健康的本质以及适应自然的能力并没有完全发挥作用。不难看出，传统的教学内容在教学活动中承载着学生在“三基”层面的发展，而跑酷运动增加了健康和娱乐含量，更体现了个性化的培养，同时还承载着教学走出创新、走进健康，适应生活和适应社会。跑酷运动不仅发展了学生的力量、耐力、柔软和灵敏素质，而且还能体现学生创造性地控制和锻炼自己的身体，自主发挥进行位移运动等更多的功能，有助于达成心理健康和社会适应等多领域的目标。

从运动参与的视角来看，过去的体育教学规定性、规范性、定量性、竞技性等要求比较多，而趣味性、能动性和创造性体现不够。跑酷运动基本不受约束，可以自由发挥，强调主体参与意识。从心理发展视角来看，跑酷运动对挑战自我、自由发挥、自尊自信等心理素质的培养和人格的塑造都有积极的作用。从个性体育与终身体育的角度来看，过去的体育教学内容基本是停留在竞技式的教学层面，达成的目标相对单一，而跑酷运动可把学生的主动性充分调动起来，提高他们的心理素质，使他们能从运动中获得成就感和乐趣，随着这些成就感和乐趣的不断积累，运动的兴趣、爱好、能力和习惯就不断增长，课程教学与终身体育就能更好地衔接起来以创造新的健康价值。①

总而言之，不受教育资源的限制、塑造学生人格、体现以学生为本的教育思想和获得成就感和运动乐趣，为跑酷运动在学校开展奠定了可行性、针对性和科学性的基础。跑酷运动进入课堂，符合当前教育改革的指导思想，对体现教育以人为本、贴近生活、适应社会、丰富体育课程内容、转变体育教学的理念、提高学生的学习兴趣、调动学生学习的积极性、提高青少年学生的整体素质等都具有重要的意义，给予了我们很多对体育课程内容选择的启示。

---

① 陈国成. 对大中小学体育教学衔接问题的研究［J］. 北京体育大学学报，2004，(8)：1105-1106.

第五节 选择体育教学内容的大讨论

体育教学内容选择的基本依据是课程目标和学生身心发展的基本规律和特点。在当前新一轮体育课程改革中，特别是在《体育与健康课程标准》取消对具体教学内容规定和指导的背景下，新兴体育教学内容的开发、传统体育教学内容的调整，特别是体育教材内容选编与分类等相关理论与实践问题日益突显。

一、教学内容选择成为热议的话题

《体育教学》2010 年第 2 期《在义务教育阶段体育课程中规定必修内容的思考》一文发表后，引起了体育教育领域的广泛关注和热议并引发许多不同的观点。因为这是一个关于体育教材建设的重要问题，也是对深化体育课程改革，提高体育教学质量有着重要影响的关键问题。2010 年俞小珍、方建新两位教师在《体育教学》第 10 期发表了《对义务教育阶段体育课程中规定必修内容的提议与辨析》一文，将如何选择和确定体育教学内容提出了不同的观点，体育教育领域由此展开了进一步的大讨论。虽然课标在选择教学内容上赋予了教师很大的权力和空间，在实践教学中，这一操作由于对教师要求太高，造成可操作性不强，难以全面实施，而造成了整个教学“不知道拿什么上体育课”的现象。①

二、教学内容选择上出现的困惑和问题

在这场如何选择和确定教学内容的大讨论中，广大中小学体育教师在“目标统领内容”理念的指引下，开发与引进了许多很好的锻炼方法与运动项目，丰富与更新了体育实践课的教学内容。但有些学者明确提出，在开发教学内容的同时也暴露出一些问题和迷惑，因此提出了一些质疑。

1. 在当前一些体育课教学和一些校本教材开发的案例中，常会出现肤

---

① 高长风. 新课标解读与教学案例设计（初中体育与健康、艺术、美术、音乐）[M]. 北京：中央民族大学出版社，2004.

浅认识教学理念、违背学生身心发展和动作发展规律、错误选择教学内容、背离体育教学基本规律等现象。

2. 现行的《体育与健康课程标准》中，具体教学内容的空白是导致现在教学内容随意性加大，一些非身体练习的内容进入了课堂、有一定难度和风险的教学内容逐渐淡出了体育课。

3. 新教材的内容出现了低龄化、幼稚化和简单生活化的倾向。

4. 教师普遍希望课程标准应该增加具体教材内容，而不是只提供少量的示例，要使体育教师在有章可循的同时，便于操作。这也反映了在经历了体育教学内容放开和开放之后的迫切诉求。

5. 体育教学内容真的不需要统一吗？

6. 过去体育教学大纲的统一性需要彻底摒弃吗？

7. 加强国家对中小学体育教学内容有弹性的指导和约束力有必要吗？

8. 体育教学内容的放开和开放是历史必然吗？

9. “放开”和“开放”是体育课改的两个重要特征吗？

10. 体育教学内容和竞技运动项目能否相互替代？

教学内容的改革，历来都是课程改革的核心。因为，教学内容反映了“教什么”和“为什么教”这些带有教育根本性的问题，它是教学指导思想的重要体现，是实现课程目标的基本保证。

从上述国民的健康状况、洪昭光现象、“爬树课”的风波、选择体育教学内容大讨论的四节内容中，给我国的体育课程内容改革带来哪些启示？体育教育应该或能够在国民健康的获得方面有些什么作为？也许你已经有了自己的想法或已经找到了答案。

三、体育教学内容大讨论引发的思考

教学内容的选择应以课程目标的达成为原则，以学生身心发展的特征与水平为出发点，以学生的发展需要为中心，以各地、各校的实际条件为基础来选择教学内容，而不应以运动项目或教师为中心来选择和设计教学内容。①

---

① 季浏. 体育与健康课程标准解读［M］. 武汉：湖北教育出版社，2002.

在有关于体育教学内容的大讨论中，很多声音都来自于现代与传统、保守与创新、民族与民间就内容而内容的分析和评判，很少有将教学内容的开发选择与教学目标、系统的学科知识、学生的发展、学生未来面对的生活、终身体育和良好的生活方式和习惯的养成等这些关系到学生健康发展的大事联系在一起的，这不能说不是一大遗憾。

体育教学内容的选择要符合学生的身心发展特征，符合学生的身心发展特征是保证教学内容选择的科学性、教学效果的有效性和教学过程可操作性的基础。

体育教学内容的选择要关注学生的运动兴趣，重视学生的运动兴趣，关注的情感和体验才能提高学生体育学习和活动的积极性，提高学习效率。

体育教学内容的选择要满足学生的需要。满足学生的身体需要、满足学生的心理需要、满足学生未来生活的需要、满足学生终身体育的需要、满足学生养成健康生活方式和良好生活习惯的需要，从生活中汲取更多的适合学生年龄特征和身心发展的有价值的教学内容。

体育教学内容的选择要适应地方、学校的实际条件。学校、社会和自然的体育教学资源以及师资力量等都是选择教学内容必须考虑的因素。

通过体育活动强身健体是把体育作为手段，作为工具。目前许多国家已经完成从体育的手段论向目的论转变，而我国还处于手段论阶段，或者说是手段论和目的论相结合阶段。体育教学应该使教学内容融入生活、丰富生活、组成生活的必不可少的一个部分，从而提高生活质量。

实际上，无论教师开发出什么样的教学内容，只要符合以上的条件，达成预期教学目标的内容都可以。

第六节　全球教育的追求与共识

一、“回归生活”是当代教育的诉求

“生活世界”是由德国哲学家、现象学派创始人胡塞尔在其晚年著作中提出的。胡塞尔在哲学领域提出“回归生活世界”后，其观点被移植到

教育领域，主张“教育回归生活”。1996年联合国教科文组织国际21世纪教育委员会发表了题为《教育——财富蕴藏其中》的报告①。该报告系统回答了未来社会中教育应承担的使命：即通过教育要让学生“学会认知”、“学会做事”、“学会生活”、“学会生存”。在这“四大支柱”中，后三者都在某种程度上体现了回归生活世界的发展取向。《教育——财富蕴涵其中》的发表表明“回归生活”已经是全球教育的追求与共识。之所以如此，是因为教育回归生活体现了时代的特征，是对人主体性的重视与关怀，对教育本质与终极目标的追问与思索。

教育之所以有回归生活世界的必要，是因为教育是从生活世界中来的，而教育之所以从生活中脱离出来，是因为教育在近现代听命于另一个与生活世界相对立的科学世界的召唤。科学世界是从生活中分离出去的，而生活世界才是一个始终在先被给予、始终在先存在着的意义世界。所以向生活世界的回归，也就是重新回归到其原居地、向原来的家园“寻根”的过程。

从这个意义上来说，教育是为生活服务的。知识宛若一片汪洋大海，人一生所学到的只是全部知识很少的一部分。并且，如果知识、技能不能应用在日常生活上，那么就算学得再多又有什么意义？这就要求做到我们常说的“知行合一”。

随着我国遵循素质教育、“健康第一”等指导思想下新一轮体育课改的推进，“回归生活”更是日益受到教育界的广泛关注与讨论，越来越多的有识之士意识到当前教育领域出现的脱离生活实际、无视人的主体性、缺乏人性关怀等问题，意识到教育回归生活是教育的归宿与诉求。

然而，有着频繁的人际交往、直接以鲜活的生命为教育对象的学校体育在此方面发展的脚步却有些慢。虽然从健康的层面，对“生活”有所涉及，并提出了操作性对策，但真正付诸实际的不多，整体来看对这个问题重视、关注程度不够，系统的研究欠缺。从近几十年新兴的体育理论来看，体育、学校体育对人的关注，对生活的关注并不匮乏，只是未曾明确

---

① 联合国教科文组织. 教育——财富蕴藏其中［M］. 北京：教育科学出版社，1996.

地从“回归生活”的角度出发。如果我们站在“生活”的高度再来梳理这些理论，不仅能找到它们共同的出发点和立足点，还能进一步深化和挖掘这些理论的生活蕴意。

二、“回归生活”是学校体育的归宿

卢梭认为，教育是一门艺术，它必须把自然、人和事物这三种教育协调配合，正如他在《爱弥儿》中所说“这种教育有三个来源：或来自自然，或来自人，或来自事物。人的器官和能力的自由内在发展是自然的教育，学习利用这一种器官和能力发展是人的教育，从周围事物经验中获得的是事物的教育”，只有这样才能达到真正的目标——自然人。

杜威所言的“教育即生活”，乃是强调把社会生活移进学校、课堂，让儿童在这种简化的社会生活中获得经验，通过经验的不断改组和改造获得成长。

从体育的起源出发，关于体育的起源有许多说法，有的说体育起源于劳动，有的说起源于战争，有的说起源于宗教祭祀等。总之，体育作为一种人类活动，当人类开始自觉的、有目的地开始进行身体练习的时候，体育就诞生了。不论学者们怎样争论，体育产生于人类的实践活动都没有异义。体育作为人类生活的一种文化现象，教育回归生活就是要立足于现实世界，提升体育在人的发展中的分量，促进人有效全面地发展。

审视一下学校体育的现状，一方面中小学平日不重视体育，甚至到高年级需要升学冲刺时干脆取消体育课，很多同学也把上体育课看作浪费宝贵的学习时间，很多家长对上不上体育课也无所谓；但另一方面，学校也有重视体育的时候，这就是参加各种不同级别类别的体育比赛，学校看重的不是体育本身，而是锦旗、奖章、记录、奖杯和学校在社会上的影响力。体育的工具化，正在使体育走向与生命的对立面。

现在有些地方学校体育盛行的观点是把体育单纯地当作竞赛活动，使之等同于竞技，认为唯有技术才有价值。似乎体育只有以秒、米、公斤、得分数、难度值等尺度来公正地裁判胜负，才能宣告学生的强弱，显示体育运动的价值和活力。此外，教师把体育教学当成是技术教学。一个本来完整、优美的动作，非要生硬的拆开来，按部就班地教给学生，对技术细节的要求严格苛刻，以教科书的标准图作为技能评判的标准。而对学生在体育活动中体能、智慧、情感、态度、价值观、社会适应能力是否得到了全面发展，是否感受到体育的乐趣，是否体验到人格的内在和谐、人生的快乐幸福则漠不关心。

曾有国外的体育教师说中国的体育教学是“苏州园林式”的，因为我们的体育教学像苏州园林一样经过了精雕细刻，我们可以把体育教学课的过程用秒做单位来计算和设计。我们可以精确地算出学生翻一个前滚翻用多少时间，完成一个队形用多少时间……为了达到这种要求，教师往往要求学生不能说废话，时刻要保持精神的高度集中，与课堂无关的任何交流、多余动作，甚至想法都不能存在。这样做之后，他们还沾沾自喜，为自己节奏紧凑、过程流畅的课堂设计得意万分。然而，如此压抑人性、缺乏人文关怀的体育课堂难道不值得我们反思吗？

第七节　国民健康与学校体育的责任

一、体育课程能够做什么及应该做什么

当国民的需求从生理层面上升到心理层面时，提高生活质量、延年益寿等问题就显得尤为重要。社会上疾病发生的类型足以反映国民现实的生活方式。当今人类正在受到与生活方式密切相关的慢性非传染性疾病的威胁。国民科学体育锻炼方法和技能的掌握、体质健康知识的学习、体育意识的培养和建立、良好生活习惯和方式的养成等都应该从娃娃抓起。所以，体育教学需要做的事情很多，而绝非仅仅是教学生将球踢得好一点这样简单。必须将体育教学放到国民健康发展的大环境下来进行认真的探讨和研究。

物质生活的提高和国民健康水平的下降向学校体育教育改革与发展提出了直接的挑战。学校体育工作者绝不能坐视学生营养过剩、热量足了、运动少了、素质低了、健康水平下降了的现象任其发展下去。当我们把体育教学目标融入社会发展的大环境下来研究时，国民的健康问题就显得尤为突出和重要。

学校体育要想解决社会问题、改善国民的健康状况，适应和满足未来社会发展对劳动者身心提出的新的要求，就有责任和义务将工作的重心转移到未来劳动者的健康上来，提高他们对健康行为选择、决定的意识和能力，使他们养成积极的体育锻炼习惯、形成健康正确的生活方式并保持终身。

健康不仅应是学校体育追求的终极目标，而且还应是学校体育课程存在的根本理由。以健康为本的体育教学目标就是要将今天的学生培养成为未来积极参加体育活动，具有健康生活习惯和生活方式的成年人。如果我们的体育课程在大众健康方面没有扮演应有的角色，没有承担应尽的义务，那么体育教学就失去了影响国民健康、改变不良行为、形成锻炼习惯和健康生活方式的最佳机遇，也就失去了体育课程应有的价值。

学校系统的体育教育是学生体育意识和态度形成的主渠道，是人一生健康发展链中最关键的环节。如果体育教育不与国民的健康紧紧地联系在一起，如果体育教育不能促进积极正确的体育意识、态度和习惯等内在品质的养成和内化，那么，人一生健康的发展链或许就要在这一环节上中断。因此，我们必须确立素质教育和终身教育的体育教育观，积极进行以“健康第一”为指导思想的体育教学改革，以满足社会的需要，体现体育教育的社会价值。

体育课程的改革，教学观念的转变，教学内容的修正，教学方法的创新等必然成为体育教育工作者所面临的不可回避的现实问题。

二、体育课程应使学生成为接受过系统体育教育的人

21 世纪学校体育课程内容选择的决策部分实际上是一种价值选择，而价值的选择应是建立在对未来体育课程的发展方向和培养什么样的人的基础上的理性思考的结果。一个接受过系统体育教育的人应该达到以下七个方面的要求。

（一）认识身体

1. 了解身体的结构、形态、机能和作用；
2. 知晓不同年龄段人体身心发展变化的特征；
3. 了解身体活动以及运动状态下身体器官、系统的作用以及所发生的

变化；

4. 能够利用生物反馈信息调节自身的行为；

5. 懂得人体能量代谢及运动状态下不同运动形式能量代谢的方式及特征；

6. 了解营养、运动与健康的知识及相互关系；

7. 掌握增加或降低体重的知识和科学方法；

8. 懂得健康的含义。

（二）使用身体

1. 能够科学合理地使用躯干和肢体，能够完成躯干与肢体协同配合动作；

2. 具有较高的身体基本活动能力；

3. 具有控制身体和利用身体来支配物体的能力；

4. 对突发事件具有维护安全、规避危险的技能和应变能力。

（三）发展身体

1. 懂得发展身体各器官、各系统功能的练习手段与方法；

2. 根据自己的身体状况懂得选择适宜体育活动内容的原则和策略；

3. 知晓身体运动素质和身体健康素质的发展内容、区别与联系；

4. 了解和科学使用身体素质的评价原理及评价方法；

5. 懂得按照 FIT 原则指导终身体育锻炼；

6. 每周至少从事 3 次提高身体健康水平的体育活动；

7. 选择并有规律地参加适宜的体育锻炼活动。

（四）保护身体

1. 懂得生命和健康的价值；

2. 知晓自然环境对健康的影响和作用；

3. 清楚体育活动中的安全和危险因素；

4. 了解不良生活方式所导致的非传染性疾病的预防及干预的手段与方法；

5. 懂得根据自己的身体状况选择科学的运动形式、方法和手段；

6. 知晓常见运动损伤的预防与处置的方法；

7. 掌握户外运动的知识与技能；

8. 根据体育锻炼的原则和自己的健康状况，设计科学、安全的健身计划；

9. 获得和保持健康。

（五）技能学习

1. 掌握自己喜爱的、健身价值高的、能够终身参与和获益的运动技能；

2. 掌握以个体锻炼为主的运动技能；

3. 掌握与社会生活密切相关、规避危险、逃避自然灾害的运动技能；

4. 具有参加不同体育活动的能力；

5. 掌握怎样学习新运动技能的技能。

（六）行为养成

1. 明确经常参加体育活动的益处、消费的价值、自己的责任；

2. 具有良好的社会行为方式；

3. 形成理解与尊重他人的行为标准；

4. 具有集体主义精神和互助合作的意识；

5. 懂得运动与心理健康的知识；

6. 养成健康的生活习惯和生活方式；

7. 具有积极从事体育锻炼的意识和行为；

8. 具有自觉抵制烟、酒、毒和不正当的性行为的意识和行为；

9. 意识到参加体育活动能给人提供一个娱乐、自我表达和相互交流的机会。

（七）文化传承

1. 知晓体育在人类及社会发展中的作用；

2. 明确体育在推进人的社会化进程中的作用；

3. 了解体育在国际交往中的作用；

4. 懂得体育是人类生活不可或缺的组成部分；

5. 了解奥林匹克精神与文化；

6. 知道传统体育是中国文化及中华文明的组成部分；

7. 意识到参加体育活动能够学习多国文化，促进国际间的理解与交流。

系统体育教育应以体育学科内容作为主要的课程内容和选择的依据，强调的是对所学课程内容进行科学合理的组织，无论这一点怎样确定，它都是选择和编制课程内容的主要工作。学校体育能为我国国民的健康做点什么？我们目前做的怎样？我们在国民健康的获得、保持和发展方面应承担什么责任，应尽哪些义务？这些都应成为我们选择和编制课程内容所应该思考的问题。

第二章　中国体育课程内容的演变与发展

体育课程内容是教育者按照育人的要求，在总结前人体育和教育实践经验的基础上，遵循一定的原则和程序，从丰富的体育知识和技能中认真精选出来的。

在一定的历史时期内，体育课程内容的选择与确定总是受到社会对人才规格的需求、学生身心发展的特点、教育发展的社会条件以及教育者的研究水平等多种因素制约的，因此体育课程内容又随着社会的发展而不断更新和发展。

体育课程内容是构成体育教育的基本要素，是完成体育课程的目的和任务的重要条件，是选择体育教学内容的直接依据，体育课程内容应该是在充分研究和依据学生的身心发展特点和已有体育水平的基础上选择和确定的，每项课程内容通过教学活动完成后，将会使得整个体育教学更接近最终体育课程目标的实现。

体育教师对课程内容的学习和钻研也不能一蹴而就，而必须持续不断地进行，体育教师对课程内容持续不断学习和钻研的过程，就是教师达到合格标准和不断提高自身业务水平的进步过程。

第一节　体育课程内容的演变

一、新中国成立前的体育课程内容

从 19 世纪 60 年代起，清朝统治阶级以“中学为体、西学为用”为宗旨，陆续创办了 23 所洋务学堂。当时学堂的体操课教材以兵式体操为主，普通体操和田径为辅，还包括击剑、刺棍、拳击、哑铃、算术竞走、三足竞走、跳远、跳高、足球、游泳、木马、单杠及双杠等综合性教材。教会会馆或书院也设有体操（体育）课程。通过 1881 年《福州鹤龄英华书院章程》的课程汇表，我们可以了解到那时体育课程的内容大致包括：打球、体操和身体学。

1901 年，清政府下令将全国的书院改为学堂，并进行全国范围的课程改革，形成了我国近代普通学校的雏形。在当时兴办的新式普通学堂中，也大都把体育课列为学校课程之一，如上海南洋公学附属高等小学堂，三个学年均设有体操课程，其体操教学内容是：第一学年柔软体操、第二学年柔软操、第三学年兵式体操。

1903 年，清政府又颁布并开始贯彻实施《奏定学堂章程》（癸卯学制），规定各级学堂均设体操课程，并规定了体操课程的目标、课时、学科程度、教法要求，把兵式体操作为主要课程内容。

民国成立后，临时政府对清末的教育进行一系列的改革，其体育课程内容仍然以兵式体操为主，规定“初等小学校首宜授适宜之游戏，渐加普通体操。高等小学校宜授普通体操，仍时令游戏，男生加授兵式体操。视地方情形，得在体操教授时间或时间以外，授适宜之户外运动或游戏。”这一时期最大的特点是中国传统武术以合法的方式进入了学校体育课程，成为体育课程的教学内容之一。

1922 年 11 月 1 日北洋军阀教育部公布了“壬戌学制”。学校体育教育从过去模仿日本，转为仿效美国。把体育课程的名称由“体操科”改为“体育科”，以田径、体操、球类、游戏等为主要教学内容，并废除了中小学的兵操。初中把生理卫生纳入体育科，高中体育增加了卫生法、健身法和其他运动三方面内容。

1929 年，南京政府教育部又颁发了《小学暂行课程标准：小学体育》、《初级中学体育暂行课程标准》和《高级中学普通科体育暂行课程标准》三个体育课程标准。这一时期的体育课程明确规定把体育课程分为课内和课外两类，课内教学内容有游戏、体操、球类、田径以及器械运动等；课外内容包括课外运动、日常姿势比赛、定期运动会等。后来体育教学内容又把田径运动、远足和登山提前安排在小学中年级开始。①

---

① 肖群雁等. 论我国中小学体育教学内容的演进及其本土化［J］. 经济与社会发展，2008，6（8）.

二、新中国成立后的体育课程内容

新中国成立后，1950 年 8 月 28 日至 11 月 28 日，由中华全国体育总会（简称“体总”）筹委会副主任徐英超教授任团长的中国访苏体育代表团一行 12 人，对苏联学校体育的组织领导、体育课程等进行了全面的考察，对我国学校体育的改造和体育课程的完善起了积极的作用。由于受国家高度集中的课程管理制度的制约，苏联课程模式的影响一直延续之今。

新中国成立伊始，我国各行各业以苏联社会主义国家的模式为效仿对象，将工作重心放在保家卫国和新国家的建设上，教育领域亦如此。受苏联教育学，尤其是凯洛夫教育学体系的影响，以知识本位的教学观为主导，强调系统的学科知识、技能和技巧。苏联体育教育理论专家凯里舍夫认为体育教学必然可以发展人体，他认为身体练习的教学中不能不影响人的身体，不能不影响人的健康和身体发展。这是典型的自然体育教育的观点，以为健康是运动教学必然得到的副产品。通观凯里舍夫体育理论，它显然是以运动教育为中心，其中运动教学在体育过程中占了主导地位。以知识为中心的体育课程内容表现为系统的、成型的竞技运动文化的知识和技术。因此，在我国体育课程教学中形成了以竞技运动项目为中心的课程内容体系。学校体育成为竞技体育的试验田，低水平地再现了竞技体育的模式，这种课程内容的编制体系至今还依然存在。它不仅存在于我们现今的课程内容体系中，还根深蒂固地存在于我们课程编制者的头脑之中。①

苏联体育教育理论专家凯里舍夫在他的专著《体育教育理论》中认为，在体育中所用的身体练习要考虑运动对人体的影响，这非常重要，他说：“身体练习对人体的影响相当多样，因此，要以科学的态度来选择和运用身体练习，这就要求严格的估计它们对人体的影响和创造保证其最大效果的必要条件”。② 这里实际上讲了身体练习作为体育手段是要有条件的，这也是凯里舍夫体育手段的精华，我们今天反而丢掉了。60 年代我国不太讲体育手段，想学苏联但又不情愿学苏联，结果是放弃了苏联体育理

---

① 于文谦. 现代体育方法学［M］. 辽宁：辽宁师范大学出版社，2004.

② 凯里舍夫. 体育教育理论［M］. 第 105 页.

论的精华。20世纪80年代，我们又拿回了苏联50年代的东西，并加以提炼、发展，形成了较为系统的运动教学理论。修改了“身体练习”的概念，扩大其内涵，丢掉了凯里舍夫所讲的选用身体练习的条件，所创造的技术结构、动作要素的理论实际上是为竞技服务的，增强体质停留在口头上。①

体育课程内容是随着社会的发展而变化的，每一历史时期的体育课程内容都是当时社会背景的真实写照。体育课程内容也遵循着同样的社会发展脉络，最终都是由社会历史所决定的。不同的体育课程内容脱胎于特定历史发展阶段，被打上时代的烙印，有一定的历史必然性。1949年新中国的成立，学校体育课程进入高速发展时期，体育课教学内容也经历了曲折的演变和发展过程。

1956年，教育部正式公布了以苏联中小学体育教学大纲为蓝本制定的新中国第一套中小学体育教学大纲，小学体育课程内容主要包括基本体操与游戏两大类。其中基本体操包括三部分：队列练习和体操队形练习的基本动作，一般发展和准备的练习，走和跑、跳跃、投掷、攀登和爬越、平衡等练习。游戏根据大、中、小的活动量进行分类，五六年级以基本体操为主，随着年级的降低游戏的份额逐渐加大。中学体育教材包括基本教材和补充教材两部分，基本教材内容包括体操、田径、游戏三大项。

20世纪60年代体育理论一个突出的问题是教学概念扩大化了。1963年的体育理论中认为：体育教学过程是一个从不知到知、从不完全知到比较完全知的认识过程；也是发展身体、掌握和提高运动技术的过程。增进健康为运动教学副产品的论点在这里也出现了，强调学生在掌握知识技能和技术的过程中，同时也达到了增进健康、促进身体正常发育和身体素质的全面发展的目的。

1961年，教育部重新制订颁布了十年制《小学体育教材》和《中学体育教材》，规定小学教材内容的五大项分别是：体操、田径、武术、游戏（包括球类）、体育基本知识，要求游戏教学课时占低年级总学时的50%，中、高年级则以游戏、田径和体操为主。中学教材由分别占总授课时数

① 于文谦. 现代体育方法学［M］. 辽宁：辽宁师范大学出版社，2004.

80％的基本教材和20％的选用教材组成。基本教材内容包括体操、田径、武术、游戏（球类）、体育基础知识五大项。

到20世纪60年代初期，我国已经有大批的体育专业学校的毕业生分配到了大中小学担任体育教师，他们开始向传习式体育发起挑战，这些人逐渐认识到十几年总教几项竞技项目，解决不了体育的根本问题。解决体育问题必须得在科学的指导下去进行体育教学的研究。因此，从那时起就有人开始研究日本的运动处方，试图将体育方法学引入到课程内容之中。但从60年代中期到70年代中期的十年“文化大革命”给我国体育课程的发展带来了巨大的灾难。

总之，生物体育观在20世纪50年代前后盛行一时，它认为体育就是一种运用身体运动进行教育或训练的手段，是对普通学生或运动员的身体进行生物学改造的过程。主要是追求个体水平的生物学效果。到60年代，随着运动心理学的发展及大量新兴的体育社会科学的诞生，特别是由于科学技术的高速发展，人们的生活方式发生了深刻的变化，现代体育已成为同众多的社会成员发生联系的社会文化现象。这场认识上的变革，导致了从单一的生物体育观向生物、心理、社会三维体育观的转变。①

受新中国成立后我国逐渐形成的双基课程理论的影响，从1978年颁布的中小学体育教学大纲提出掌握“三基”（即体育的基础知识、基本技术和基本技能）开始，这种提法一直延续到1987年、1992年的体育教学大纲。如前所述，掌握一定的、基本的体育知识、技术本身无可厚非，这是提高学生锻炼身体水平的必由之路，关键的问题是，如若我们将体育课程教学的重心全部放于此，那么，势必会混淆体育课程教学的终极目的与手段，以手段取代目的，真正的目的便从中抽空。我们离不开对体育知识技术的掌握，因为这是体育课程教学的基础，然而，促进学生的发展是体育课程的终极目的，如若只将眼光局限在对体育知识技能的学习上，就会对学生的发展这样一种久远的宏大目标产生遮蔽。

体育课程内容由于囿于竞技体育运动项目和过分强调“三基”，使体

---

① 袁旦等. 从生物体育观到生物心理社会体育观［J］学校体育，1986（3）：36-37.

育课程内容保持相对的稳定性，造成体育课程内容一定程度上的单一、陈旧和学技术的倾向，体育课程内容相对偏难，普遍超越了学生的学力水平，偏离了体育教育的宗旨。“三基”论对我国基础教育课程内容的陈旧是应当负一定责任的，这种说法不无道理。

1978 年，教育部制订并颁发了《全日制十年制中小学体育教学大纲（试行草案）》，要求从小学一年级到高中二年级每学年都安排有体育基本知识内容，除“体育基础知识”外，还增加有“卫生保健知识”，并指出了应将基本教材作为体育课的主要教学内容，选用教材不集中于某一项。这套教材内容试图“打破以运动竞赛为中心的编排体系”，但仍具有较强的竞技意识。①

1978 年颁发的中小学体育教学大纲在编写原则中提出：“以有利于增强学生体质为准则”，“在编排教材时，要打破以运动竞赛为中心的编排体系”，从而引发了如何正确理解和处理锻炼身体和掌握体育知识技能技术关系的大讨论。对这一问题的争论主要有三种意见：

第一，体育课的主要任务不是教学，而是对学生身体的培育。主张目前的体育课由重视技术教学的传习转向着重学生的身体锻炼，由重视教学法，转向锻炼法，不追求技艺形式，手段宜少，方法宜简。

第二，增强学生体质是学校体育的根本任务，它是通过体育课、课外体育活动等多种形式共同完成的，而体育课作为学校教学计划的一门必修课程，主要是传授体育的知识，技能和技术，使学生懂得科学锻炼身体的方法，以便指导他们走向社会时更好地锻炼身体，增强体质。

第三，多数人认为，锻炼学生的身体和掌握体育的知识、技能、技术是相辅相成的，是既有联系，又有区别的两个方面。体育课的教学应从增强体质出发，把锻炼身体和掌握体育的知识、技能、技术结合起来，并根据每次课的具体情况有所侧重②。

在之后的 20 多年里，体育课程、教学内容、组织形式、教学方法和手

① 田菁等. 体育课程内容的历史流变 [J]. 沈阳体育学院学报，2007，26（6）.

② 滕子敬等. 试论中小学体育课的任务中锻炼身体和掌握知识技能技术的关系 [C]. 教育学文集体育卷. 北京：人民教育出版社，1988：434.

段等方面都进行了各种各样的改革实践和理论探索，对体育课程的性质、任务、应该教什么等方面的争论始终没有停止。例如：什么是“Sports”，什么是“Physical Education”，“Sports”和“Physical Education”有什么本质的区别，什么是“真意”体育，体育的“主业”到底应该是什么等。学术思想的空前活跃、学术观点的百花齐放、课程价值选择的五花八门、课程的组织形式五彩缤纷，理论多、实践少；分散多、集中少，成为这一时期学校体育课程理论与实践的主要特征，但始终没有形成较为一致的体育课程价值取向。

20 世纪 80 年代以前我国体育理论界及学校体育教师所做的一切，基本上还是停留在学运动技术的运动教学阶段。1979 年扬州会议后，学校体育课程内容开始打破以运动竞赛为中心的编排体系，展开了锻炼身体和掌握体育知识、技术关系的大讨论，这是学生的主体地位开始回归的反映。此后，我国体育教育思想上开始有了较大的进步，开始意识到以竞技运动为主要课程内容已经落后，应该进行审视和反思。在理论和实践中，人们越来越清楚地认识西方自然运动教育单纯的传习运动技艺的弱点，清楚地认识到健身的重要性。体育不再是单纯的运动技艺传习课，而是变成了以增强体质、锻炼身体、增进健康为主。80 年代初期在我国的部分中小学、大学出现了体育锻炼课。虽然形式和教法上不尽相同，但其实质都是一样的，即全面锻炼学生身体，促进他们正常的生长发育。通过身体锻炼，培养学生身体的正确姿态，促进生理机能、身体素质和人体基本活动能力的全面发展；增强对外界环境的适应能力和对疾病的抵抗力。①

总体上看，我国体育课程内容的发展历程体现了其工具性的特点，为社会、体育学科服务成为体育课程内容发展的主流，偏离了其应然的知识媒介的运行轨道，忽视了为学生发展服务的终极教育目的。“学校体育的一个致命伤是学生学了 10 几年的体育，在他们走出校门后，竟然与体育永别了。这与体育课程忽视培养学生健身意识、能力和锻炼习惯直接相关；与我们把体育理解成运动有关；与在体育课堂没有给学生锻炼身体的知识

① 于文谦. 现代体育方法学［M］. 辽宁：辽宁师范大学出版社. 2004.

和锻炼身体的方法有关。”①

三、改革开放以来的体育课程内容

改革开放以后国家先后颁布了6个中小学大纲，其中，1992年颁布的第一个《九年义务教育全日制小学初中体育教学大纲》最具代表性。

这套大纲强调小学一、二年级以基本动作为主，小学三至六年级身体锻炼的内容基本上按运动项目排列，球类以小球类为主。田径具体内容都经过再创造，体操从内容到形式都以身体锻炼为目标，编选比较简单的动作，并且把身体素质练习单独作为一类。

初中各年级加大选用教材的比重，拓宽选用教材的范围，强调发展学生的身体素质。基本教材中，加大了理论的比重。把原来的武术教材拓展为民族传统体育，编选了传统养生和健身等内容。与1987年的大纲相比，这套大纲的基本部分的比重增加了，而选用部分有所降低。

这套大纲强调以素质教育为主旋律，以《体育与健康课程标准》为代表的课程改革，关注学生体育学习的过程、方法、情感、态度、价值观和健康目标，通过“四个学习方面的目标”来选择和确定教学内容。小学以基本运动、游戏、田径、体操、韵律活动和舞蹈为主，还有小球类、民族传统体育项目，注重发展身体素质练习及体育、卫生保健基础常识。中学以田径、体操、球类为主，民族传统体育项目、发展身体素质练习、韵律活动和舞蹈为辅，还有体育卫生保健基础知识。选修部分包括游泳、滑冰等地区性、民族民间传统体育项目。②

历史沿革到今天，时代呼唤以学生发展为本的体育课程内容，这种看似钟摆式的回归，其实是一种螺旋式的上升过程，与二三十年代的体育课程内容大相径庭，有着本质上的不同，是基于我国国情的体育课程内容，考虑的是在国际体育课程发展的大环境下，结合我国实际的体育课程内容。这种基于我国国情的、以学生发展为本的体育课程内容是相对于我国过去体育课程内容忽视学生发展的弊端而言的，是体育课程在21世纪国际

① 杨文轩等. 全民健身与体育课程建设［J］. 体育学刊，1995（2）：7.

② 王华倬. 中国近现代体育课程史论［M］. 北京：高等教育出版社，2004.

课程改革的洪流中的一种进步。

第二节　不同时期教学大纲中的体育课程内容

我国体育课程内容体系是在一定社会条件下为促进学生的发展而选择的。课程内容的产生和变化受制于许多外在因素，即社会生产力、社会政治经济制度、社会历史经验发展水平、受教育者发展的需要以及课程编制人员的思想观念的影响。新中国成立以来，随着人们对体育课程认识的深化，体育课程内容的体系经历了一个不断演变和发展的过程。

一、全国统一通用单一的课程内容

1956 年编订的中国第一部《中学体育教学大纲》，依据实用性与健康性的原则，在教材分类体系上避开单纯追求运动技术的倾向，以发展人体基本活动能力和锻炼身体为目标，进行教材分类。教材分为基本教材和选用教材（表 2-1）。

表 2-1　1956 年《中学体育教学大纲》

体育教材	一般发展练习（进行身体全面的、一般性的身体发展和锻炼） 准备练习（从事主要教材时的一些准备性活动） 悬垂支撑（单杠、双杠和其他带有悬垂支撑的典型动作） 攀登爬越 平衡 技巧（垫上运动） 搬运（包括实用性的搬运器械、物品和抬人等） 走和跑 跳跃 投掷

二、基本教材和选用教材相结合的课程内容

1961 年制订的《中学体育教学大纲》（初高中合用），体现了统一性与灵活性相结合的原则，制定了基本教材和选用教材相结合的课程内容体系（表 2-2、表 2-3）。

表 2-2　1961 年《中学体育教学大纲》

体育教材	基本教材	体操 田径 武术 游戏（球类） 体育基本知识	占总课时的百分比 75～80
	选用教材		20～25

表 2-3　1987 年《中学体育教学大纲》

体育教材	基本教材	体育基础知识 田径 基本体操 技巧与器械体操 球类 武术 舞蹈与韵律体操	占总课时的百分比 50～62
	选用教材	游泳 各项基本教材的补充与延伸 其他	38～50

体育课程内容和竞技运动项目在教学和训练中是不能相互替代的。但长期以来，竞技运动项目在体育课程内容中却占据了主要位置。通过对新中国成立后 1956、1978、1993 年颁布的体育教学大纲内容进行对比分析，可以发现体育教学内容逐步去掉了以游戏性、简易性、健身性、民间性成分较多的教学内容，增加了以正规性、竞技性成分较多的运动项目，导致体育课程内容竞技化。

三、必选内容、限选内容和任选内容相结合的课程内容

1997 年《高中体育教学大纲》将体育课程内容分为了必选内容、限选内容和任选内容三个部分（表 2-4）。

表 2-4　1997 年《高中体育教学大纲》

<table>
<tr><td rowspan="4">体育教材</td><td rowspan="2">必选内容</td><td>基础理论</td><td rowspan="3">体育、保健基础知识
田径
体操
民族传统体育
发展身体素质练习
舞蹈与韵律体操
足球
篮球、排球
游泳</td><td>占总课时的百分比</td></tr>
<tr><td>实际部分</td><td>55</td></tr>
<tr><td>限选内容</td><td>理论与实践</td><td>25</td></tr>
<tr><td>任选内容</td><td colspan="2">必选内容、限选内容的拓宽和加深，其他能有效实现体育教学目标的各种项目</td><td>20</td></tr>
</table>

四、必修和选修相结合的课程内容

2000 年编订的《体育与健康教学大纲》吸取了 1997 年高中体育教学大纲课程内容体系的优点，采用了必修、选修（含限选和任选）的课程内容体系（表 2-5）。

表 2-5　2000 年小学《体育与健康教学大纲》

<table>
<tr><td rowspan="4">体育与健康教材</td><td rowspan="2">必修内容</td><td>基础理论</td><td rowspan="2">体育、保健基础知识
基本运动
游戏
田径
体操
武术</td><td>占总课时的百分比</td></tr>
<tr><td>实际部分</td><td>一二年级 70
三至六年级 60</td></tr>
<tr><td>限选内容</td><td colspan="2">球类（小足球、小篮球、小排球，每学期或学年选 1～2 项）
韵律活动和舞蹈（可占课时，也可利用准备活动和放松活动时间）
游泳（凡有条件的地区均应选用）</td><td rowspan="2">30～40</td></tr>
<tr><td>任选内容</td><td colspan="2">民族、民间传统体育项目
现代科学的健身方法
新兴体育项目
必修内容的提高与拓宽
学校置换的其他内容</td></tr>
</table>

综观我国体育课程内容体系的变化与发展，它经历了由全国统一通用单一的课程内容体系、基本教材和选用教材相结合的课程内容体系、必选内容、限选内容和任选内容相结合的课程内容体系到必修和选修相结合的课程内容体系的演变过程。

在体育课程内容体系漫长的演变过程中，呈现出许多新的变化，具体表现在以下几个方面：

1. 体育课程内容体系由基本部分和选用部分向必修和选修转变。

2. 体育教学内容的灵活性和弹性不断增大，压缩了必修内容的课时，增加了选修内容的课时（表 2-6）。

表 2-6　体育与健康教学大纲必修与选修课时比例对照

	小学 1～2 年级	小学 3～6 年级	初中年级	高中年级
必　修	70%	60%	50%	40%
选　修	30%	40%	50%	60%

3. 减少教材类别，精简教材内容。例如，小学必修教材由过去的 9 大类，减少到 6 大类；初中由过去的 7 大类，减少到 4 大类；高中由过去的 7 大类，减少到 5 大类。

4. 将大纲中的选用教材划分为限制性选修和任意选修两大类。分类的目的是控制使用教材的随意性和避免教学的随意性，强化教学大纲的作用。任意选修部分由学校根据自身的情况自由选择教学内容。

5. 体育课程结构体系的变化集中反映了“放开、开放”的体育课程改革思想。

第三节　中国近现代体育教材内容类别的变化

中国近现代大中小学体育的学科名称发生了几次变化，体育教材内容也随之发生巨大的变化，体育教材内容丰富、种类繁多且不断发展与变化。①

① 张庆新等. 近现代我国体育教材内容的嬗变与展望［J］. 北京教育学院学报（自然科学版），2009，4（2）.

一、小学体育教材内容类别变化

小学体育教材内容包括：体操、游戏、唱歌、户外运动、游泳、走步、田径、球类、武术、体育知识、运动、舞蹈、远足、登山、军事体育、民间体育、唱游、滑冰、身体素质练习、现代科学的健身方法、新兴体育项目、其他运动等 22 大类（图 2-1）。

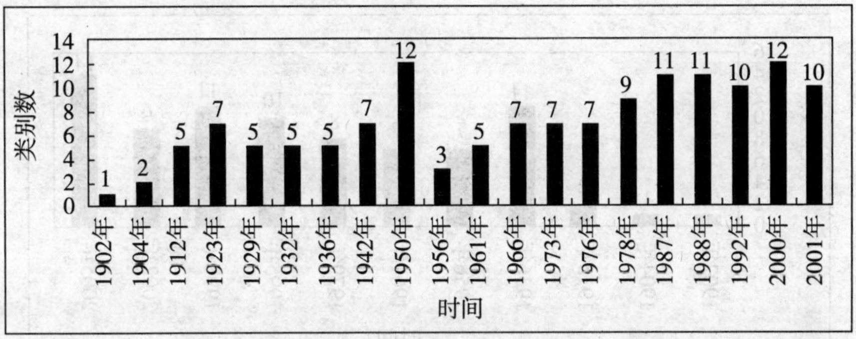

图 2-1　不同年代小学体育教材内容类别数量统计

二、中学体育教材内容类别变化

中学体育教材内容包括：体操、游戏、武术、田径、球类、天演活动、韵律活动、野外活动、基本练习、和缓运动、体育道德及规则、水上及冰上运动、冰雪运动、军事体育、民间体育、发展身体素质教材、中国传统的养生/健身技能与方法、现代科学健身方法、新兴体育项目、其他运动等 20 大类（图2-2）。

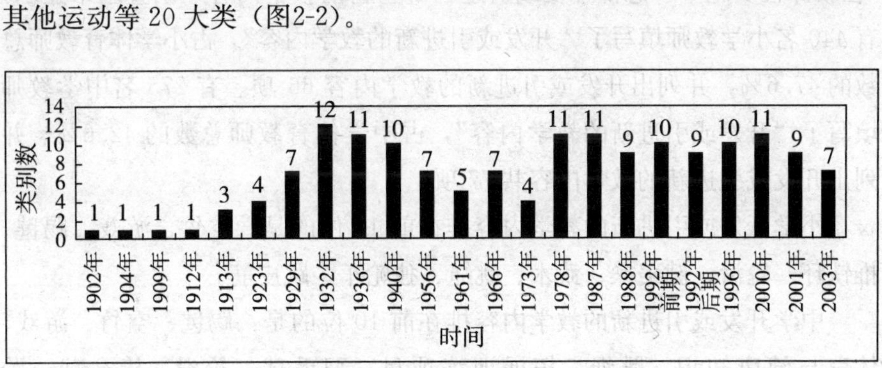

图 2-2　不同年代中学体育教材内容类别数量统计

三、大学体育教材内容类别变化

大学体育教材内容包括：体操、武术、球类运动、田径运动、游泳、国术、特种运动、韵律运动、和缓运动、野外运动、滑冰、举重、体育理论知识、医疗体育、身体素质、攀岩、定向越野、冰雪运动等 18 大类（图 2-3）。

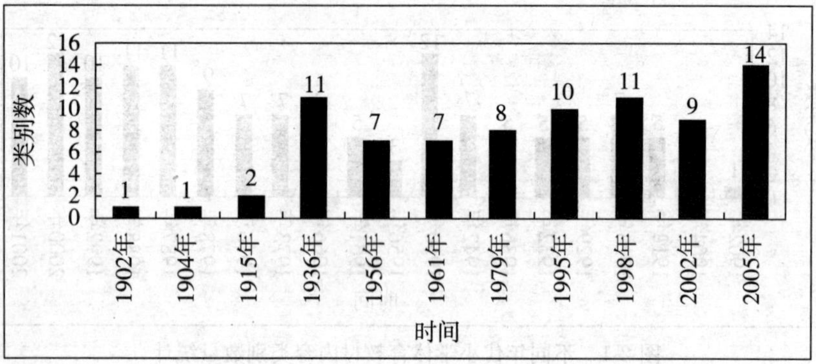

图 2-3　不同年代大学体育教材内容类别数量统计

纵观我国体育课程内容体系发展的历史可以看到，体育教材内容非常庞杂，演变之快、内容之多远远超过其他学科，而且新的体育课程内容还会陆续不断地涌现。

据对北京 1569 名中小学体育教师（小学 924 名，中学 645 名）关于“在新课程实施中，您都开发或引进了哪些新的教学内容”调查结果显示，有 440 名小学教师填写了“开发或引进新的教学内容”，占小学体育教师总数的 47.6%，并列出开发或引进新的教学内容 66 项。有 275 名中学教师填写了“开发或引进新的教学内容”，占中学体育教师总数的 42.6%，并列出开发或引进新的教学内容共 77 项。

小学开发或引进新的教学内容排在前 10 位的是：空竹、游戏、踢毽、推铁环、轮滑、健美操、武术、跳绳、独轮车、跳皮筋。

中学开发或引进新的教学内容排在前 10 位的是：踢毽、空竹、游戏、体育与健康知识、跳绳、拓展训练项目、羽毛球、轮滑、棒垒球、跆拳道。

从上述调查结果中我们可以看到，体育教学内容资源开发的素材是多种多样的，目前既有对教学大纲内容的改造，又有新兴体育项目的引进；既有民族传统体育的继承，又有乡土教材的拓展，我国的体育教学内容越来越丰富。

将课程与社会、课程与生活、课程与实践联系起来，使课程的价值不断延伸，使课程内容不断丰富，使体育教学不断完善，使学生身心都得到不断的发展等都是值得肯定的。但是，创造性的选择和开发教学内容还需要体育教师对如何选择或开发体育课程内容有更深刻的理解和更进一步的领悟。我们选择体育课程内容的依据是什么？指导我们选择体育课程内容的依据在哪里？是教学大纲吗，还是《体育与健康课程标准》规定的运动参与、运动技能、身体健康、心理健康和社会适应四个方面？

第四节　现行不同学阶段学校体育教学内容概述

一、现行小学阶段学校体育教学内容概述

在选择小学低年级体育课程内容时学者们比较一致，体育游戏应是体育课程的主要内容，也是一节体育课能否上成功的关键所在。能把教学内容结合到体育游戏中去完成当然是最理想的。在选择小学高年级体育课程内容时，把其他教学内容与游戏有机结合，使学生在上体育课过程中有张有弛，寓教于“玩”无疑是理想的。“玩”通常有两种情况，一种是单纯的玩，即无要求无目的的凭兴趣玩，一种是有要求有一定目的的“玩”，两种玩虽都以身体的运动为主要形式，但实际意义则完全不同。在体育教学中，提出“教”与“玩”相结合，是把“玩”作为教的辅导手段，以“玩”助学，以“玩”促练，也就是在“玩”的过程中要体现教的意图，实现教的目的。

小学的体育教学内容应在基础知识、基本活动能力、基础技能上多下功夫。例如，北京市朝阳区教委对全区小学规定了教材内容：小学规定的技巧动作有前滚翻、后滚翻、肩肘倒立；跳箱上成蹲撑、挺身跳下、分腿腾跃等支撑跳跃动作；后抛实心球；篮球低运球和原地双手胸前传接球；

少年拳对应中学的健身拳；单足蹬地翻身上和挂膝摆动等。①

二、现行中学阶段学校体育教学内容概述

初中年级阶段，根据《体育与健康课程标准》②，结合我国选择运用教材内容的实际情况，初中阶段体育教学中的主要内容见表 2-7。体育教学内容安排一般都遵循由易到难、由浅入深、循序渐进的基本原则。在确定不同教学内容的难易或深浅程度时，都是相对的，都是根据不同的对象和条件而改变。同一个教学内容一般均采用必要的递进性重复的办法安排，即在教学要求上不断提高，避免不必要的重复。

表 2-7 初中体育教材的主要内容

一级内容	二级内容
跑	快速跑、耐久跑、定向跑、障碍跑、接力跑
跳跃	立定跳远、急行跳远、连续跳等
投掷	抛、接轻投掷物，投准和掷远，改变条件的投掷
体操	单杠、双杠、技巧、支撑跳跃等
基本体操、舞蹈	队列队形练习、徒手操、韵律操、轻器械操、攀登、爬越舞蹈基本功、基本动作、集体舞蹈等
球类	篮球、排球、足球、乒乓球、羽毛球
民族民间化体育	武术、跳绳、踢毽子、高跷、角力、游戏等
游泳	熟悉水性、蛙泳、爬泳

根据《普通高中体育与健康课程标准》③ 的规定，课程内容由球类、田径、体操、水上或冰雪、民族民间体育、新兴运动和健康教育专题等 7 个系列组成。高中 3 年中，学生修满 11 个必修学分（含田径类项目系列和健康教育专题系列必修各 1 学分），方可达到体育与健康课程的要求。

高中要与初中的基础教育相衔接。《普通高中体育与健康课程标准》

① 北京市朝阳区教育委员会．关于全区小学教学内容的规定［Z］. http：//www.bjedu.gov.cn.

② 教育部．全日制义务教育普通高级中学体育体育与健康（7～12 年级）课程标准（实验稿）［M］. 北京：北京师范大学出版社．2002：6-40.

③ 中华人民共和国教育部制订. 普通高中体育体育与健康课程标准（实验）［M］. 北京：人民教育出版社. 2003.

明确指出：在9年义务教育阶段学生已学习多种基本运动技能的基础上，学校应充分尊重高中学生的不同需要，引导他们根据自己的具体情况选择运动项目进行较系统的学习。所以，可以开设选项课，让学生每学期或学年选择一个项目进行学习，但一定要结合标准规定的必修内容学习和专门性的身体素质练习。选项课项目内容的开设，要根据学校的实际情况而定，一般可开设田径、武术、球类、健美操等项目。

三、现行大学阶段学校体育教学内容概述

大学体育必须同社会体育接轨，当今欧美发达国家的大学体育已经融入社会体育的洪流，不少学生参加了社会体育俱乐部。在我国已经有高校中成立了体育俱乐部，这种新型的模式既学习了国外一些发达国家的做法，又结合中国自己的国情，已被当代大学生所接受和认可，备受他们喜爱。

体育俱乐部符合《全国普通高等学校体育课程教学指导纲要》① 的基本精神，是连接体育基础教育和社会体育的一座不可多得的桥梁。目前高校比较适宜开设一些单个运动项目的体育俱乐部，如球类、武术、健美(操)、田径、游泳、跆拳道、民族传统体育等俱乐部。

此外，李跃、申培红在《大中小学体育课程的衔接》中指出，大学各学校体育教材内容选择自主性高，教学内容分散。大学与中学体育课程之间的衔接不够紧密，中学体育课程教学内容简单，无法起到承上启下的连接作用，这也使得大学体育教学不得不重复教授中学的体育课程内容。② 孙光、彭延春等在《我国学校体育各学段教育、教学现状及相互衔接问题》中指出，大学体育教学年限一般都是两年，一周两节课连上，每次80分钟，大多数学校的体育课教学模式都是一年级开普修课，二年级选

① 纲要文件. 全国普通高等学校体育课程教学指导纲要［J］. 中国学校体育. 2002，(6).

② 李跃等. 大中小学体育课程的衔接［J］. 郑州铁路职业技术学院学报. 2011，(2).

项课。①

第五节　体育与健康课程标准的研究概述

在教育部的直接领导下，我国中小学体育与健康课程标准从1999年开始研制，2001年9月开始在全国各个实验区进行实验，历经数次修改后2011年在全国范围内贯彻实施。体育与健康课程标准是国家整个基础教育课程改革的一个重要组成部分，是由国家教育部颁布的中小学体育与健康课程的指导性文件。它规定了小学体育课程和中学体育与健康课程的性质、目标、内容及标准和评价等。体现了国家对中小学在体育与健康课程方面的基本要求，是课程管理和评价的基础，也是教材编写和教学评估的依据。中小学体育与健康课程标准的正式颁布实施意味着我国中小学体育课程的改革进入攻坚阶段，将对我国中小学体育课程的改革与发展产生巨大影响。

一、体育与健康课程标准的指导思想

《体育与健康课程标准》体现了对各级各类学校的学生在运动参与、运动技能、身体健康、心理健康与社会适应四个学习方面和四个水平目标及如何达到相应水平目标方面提出了基本要求。课程目标是确定与选择内容的依据和基础，为具体内容的选择和创编指明方向，提供思路。

体育与健康课程标准的指导思想主要表现在以下三个方面：

（一）贯彻实《中共中央国务院关于深化教育改革全面推进素质教育的决定》所倡导的“学校教育要树立健康第一的指导思想，切实加强体育工作”，明确提出了学校体育工作要实现“健康第一”的教育目标，是不可推卸的历史责任的。选择与创编体育学习内容应始终明确指向体育与健康课程目标，并将目标贯穿于整个教学过程。

（二）强调要尊重教师和学生对教学内容的合理选择。教学内容的选

① 孙光等．我国学校体育各学段教育、教学现状及相互衔接问题［J］．烟台师范学院体育学院学报．2006，(3)．

择体现了以人为本，以人的发展为本的教育新理念。新课程的实施过程只有在可选择的前提下，才可能实施依据地域、学校、个体的具体实际而进行的差异性教学。强调以目标的达成来统领教学内容和教学方法的选择。

（三）强调要注重教学评价的多样性，提倡差异性教学。这样才使教学的多样性评价成为可能，保障教学、评价的实施具备个性化特征。

从某种意义上说，新的课程改革和标准带给学校体育教学活动的是一种全新的教育模式，是对人的个性的全新释放，它将使学校体育能够充分利用教育者的潜能，最有效地挖掘教育资源，从而聚集地方、学校、教师、学生的力量，形成教育合力，构建各种新课程实施体系，最终确保在全国各地实现体育新课程目标。

二、体育与健康课程标准带来的变化

（一）中小学体育课程内容不断丰富，突出理论与实践的结合；游戏、健身的内容不断得到重视；课程内容的选择逐渐拓宽，渐趋弹性化；充实了体育基础知识，加强了体育知识与卫生保健知识的有机结合；课程内容的民族性特点得到不断加强。

（二）在选择体育课程内容的价值取向上注重学校体育主体需求，关注学生的个体差异；在体育课程内容的功能上重视增进学生的健康，重视体育与健康的统一，加强体育健康知识教育；在体育课程内容的形式上呈现多样化、弹性化和本土化。

（三）体育课程内容重复的现象仍然存在，但有所减少。

三、体育与健康课程标准产生的问题

当前，全国中小学都在积极实施体育与健康课程标准，体育教学改革的成果和经验层出不穷，体育教学改革不断推进。新思想、新内容、新模式、新教法层出不穷。但在体育教师进行体育教学改革的同时，也给体育教师在选择教改方向，选择课程内容方面带来了困惑，产生了下列问题：

（一）课程内容的选择如何与学生未来的生活相联系，如何为终身体育打基础的问题有待继续探索与完善。

（二）体育与健康课程内容的结合不够完善。体育卫生保健知识的内容没有得到应有的重视，没能很好地与体育实践相结合。

（三）体育与健康课程标准只提出了内容标准，没有提供相对应的被选择的教学内容，以目标体系代替内容框架，课程内容和课程内容标准的可操作性不强。

（四）虽然体育与健康课程标准在选择教学内容上赋予了教师很大的权力和空间，在实践教学中，由于对教师要求太高，造成可操作性不强，难以全面实施；在研究层面上，由于存在分歧，造成了整个教学“不知道拿什么上体育课”的现象。

（五）体育教学研究还没有完全确立起学生动作发展规律的科学认识，从而不能很好地用发展的视角去落实“以人为本”的教学理念，影响了教学内容的合理选择。

（六）课程内容的选择仍以竞技为主线，使体育教育的全面性和完整性有所缺失，地方特色内容和新兴时尚内容尚显不足。

四、教师对体育与健康课程标准实施的意见和建议

在对体育与健康课程标准的实施情况的研究中，当问到“根据您的教学实践，哪些课程内容不适合在小学（或初中）中开展”的问题时，教师对不适合开展的课程内容回答中，主要集中在三个类别上：

第一类是具有安全因素的教材，主要集中在器械体操上，如双杠、单杠、跳箱等；

第二类是对学生终身体育作用不明显的教材，主要集中在田径的部分项目上，如铅球、标枪、跨栏、跳高等；

第三类是与学生的学习水平不匹配的“复杂”教材，如投掷中的“交叉步”、“原地旋转跳”等。

另外，也有教师提出学校场地等原因限制了某些课程内容的教学，建议不安排。

在问到“根据您的教学实践，哪些课程内容应该补充”的问题时，教师对应该补充的课程内容回答中，主要集中在三个类别上：

第一类是补充民族性、地方性的教材内容，如踢毽子、滚铁环、跳绳、抽陀螺等；

第二类是补充时尚类运动项目，如轮滑、街舞（韵律操）、拓展练习、网球、乒乓球、羽毛球、游泳、定向运动等；

第三类是补充武术类教材，如武术套路、武术操等。

在问到“您对2011版《体育与健康课程标准》的‘实施方案’有哪些建议?”时，教师的回答主要集中在以下几个方面：

第一，从教材内容上，“教材的选择要以学生的发展需要为前提，不是以教材的分配为前提，鼓励校本课程开发，形成一校（区）一特色”，且“教材内容具体化，标准统一，分年级出教材，有单元计划及教学进度参考”，教材内容体系要做到“小学到高中的有效衔接”，在提升健康水平的同时，体现“娱乐性与趣味性”等。

第二，从教材实施上，“教学要以学生的发展为中心，而不是以完成教学任务为中心”，“教师落实教学内容要有责任心”，“这样才不会出现小学教的内容初中重复，而高中想要升华更高水平，但由于基础不扎实又回到低水平的教学”。

第三，在学习评价上，希望“提供更多的评价范例”，尤其像“心理健康与社会适应的评价依据”。

第四，形成“教学用书，教师参考书，教学光盘”，在教学用书中包含“保健常识、运动损伤”等。

最后，从方案的落实上，要“强化培训”，“帮助教师理解和把握课程标准，指导教师如何依据‘实施方案’进行具体的教学实践操作”，并根据学校的地区差异，“分级实施，给学校一定的自主权”。

第六节 体育课程内容改革何去何从

体育源于生活，生活实际也是体育课程内容取之不竭的源泉。随着国民经济的高速发展，国民生活水平的不断提高和生活方式的不断变化，各种新兴的、离普通百姓距离较近的体育运动项目如长走、远足、登山等不断涌现。特别是在《体育与健康课程标准》提出的目标统领内容、取消对具体课程内容规定和指导的背景下，新兴体育课程内容的开发、传统体育课程内容的淘汰、体育课程内容的选择与分类等相关理论与实践问题日益突显。

一、教师对课程内容改革的期望

体育教师普遍盼望体育课程内容能够多一些开放性，少一些规定性，多给教师预留一些空间，让他们根据本地区的自然和气候条件和学校软硬件的实际情况，在选择课程内容中发挥他们的积极性、创造性和能动性。通过选择、取舍、优化组合，改变过去的那种纯粹为了学习某项技术动作或提高某项身体素质而教学的思想观念。

二、学生对体育课程的诉求

现在，许多学生对体育课程内容不满意，他们与体育课程内容接触最多、最深、最能反映体育课程内容的实际情况和其中问题。学生从学习主体者和参加者的角度对体育课程内容的反映应该引起我们的重视。

学生对体育课程内容的意见，概括起来有以下几点。

（一）总体上感觉体育课程内容枯燥、没有兴趣。

（二）对生理感受很痛苦的某些课程内容，特别是对长跑类的课程内容有强烈的惧怕和反感。

（三）对一些还不能理解课程内容意义，教学形式上又比较枯燥的内容比较反感，典型的有队列练习和一些简单的动作练习，如前滚翻和起跑练习等。

（四）学生对体育课程内容被达标项目所替代的现象很反感，反应也很强烈。

（五）透过课程内容的单调和平庸，学生形成对体育教师的不良印象。

（六）学生对一些运动希望有一个较长时间的学习过程，如对球类运动很感兴趣，希望能学的多一些、细一些，相反对锻炼性运动有些看法。

三、课程内容改革取得的成绩

体育课程内容改革取得了显著的成绩主要表现在以下几个方面：

（一）提出目标引领内容的新构想。采用按体育功能划分学习目标和内容的结构体系，即设置了运动参与、运动技能、身体健康、心理健康和社会适应四个学习方面的具体目标及其相应的内容标准，从而更加重视发挥体育课程在促进学生全面发展方面的重要作用。

（二）强调高中模块教学，重视学生运动爱好和专长的形成，要求学生学习的运动技能内容少而精，这就避免了学生样样都学，样样都不精的状况，从而有助于形成运动爱好和专长。

（三）注重健康理念的融入。体育课程内容注重“健康第一”的理念，课改中的体育课程内容还注重了运动兴趣激发和健身习惯的养成，注重了学生多种能力的培养，做到让每一个学生受益。“体育与健康”这样一个新名称的出现，本身就预示着课程内容的某种更新，虽然这种更新不会是体育教育和健康教育的简单合并，但健康问题的日益突出要求一些与体育密切相关的健康教育内容，与运动技术教学和身体锻炼更加紧密地结合起来。

（四）注重对课程资源的开发和利用。课程资源的开发和利用充实了体育教学内容，为学校和教师创造性地实施《体育与健康课程标准》提供了可能。有研究者对课程资源的开发提出了急需开发、需要开发和不宜开发的内容（表 2-8）。

表 2-8 体育课程内容资源开发的判断标准与范例

	急需开发的内容	需要开发的内容	不宜开发的内容
标准	有利于实现课程标准提出的课程目标的内容	过去有所忽略的内容、新兴体育运动项目	非体育活动性或非技术学习性的内容
内容举例	心理拓展训练、领会教学游戏、克服焦虑和孤僻倾向的教材、培养社会适应能力的教材，运动处方的教材、安全教育的教材等	轮滑、踢踏舞、短拍网球、三门球、花样跳绳、校园定向越野、街舞、跳皮筋、形体锻炼、安全有趣地发展身体基本活动能力的教材等	多米诺骨牌、棋类、电子竞技、魔术、劳作和纯艺术内容，非体育的服装和道具、没意义的背景、挂图和多媒体等

（五）体育课程内容来源于生活，来源于自然，是生活实践的理论化，所以在使用“新教材”时，多了些情趣化的课程内容，学生的学习积极性必定促进教学效果的提高。

四、课程内容改革存在的问题

一些学者认为在充分肯定体育课程内容改革取得了显著的成绩的同时，必须承认改革也暴露出很多实质性的问题，主要集中在以下几个方面：

（一）淡化运动技能教学

表现在课程内容中游戏占了绝大部分时间，技能的教学只是蜻蜓点水、走走过场。一节课中总是让学生“讨论”、“探究”，技能的教学时间少得可怜，课的运动负荷也较小。

（二）开发课程资源的偏离

表现在课程内容方面出现了非体育性教材的大量涌入。在体育教具和器材方面出现了生活物品甚至蔬菜和水果进入体育课堂的现象。

（三）体育课程内容的盲目整合

一些不是以身体运动为主要形式的游戏、劳作、魔术等内容，被引进了体育课堂教学，这类内容的开发使体育课失去了自己的本质特性，偏离了当前新课改提倡的“课程内容资源开发”的初衷。

（四）体育课程内容选择的迷茫

体育课程内容的规定缺乏理论支撑，教学内容的指导呈现“虚化”现象。体育教师不知从哪里下手，哪些该用，哪些不该用。各类教学内容所占比重模糊不清。

五、课程内容进一步改革将何去何从

长期以来，我国学校体育课程教学一直深受“技术论”的影响。从教学大纲到体育教材，从理论到实践，技术在学校体育教学中总是居于至高无上的地位，“竞技教学观”更是把技术的地位推向了极致，不仅突出了掌握技术的目的性，而且强化了技术的规范性。

2004 年 1 月 16 日台湾联合报体育组调查了学生对体育课的看法，在接受采访时一位学生说：“为什么我一定要学会‘三步上篮’？我不知道这有多重要，老师叫我跑出三步才给我毕业，仿佛不会‘三步上篮’就无法在社会立足”。① 对于这种“技术论”、“规范性”许多专家和学者都提出质疑：掌握规范的运动技术对于学生的未来生活有多大作用？按照竞技运动确定的技术规范是否都具有良好的锻炼价值？经过十多年的学习完成学业后学生到底掌握了多少运动技术？并且许多竞技运动项目与学生的今后生活可能没有任何意义，因此，学校体育课就不能激发学生的学习热情。但在大纲和教材的指导下，学校体育课程始终突破不了技术教学观念的束缚。

张庆新等指出：随着体育课程的变化，使得体育教学内容出现了单调、难度大、锻炼性强、要求教学规范化和场地器材条件高的趋势，由此为体育教学内容的改革与发展提出了如下任务：

（一）要改变体育教学内容趋于平纯的锻炼和达标相统一的趋势；

（二）要解决体育教学内容与学生社会体育活动之间的差距问题；

（三）要解决学生因体育教学内容缺乏娱乐因素而越来越不喜欢体育课的问题；

（四）要解决与体育教学内容难度有关联的“教不会”、“教不懂”的问题；

（五）要解决乡土教学内容的开发不足和体育教学内容民族化的问题。②

审视近些年我国学校体育课程内容，主要存在以下几个问题：

（一）体育观念相对滞后，竞技体育观、阶段体育观、体质教育观还比较盛行，已不适应时代与教育发展的要求；

（二）体育课程内容不适应学生的身心发展特征和需要，脱离学生的生活，忽视学生学习兴趣和体育能力的培养，与终身体育脱节；

（三）体育课程的实施过程以教师为中心、以竞技运动为中心、以发展身体素质为中心，学生的主体性、创造性难以发挥；

（四）体育课程学习评价过分注重学生的体能与运动技能，对于其他

---

① 贾亦珍. 台湾联合报体育组调查采访. 你喜欢体育课吗？2004 年 1 月 15 日.

② 张庆新等. 近现代我国体育教材内容的嬗变与展望［J］. 北京教育学院学报（自然科学版）第 4 卷：第 2 期 2009 年 6 月.

方面比较忽视，而且评价标准“一刀切”，采用绝对性评价，导致一些学生对体育课产生害怕，甚至厌恶的情绪，并使大多数学生体验不到成功的乐趣；

（五）体育课程管理过分集中，不能适应我国各地、各校经济、教育、体育发展的实际需要。目前的客观现状是，随着年龄的增大和年级的增高，喜欢上体育课的学生越来越少；学生中喜欢体育但不喜欢体育课的人越来越多；学生的体质水平明显下降。①

体育课程改革如何进一步深入，体育教学内容如何开发和选择，学生的体育意识和习惯怎样养成，改变学生对体育课程的态度和偏见等，这些问题都有待于我们去研究、去解决。

① 马亦梅. 影响学生运动兴趣的因素分析 [J]. 中国学校体育，2002，(6).

第三章　国外学校体育课程内容的演变与发展

第一节　国外学校体育课程内容的研究综述

康德尔在他的名著《比较教育学》中曾经说过："对外国教育制度的研究，意味着对自己教育思想的一次检讨和挑战，因而也是对本国教育制度的背景和基础的一次比较清楚的分析。"① 随着各国教育改革的深入发展，对学校体育课程内容的研究成为当今课程研究的重点和热门话题。由于课程内容从内容到形式的广泛性和复杂性，使得它适用于从多角度、多专业去进行认真细致的研究。②

国外对课程内容的研究较零散，只在课程和教学的研究中涉及一些，并没有单独拿出来进行研究，这也是进行国外体育课程内容研究的难题之一。苏联著名教育家凯洛夫指出：课程内容应该符合教学大纲和教学法的要求，包含科学的、连贯的，并为学生所能理解的有关教学科目的内容。而且教材的难度、深度、广度以及知识的性质都应该符合每一阶段儿童的年龄特征。

维果茨基认为课程内容的选择应该指向学生的"最近发展区"，即高于学生的实际发展水平，但又不超越其潜在发展水平，这样才能使学生从教育中真正获益。课程内容中过于简单的低级重复内容足以让学生失去学习的兴趣，更谈不上促进学生的发展了。同样，体育教育中重复过于简单的技术动作练习，使教育水平停留在原地，又何谈增强体质，促进健康？

---

① 吴文侃等. 比较教育学［M］. 北京：人民教育出版社. 2001.28.

② 课程教材研究所编. 课程教材改革之路［M］. 北京：人民教育出版社，2000.67.

赞可夫从“最近发展区”理论出发，认为提供的课程内容必须是学生能够理解的，难度有分寸并能针对全班学生和个别学生的情况来安排课程内容和补充材料。① 他还指出学习在原材料上踏步不前，不仅浪费了学生许多时间，也难以激起学习的积极性。因此，新课程内容包含旧课程内容的同时应该有所发展，学习新课程内容也就同时复习了旧的内容。

美国心理学家罗伯特·加涅认为知识和技能的学习按照从简单到复杂、从低级到高级的顺序，等级化地安排，有利于促进知识和技能的获得，他的教育思想对现代教学设计以及课程内容的编排有重要的贡献。

行为主义的代表人物斯金纳认为，要将课程内容尽量细分成一系列的“小步子”，后一步的学习必须建立在前一步知识和技能掌握的基础上。由于两个步子间的难度相差很小，所以学习者很容易成功，并建立起自信，进而获得更好的学习效果。在这一理论指导下，建立了许多学习原则和开发程序课程内容的系统方法。

美国体育课程内容的选择一直贯穿着自然主义的教育思想，由于没有统一的课程标准，各地的教材也呈现多样化。美国认知心理学家奥苏贝尔(D. P. Ausubel) 认为，课程内容（知识）的编排和组织是影响学生认知结构最重要的因素，而且是知识结构向认知结构转化的必要环节，所以他认为在课程内容的组织和编排中最重要的两条原则是：一、不断分化的原则；二、综合贯通原则，而且强调要加强知识间纵向和横向联系。

美国的课程结构钻形图（即：目标树）将课程内容与小学、初中、高中对应起来，小学阶段为打基础阶段，初中阶段为广泛培养兴趣、探索发展可能性阶段，高中阶段为发展专长阶段。以美国威斯康星州为例，其体育教学大纲规定了学生从幼儿园到高中不同学段的教学目标和教学内容，其间既有同一内容的深化，又有不同内容的拓展，各学段之间目标和内容紧密衔接。

综上所述，发达国家的学生在中小学阶段已经打好了基础，已经培养了终身体育的意识，把大学阶段的体育活动完全留给学生，再加上国外高校体育俱乐部和联赛开展的非常好，又促进了学生对有兴趣的体育项目的

① 李森. 解读结构主义教育思想 [M]. 广州：广州教育出版社，2007：231.

进一步提升。在学生离开校园，步入社会以后依然会从事自己喜爱的运动项目，而且具有较高的技术能力，真正实现了终身体育。但国外学校体育课程内容的研究更多是集中在体育课程设计方面，涉及体育课程内容编排方面较少，而且很零散。

第二节　国外学校体育课程内容的演变

由于各国的历史和国情不同，使得各国的体育教学目标也有所不同，体育教学内容也随之发生变化。由于体育教学目标的转变，英国、日本、美国和俄罗斯等世界各国的体育课程内容也得到了极大地丰富（表 3-1、表 3-2、表 3-3、表 3-4）。①

一、英国体育课程内容的演变

19 世纪英国教育家斯宾塞在他的《教育论》中，详细地论证了科学知识对身体健康、身体发育发展的重要作用，他郑重地指出："为了直接保全自己或维护生命和健康，最重要的知识是科学。"他提供了这样一个事实：对许多患过急性病、慢性病、身体虚弱、未老先衰的人进行调查访问，"在你问到的人中，几乎没有一个在一生中没有患过只要有少许知识就能避免的疾病。"

户外游戏发源于英国，其中一部分发展为现代竞技运动。因此，在体育课程中重视游戏和竞技运动是英国体育课程的一大特色。在具体做法上，力图把教育体操、舞蹈、基础体力和游戏竞技统一起来，形成了新的教材体系，这一做法一直延续至今。

1988 年英国颁布的体育课程标准指出，体育课程的内容主要由两个部分组成：一是知识、技能和理解，二是学习广度。关于知识、技能和理解这一部分，四个学段均包括获得和发展技能，选择和应用技能、战术和思想，评价和改进活动以及体能和健康的知识和理解等内容；关于学习广度

① 张细谦. 从国外体育教学内容的演进看我国体育教学内容的改革［J］. 体育与科学，2002，(3).

这一部分，四个学段的内容是随着学段的升高而有所不同。

例如，在学段 1 学习广度部分，学习内容包括舞蹈活动、游戏活动、体操活动以及非规定的活动（如游泳和水上安全问题等）等。

在学段 2 学习广度部分，学习内容包括舞蹈活动、游戏活动、体操活动、游泳活动和水上安全、运动活动、户外和冒险活动等，学生只能从后三项活动中选择两项进行学习，但游泳活动是必选的教学内容。

在学段 3 学习广度部分，学习内容包括从游戏活动、舞蹈活动、体操活动、游泳活动和水上安全、运动活动、户外和冒险活动等中选择四项内容，但游戏活动是必选内容，舞蹈活动或体操活动中必须至少有一项被选择。

在学段 4 学习广度部分，学习内容包括两项，即从舞蹈活动、游戏活动、体操活动、游泳活动和水上安全、运动活动、户外和冒险活动等中选择两项进行教学。

随着学生年龄的增长，这四项内容的要求也将逐渐提高，学生选择的活动项目也逐渐减少。

英国课程标准强调教师应致力于让每一个学生都能在学习过程中有成功的体验，并尽可能地达到高的标准。虽然课程标准规定了在每一个学段大多数学生需要完成的学习任务，但教师应根据学生的能力来帮助学生掌握知识、提高技能和加强理解。这意味着教师应提前和稍后选择有关的知识和技能，以帮助学生取得进步，达到目标。即使学生有能力接受更多的知识，但这并不意味着教师可以将下一学段的所有知识和技能都提前教给学生。同样，对于因缺课或中断学业而造成的知识和技能缺失的学生，应采用灵活的方法来弥补。

英国课程标准指出，对那些在某一学段的表现远远达不到预期水平的学生，教师应给予区别对待。在这种情况下，教师需要以课程标准的内容和要求为参考，选择和设计更适合学生年龄或要求的教学内容和方法。如果学生在某一学段期间的表现远远超过预期水平，教师就要制订更富挑战性的计划。除了对下一学段的内容提前教学或提高教学的要求外，教师还需要通过拓展知识的广度和深度来满足学生进一步发展的要求。

英国把学科课程中的体育课视为人体科学的课程。其内容不仅包括身体锻炼，而且包括体育文化知识、健康教育以及思想品德教育。它的基本任务是对学生维护身体健康和科学地锻炼身体提供理论知识和方法的指导，至于在每周几节有限的课时内，通过身体运动对学生体质的发展所发生的影响，那还是第二位的事情，因为理论知识和方法的指导将影响着学生一生身体健康发展。①

自1988年以后，英国确定了体育课的标准，并按年龄阶段，确定了各阶段的学习重点。在实施中充分表现了英国的教育特色，游戏以及由游戏进一步发展成为竞技运动项目是英国的传统。在各年级的教学过程中，都被教师视为重点，低年级表现为游戏，而到了高年级则表现为运动项目，这表明对该领域重视的一贯性。从表3-1可以看到，虽然各国的教学内容有所不同，但都包含游泳、体操和户外运动，可见这三项运动的重要性。

表3-1　英国体育教学内容具体类别和项目

类　别	具　体　项　目
田　　径	径赛和田赛
室内竞技	击剑、柔道和乒乓球
器械体操	
游　　戏	足球、羽毛球、篮球、板球、高尔夫、滑雪、网球、跳伞、橄榄球、排球、小型游戏、射箭
越野跑	
游　　泳	基本游泳、跳水、抢救法和急救法
野外活动	郊游、划艇、走山路、登山、越野识途、攀岩和帆船
舞　　蹈	

在英国的体育课程国家标准中，选择的项目有田径、舞蹈、游戏、体操、野外活动、游泳6个领域，并按年龄阶段，确定了各阶段的学习重点，在实施中，充分表现出英国的教育特色。

游戏以及由游戏进一步发展成的竞技运动项目是英国的传统，在各年级的教学过程中，都被教师视为重点。当然，低年级表现为游戏而到高年级表现为运动项目，这表明对该领域重视的一贯性。在高年级开展的运动

① 任树纲等. 大课程的理论和实践［M］. 人民教育出版社，1996：88-89.

项目，虽然主要也包含一些竞技运动项目，但是，它不再以取得优异成绩为目标，原因是从70年代开始，英国就突出了运动这一概念，对竞技运动项目的指导，被称为专门技术指导，这就使开展运动项目的目标向健身、娱乐的方向转移。英国体育课程在开展游戏和运动项目的过程中，重视专门技术指导，成为了体育课程的一大特色。

英国的运动教育受到了拉班的影响。早在1952年，英国教育部出版的《教育与成长》体育教学指导书中已经提出了运动理论，这种理论和瑞典体操不同，瑞典体操强调规范和统一，而运动则强调自然创造、表现。一开始在舞蹈中能得到充分的体现，有人进一步分析它的特点，它存在四个要素，八个方面。四个要素是：时间、空间、力量和连贯。八个方面是：缓、急、集中、扩散、强、弱、控制、自由，这种运动不仅和身体的知觉发展有重大关系，而且能够促进运动意识的形成，它是感觉、知觉、意识三位一体的产物。

到了1992年，在英国国家体育课程标准中，特别强调体操和舞蹈属于身体运动领域，因为上述两个领域在协调和支配身体方面具有重大作用。舞蹈作为运动的艺术性的表现手法，体操则增加了向困难的挑战性，对支配和协调身体都有很大作用。

1992年的英国国家体育课程标准，对5～7岁儿童的体操和舞蹈学习内容提出掌握移动、翻滚、转体、跳跃、节奏等基本动作，以实现身体控制。舞蹈则体验速度、紧张、放松、身体形态、动作幅度的大小和高低的对比，在其他领域则重视基本动作，运动练习在该年龄阶段集中体现在舞蹈和体操教学中。在7～11岁阶段，开始了各种技术的学习，因特别注意活动中身体的发展变化，在任何时候都应注意身体姿势的正确，身体能力的发展以及有效的、安全的运动。在此阶段，运动练习仍然体现在舞蹈和体操之中。在11～14岁阶段，注意关心自己和他人，集中注意力开展运动练习。了解活动和休息、紧张和放松、安全和正确的身体姿势，掌握伸展、屈伸、移动、摆动、转体、滚翻等基本的动作。通过舞蹈提高身体的灵敏性和节奏感。在英国，为改善身体形态、特别重视舞蹈领域。

从1992年开始，英国国家体育课程标准，把运动练习集中体现在舞蹈和体操两个领域，并对各年龄段的课程分别提出了指导性要求。

5～7 岁学生的舞蹈要求：

1. 移动、跳跃、转体、身体静止和摆动的控制、节奏等；

2. 速度、紧张、放松、身体移动的大小，方向、高低的对比度；

3. 体验包括音乐在内各种刺激并和动作结合；

4. 通过自然环境所构成的课题开展活动，并体验身体运动与情感；

5. 发展协调能力，使儿童明确动作的开始和结束，体验创造性。

7～11 岁学生的舞蹈要求：

1. 明确舞蹈动作的开始与结束，并能够体验创作（包括即兴创作、选择内容、提炼内容，并结合音乐、美术和戏剧、创造特别课程，以创作作品的形式教会给学生）；

2. 逐渐增加身体活动范围的复杂性（包含节奏、协调、身体部位的复杂性）；

3. 体验身体形态变化、动作大小变化、方向变化、高度变化、速度变化，身体的紧张程度，丰富动作的形态与构成；

4. 扩大外部刺激的范围，表现儿童的情感和意愿的构思，创造模仿性的动作；

5. 了解不同特点的舞蹈。

11～14 岁的舞蹈要求：

1. 根据自己的意愿来进行创编，掌握几种类型的舞蹈技术及基本动作；

2. 通过体验伴奏乐曲，创编小组合；

3. 以自己创编的舞蹈，来表达创作目的和效果，求得老师和同伴的帮助，并进行改进；

4. 根据不同舞蹈的类型、认识舞蹈的文化和历史背景，把舞蹈的练习、演出和分析结合起来。

5～7 岁的体操要求：

1. 移动、滚翻、转体、跳跃、节奏。摆动、攀登、使用器材进行攀登、爬越等各种练习；

2. 提高对动作的支配、协调和适应能力；

3. 利用各种器具或器械连续的进行活动；

4. 用正确的姿势、简单的道具开展活动。

7～11 岁学生的体操要求：

1. 利用器械和器具开展转体、跳跃、摆动、节奏等练习，并采用多种方法掌握练习，使动作熟练掌握；

2. 形成动作的协调与控制，指导学生完整地理解动作；

3. 利用器材和器具结合课程内容进行练习，并进行较长时期的连贯活动，提供对动作的选择、发展机会；

4. 一个人或者和同学在一起练习体操，强调速度和方向的变化，并设计课题，提高学生的反应能力。

11～14 岁学生的体操要求：增加体操动作范围的同时，提高练习质量，提高移动、滚翻、转体的节奏感，在提高节奏的基础上，增加自由活动的可能性，在移动中增加步伐变换、转体、滑动、翻滚等，在跳跃中增加难度，增加动作的变化。

综上所述，作为运动练习的体操、舞蹈在英国 90 年代的低年级学生中受到一定重视，体操不是指我国的竞技体操，它包含了广泛的内容。到了高中阶段，广泛采用运动项目的选择课程，运动项目的教学随年龄的升高而不断地受到重视。

1992 年的英国国家体育课程标准在教材要求方面，产生了年龄的重合。如 5～7 岁和 7～11 岁两个年龄段，在 7 岁是重合的，这不是改变了年龄分段的标准，而是增加了内容选择的机动性。

二、日本体育课程内容的演变

在日本，几乎每个人都很重视体育锻炼，每天清晨或傍晚，都有成千上万的人奔向运动场、旷野，从事慢跑、网球、排球、棒球、羽毛球、足球等运动。日本从幼儿园到大学，都很重视体育课，常开展各种运动会，既培养了顽强的拼搏作风，又增强了国民体魄健康。除此之外，日本的学校都强制要求学生参加的课外活动，而且在假期里也经常有集训。学校为了养成学生爱运动的好习惯，对假期里早晨到学校做操的学生签到盖章，出全勤的学生能得到各种奖励。

二战后日本对体育教学大纲和教材进行了改革，以游戏和运动为主。

2008年，日本文部科学省公布了新修订的“高中学习指导要领”方案稿，重新界定了体育课程的内容，提出体育课程的内容由“身体能力、态度、知识、思考、判断”构成。

日本根据对运动的理解和分类，把学校体育中的运动内容分为三类：第一类是基本体操（小学低年级为基本运动），是以维持和提高身体技能为目的的身体活动；第二类是竞技运动（小学低年级为游戏），这类内容主要不是为了促进身体发育和增强体质的，而是一种以快乐运动为目的活动；第三类为舞蹈（小学低年级为表现运动），是依靠身体的运动来表达自己思想和感情的创造性运动（表3-2）。

表3-2　日本体育课的基本内容

小学1～2年级	小学3～4年级	小学5～6年级	初　中	高　中
基本运动	基本运动	基本体操	基本体操	基本体操
游戏	游戏	器械体操	器械体操	器械体操
	器械运动	田径	田径	田径
	游泳	游泳	游泳	游泳
		球类运动	球类	球类
	表现运动	表现运动	武道	武道
		保健	舞蹈	舞蹈
			体育知识	体育理论

三、俄罗斯体育课程内容的演变

俄罗斯在体育课程内容结构的改革方面表现出从单一性到综合性再到选择性的演变和发展，加大了对课程内容的选择性。近年来，俄罗斯的体育课程正在经历着较大变革，体育课程内容可以称得上是包罗万象，其中包括身体发展、运动技能、卫生、饮食、休闲、意志与道德品质的发展、健康的生活方式、心理的身体调节和自我调节方法等多项内容。在教学内容的选择上，从原来的集体球类和田径等在内的传统运动正逐步让位给诸如轮滑、滑雪、溜冰、滚轴、舞蹈等新兴体育项目，课堂教学一改单调乏味的局面，更强调趣味性和持续性，更着重于个人技术的课程，把学生们领进了一个全新的体育世界，肚皮舞、街舞等都被列为体育课学习的内容。

1992年，俄罗斯制定了五套体育教学大纲，这在全世界是独一无二的。大纲的教材内容均具有一定的弹性和选择性，还明确规定允许体育教师根据客观条件和必要性，改变各项教学内容的教学时间（表3-3）。

表3-3　俄罗斯体育教学内容的演进①

单一性体育教学大纲 1983年（前苏联）	综合性体育教学大纲 1987年（前苏联）	选择性体育教学大纲 1992年
理论知识	体育知识	体育知识
体操	体操	活动性游戏
田径	田径	球类运动
球类运动	活动性游戏	田径
滑雪、越野跑、滑冰	球类运动	体操
摔跤	滑雪、越野跑、滑冰	单人对抗
独立作业	摔跤	游泳
	游泳	地区民族性项目
	发展身体素质	选择性项目

四、美国体育课程内容的演变

美国在20世纪70至80年代，学校体育发生了萎缩现象，其原因是人们对学校体育是否能够提高学生的体质和健康水平产生了怀疑，这一怀疑来自于人们对学校体育的亲身经历和感受，他们在体育课上曾经感受过为难、沮丧、痛苦、厌烦和浅薄。因此，纳税人对学校体育的资助大大减少，迫使美国的教育行政部门不得不对已确定的体育教学目标进行重新的思考和设定。美国是典型的课程分权制国家，各州和各校在课程的编制中都有很大的自主权，可根据本州、本地区的条件制定相应的体育教学大纲，根据大纲分项目标选择相应的教学内容。改革后，体育课程内容较多、项目丰富、在教学大纲编制的过程中有较大的选择余地（表3-4）。

① 张细谦. 从国外体育教学内容的演进看我国体育教学内容的改革［J］. 体育与科学. 第23卷：第2期2003年3月.

表 3-4　美国不同州中学体育教学内容

布切尔	加利福尼亚州	纽约州
集体项目	韵律舞蹈	韵律舞蹈
个人和双人项目	运动技术	个人运动
舞蹈和节奏运动	体质	集体运动
水上运动	游戏	体操
冰雪运动	竞技比赛	游泳
体操	体操	终生运动
其他	水上运动	户外运动
		竞技

近年来，美国体育界在对体育现状进行反思的同时，学者们就体育在学校教育中如何生存，体育如何重建的问题进行了不断的探讨，尝试发展具有多元化特征的学校体育。综合起来，课程改革有两大方向：一是能够给予青少年全面教育的“优秀学科”的方向；一是主张体育具有独特的教育价值，针对社会要求发挥体育作用的方向。其特点可归纳为教学内容的多元化。美国学校体育教材内容一直都具有多样化的特点。今天，随着新兴运动的不断涌现，更是如此。2000 年，美国学者 Michael W Metzler 在其著作《体育教学模式》一书中对美国中小学体育课程内容做了总结，其中，中学（包括初、高中）体育教材内容分为 10 大类，近 60 多项，包括：

1. 冒险运动：背包运动、远足、绳索下降、攀岩、跳绳。

2. 水上运动：独木舟、潜水、游泳、呼吸管游泳。

3. 体能运动：有氧运动（舞蹈、踏板和水上运动）、体能概念、骑自行车、慢跑、举重训练、个人体能计划设计。

4. 团队运动：棒球、篮球、腰旗式橄榄球、福力克球、地板曲棍球、长曲棍球、足球、垒球、手球、飞盘、排球。

5. 个人/双人运动：射箭、击剑、羽毛球、保龄球、高尔夫球、匹克球、板球、网球、田径、摔跤。

6. 合作性/自主性项目：群体自主运动、新兴运动、信任运动。

7. 娱乐活动：飞镖、飞盘高尔夫、马靴、队型溜冰、乒乓球。

8. 舞蹈和韵律活动：舞厅舞、工间舞蹈、时尚舞蹈、国际/民间舞蹈、队型舞蹈、现代舞蹈、四方舞。

9. 体操：地板运动、器械运动、跟头运动。

10. 武术和东方术合气道、自卫、太极拳。

美国的体育教学是在 NASPE 国家体育锻炼标准的指导下进行的，在国家体育锻炼标准的指导下，各州都制定了自己的教学大纲，供学校和体育教师作为课程设置和选择课程内容的参考。美国国家体育锻炼标准的出发点是："学生应该知道什么和能做什么"。美国国家体育锻炼标准提出了以参加体育活动为一种生活方式。认为对学生进行体育教育的最终目标是让学生养成健康和健身的好习惯，随着学生长大成人能够养成良好的生活方式。美国国家体育锻炼标准对高质量的体育教学描述得比较细致，认为高质量的体育教育必须要能够提高学生的体育能力、健康相关的体能、责任感、使学生能够享受体育锻炼的过程，从而达到终身体育的目的。美国国家体育锻炼标准指出高质量的体育教学包括：学习的机会、有意义的内容、适宜的教学方法。

美国是国外体育课程内容弹性最大的国家之一，课程内容丰富，内容规定细致，可操作性强，教师的选择余地大。美国的体育课程分为基础运动技能教学、运动项目教学和战术教学。美国的基础运动技能教学对运动概念、基础运动技能有着明确的定位。在基础运动技能教学过程中，注重学生学习的过程：预控、控制、熟练、精通；将学生分为初学者、高级初学者、中级学者、高级学者进行教学。每一水平的学习者的学习内容进行了细致的划分，课程内容层次清晰，有利于教师根据学生的情况进行选择性的教学。运动项目教学中主要采用竞技体育教育模式，让学生广泛接触竞技体育中的各种角色，贴近学生的现实生活，有利于学生养成健康的生活方式。美国的学校体育除了进行运动技能教学外还进行健身和保健内容的教学。体能健身内容从与健康相关的肌肉力量和耐力、柔韧性、心肺功能和体成分等等方面进行教学，美国学校体育中的保健内容从营养、安全、个人和社会责任、心理与情感健康等方面进行教学。

五、德国体育课程内容的演变

德国是较早实施近代体育的国家。1774 年，德国学校的体育课内容就包括了剑术、骑马、舞蹈、球类等。后来，古茨姆斯的著作《青年的体操》把体操体系分为八项基本运动、手工作业和青少年游戏等三大类。体操家杨氏则继承和发展了古茨姆斯的体操体系，进行了器械体操的革新，并扩充了体操的实施范围，把体操从学校引向社会。在体操家杨氏之后，施皮斯又编制了“教学体操”，进一步推动了学校体操的发展。

德国自 1842 年在学校正式开设体育课以来，其体育教学内容虽一直由各级政府的教学大纲和学校的教学计划来确定，但随着时代的变迁，社会的发展以及各个历史时期对学校体育的不同要求等，其具体内容已由最初的兵操、器械体操和游戏等变为今天的最广义的体育运动了。

目前德国体育课程内容主要根据学生年龄特点提出不同要求，进行不同安排，突出重点项目，大纲教材具有一定的灵活性。上课时在教师指导下教学内容的设置由易到难，从简到繁，并使学生在运动中体验到乐趣，培养克服困难的精神。

从上述国外学校体育课程内容的发展和演变中我们可以看出：

1. 各国中小学都开设体育课，都有不断演变发展的教学大纲和教学内容，体育课程都具有一定的位置和法定性质；

2. 各个国家的体育课程内容安排不同，但都注重学生的个性发展，力求使学生的身心都得到锻炼；

3. 体育教学中都比较重视传授运动技术和生活能力，重视学生的运动兴趣，进行社会行为规范和良好品德的行为教育，使学生的身心都得到发展；

4. 以美、日为代表，在课堂中都注意学生的主体作用，组织措施和教学方法都利于发挥学生的主动性和积极性，重视培养学生的判断能力和活动能力，但课堂组织较为松散；俄罗斯教学中注重教师的主导作用，学生的组织纪律强调统一行动，培养服从指导和集中精神，注重知识技能的传授；

5. 体育课程的内容根据学生对象的不同出现多种结构的模式，但各国学校体育课程内容大致相同，只是各国对各项内容的分类方法略有不同，对知识性内容与技能性内容的侧重点有所不同。美国更注重体育对学生身心发展的影响，而日本、德国、英国等更加强调技能的学习。不过各国开展学校体育的最终目的，都不约而同地达成共识，既以有利于学生形成终身体育习惯为最终目的。

第三节　国外体育教学内容概览

国外体育教学内容的演进经历了近代身体训练说的兴起、体操理论及体系的发展，以及现代体育教学内容的丰富等几个阶段，并呈现出了多样化、弹性化和大单元化的发展倾向，主要表现在以下两个方面。

一、教学内容呈现多样性、选择性和指导性

各国在体育教学内容的改革中，充分考虑到各地、各校的特点，以及学生的需求、兴趣、爱好等，逐渐由统一性向多样性、固定性向选择性、指令性向指导性方向转变。

日本为了开展适应学生个性、能力的教学活动，中小学都尽可能地安排多样化的教学内容，而且教学内容具有较大的弹性和选择性，出现了年级学时弹性化、初中阶段选择性逐渐加大、高中阶段以内容选修为基础开展教学的特点。

美国各州和各校在教学内容的选择上都有很大的自主权，强调根据本地条件制定相应的体育教学大纲，而且学生有一定的选择性。如纽约州规定，7～12 年级的学生可根据自己的兴趣，从大纲规定的内容中选择一项或两项运动项目作为其终身锻炼项目。

俄罗斯采用制定综合教学大纲的形式，包括以发展运动能力为主的体育教学大纲、形成性体育教学大纲、竞技性体育教学大纲和农村小学专门健身性体育教学大纲等五套体育教学大纲的方式，这充分体现了体育教学内容的多样性与选择性。

二、体育与健康课程内容的有机结合

体育与健康课程内容的有机结合是国外体育课程内容改革的重要方面，在运动技能教学内容中融入体育理论知识；在体育与健康理论知识中培养学生运用理论知识的能力。如美国中学《体育保健教科书》编选了解

剖学、生理学、力学、心理学、保健卫生学的理论知识，并介绍了发展体能的理论与方法。

日本的小学体育课程内容就已初步涉及保健知识，到了中学阶段，开始设置保健体育课，将保健的课程内容与体育的课程内容融合在一门课程中。前联邦德国体联“体育与健康”委员会明确指出要将“健康教育”写进体育教学大纲，强调为体育教师编写“健康教育指南”，并进行培训，以提高他们进行健康教育的能力。

国外体育课程改革对我们的启发：在制定体育与健康课程目标时，既要注重运动技能的掌握、体能水平的提高，更要重视体育与健康意识的培养、体育能力的提高、正确的体育态度及人生态度的形成。

三、国外体育课程内容安排举例

（一）美国路易斯安那州体育与娱乐课程指南中的课程内容

表 3-5　美国路易斯安那州体育与娱乐课程内容

水平 4 9～10 年级	能力 4 多种被选择的特定 运动和技能 身体健康素质水平 4 身体运动素质水平 4	运动	集体运动项目、个人运动项目、 终身运动项目、娱乐游戏项目
		舞蹈	民间舞、芭蕾舞、四方舞、 现代舞、户外冒险、身体检测
水平 3 7～8 年级	能力 3 多种被选择的运动和技能 身体健康素质水平 3 身体运动素质水平 3	运动	集体运动项目、个人运动项目、 健身运动项目、娱乐游戏项目
		舞蹈	民间舞、芭蕾舞、四方舞、 现代舞、户外探索运动、 身体检测
水平 2 6 年级	能力 2 多种指定的运动和技能 身体健康素质水平 2 身体运动素质水平 2	运动	分组集体运动、个人运动、 娱乐游戏项目、身体活动
		舞蹈	创想动作、民间舞、四方舞
4～5 年级	运动和运动技能的介绍 身体健康素质水平 1 身体运动素质水平 1	体操、滚翻、器械体操 郊外运动、骑自行车、徒步旅行 水上运动	

续表

水平 1 3 年级	能力 1 人体的基本活动技能 空间感觉　　物体感觉 身体感觉　　关系感觉	户外探索活动、身体活动、集体游戏、舞蹈、创想动作、民间舞
1～2 年级	人体基本活动技能的介绍	体操、独创的身体动作表演、滚翻

美国路易斯安那州体育与娱乐课程指南中的课程内容计划安排主要有以下几个特点：

1. 将身体健康素质和身体运动素质明确地加以区分，并将它们贯穿于课程内容的始终；

2. 将运动能力、水平和身体素质按等级划分，循序渐进地安排在不同的年级中；

3. 课程内容的渐进性强，生活气息浓厚，户内户外相结合，利于学生体验运动的乐趣，身心获得愉悦的情感体验，使他们更加热爱体育。

（二）佛罗里达州中学体育健康课程目标及内容

课程目标中提出要向学生提供下列机会：

1. 发展学生最理想的身体健康素质；

2. 获得身体健康素质概念以及其他理论知识；

3. 理解生活方式对人体健康和身体健康素质发展的重要意义。

课程内容主要包括以下 8 个方面：

1. 有关身体健康素质重要性的认识；

2. 身体健康素质的评价；

3. 身体健康素质水平低与非传染性疾病的关系；

4. 掌握应用运动解剖学和运动生理学的知识、原则提高和保持身体健康素质；

5. 发展身体健康素质的安全知识；

6. 身体健康素质的心理价值，包括对心理紧张、焦虑的处理；

7. 身体健康素质的发展与营养学的知识；

8. 健康消费的知识。

教学大纲规定学生完成该课程的学习后应能够达到以下要求：

1. 理解身体健康素质的要素

(1) 界定身体素质；

(2) 识别和解释身体健康素质的诸要素；

(3) 识别和解释身体运动素质的诸要素；

(4) 比较身体健康素质与身体运动素质的区别。

2. 评价自己的身体健康素质水平

(1) 学习柔韧素质的评价方法；

(2) 学习心肺循环系统功能的评价方法；

(3) 学习肌肉力量的评价方法；

(4) 学习肌肉耐力的评价方法；

(5) 学习身体成分及体脂百分比的测量与评价方法；

(6) 识别理想体重；

(7) 描述、解释至少一种测量柔韧素质的方法；

(8) 描述、解释至少一种测量心肺循环系统功能的方法；

(9) 描述、解释至少一种测量肌肉力量的方法；

(10) 描述、解释至少一种测量肌肉耐力的方法；

(11) 描述、解释至少一种测量身体成分及体脂百分比的方法；

(12) 解释至少一种决定理想体脂的方法。

3. 理解体育锻炼与调节心理状态的关系

(1) 界定心理焦虑；

(2) 鉴别不同类型的心理压力；

(3) 了解心理压力的积极和消极影响；

(4) 了解心理压力的消极影响所引起的特定身体疾病；

(5) 识别日常生活中影响心理压力产生的条件；

(6) 学习处理和解除心理压力的方法和策略；

(7) 学习放松的技巧；

(8) 描述大强度或小强度体育获得对转移心理压力的效果。

4. 理解与身体健康素质发展的营养学知识

(1) 识别不同食物的基本构成成分；

(2) 解释健康膳食的“金字塔”体系；

(3) 了解 1 克糖、蛋白质、脂肪和酒精中含有多少热量;

(4) 正确鉴别有关运动和营养的一些“神话”;

(5) 说明怎样运用运动手段来控制体重;

(6) 说明怎样运用饮食手段来控制体重;

(7) 说明怎样运用运动和饮食的综合手段来控制体重。

5. 理解不良的身体健康素质给身体健康带来的危害

(1) 认识不良的柔韧性给健康带来的危害;

(2) 认识心肺循环系统功能低下给健康带来的危害;

(3) 认识肌肉的力量和耐力差给健康带来的危害;

(4) 认识不良的身体成分给健康带来的危害。

6. 理解与健康有关的消费问题

(1) 正确区别有关健身方法、食品的骗术、“神话”或事实;

(2) 正确识别健身产品的健身效果;

(3) 正确地选择、购买、维护和保养健身器材。

7. 按健身价值来评价各种体育活动

(1) 认识不同体育活动对提高身体健康素质的作用;

(2) 认识不同体育活动对转移、消除精神压力的作用。

8. 选择能够帮助提高身体健康素质的练习

(1) 认识静力和动力肌肉牵张练习,提高柔韧素质;

(2) 认识不同有氧运动的练习手段和方法,提高心肺循环系统功能;

(3) 认识肌肉力量和耐力的练习原则,提高肌肉的力量和耐力素质;

(4) 认识不同的控制体重练习的手段与方法,获得理想的体重;

(5) 认识不同的练习方法,缓解或促进心理压力的转移。

9. 按自己的兴趣和需要制定锻炼计划

根据现有的实际条件,在充分考虑自己当前的身体状况及身体健康素质水平并在体育锻炼原则的指导下,制定一个提高自己身体健康素质的体育锻炼计划。

10. 理解和运用运动解剖学、运动生理学、运动医学的知识

(1) 在开始进行一项运动前必须认识该运动的一些要素;

(2) 描述体育运动中准备活动和整理活动的重要性;

（3）描述运动训练原则中的超量恢复、循序渐进、区别对待及频率、强度和时间的基本概念；

（4）描述怎样应用运动训练原则提高柔韧素质；

（5）了解与柔韧有关的解剖和生物力学知识；

（6）描述怎样应用运动训练原则提高心肺循环系统功能；

（7）了解与心肺循环系统有关的解剖和生理学知识；

（8）描述怎样应用运动训练原则提高肌肉的力量和耐力；

（9）了解与肌肉力量和耐力有关的解剖、生理和生物力学知识；

（10）测定自己的“靶心率”。

11. 理解安全运动的知识

（1）描述进行有氧运动、肌肉的力量和耐力练习、柔韧素质练习时应注意的安全措施；

（2）描述在运动中保持适当体液平衡的方法；

（3）识别由于失水而引起的热疾病的症状；

（4）知晓在热环境或一些极端的气候下运动应采取的预防措施。

12. 证明身体健康素质的提高

（1）应用不同测量方法对自己的身体健康素质的诸要素是否提高做出判断；

（2）对自己身体健康素质诸要素的提高与否做出科学合理的解释。

13. 评价与生活质量相关的个人生活方式

（1）知晓罹患非传染性疾病、导致残疾或早逝的主要原因；

（2）识别罹患非传染性疾病有关的因素；

（3）为追求健康的生活方式保持或改变的良好或不良的生活习惯及行为方式；

（4）描述身体健康素质、生活方式与身体健康之间的关系。

14. 展示对体育和终身体育活动积极的态度

（1）判断他人对体育锻炼和活动的态度；

（2）清楚认识为什么要提高全民族的健康素质，为什么各国政府都如此重视；

（3）描述经常性地参加体育活动对身体健康的益处；

(4) 描述获得理想身体健康素质的益处；

(5) 表明、证实自己对体育及终身体育的认识和积极的态度。

佛罗里达州中学体育健康课程编制的最大特点就是课程内容的分层化和细目化，使教学内容达到了可操作、可评价的水平。课程内容的分层化和细目化便于在不同学期、不同学年和不同学段合理地、系统地、有序地安排课程内容。这样做既能保证课程内容的全面性、系统性和连续性，又有利于不同教学阶段课程内容的紧密衔接。这是我们在制订教学计划和安排教学内容时需要认真学习和借鉴的。

四、中外体育课程内容构建的差异

为更好地了解和比较国内外学校体育教学内容具的共性和差异，下面将英国、美国、日本、西班牙、澳大利亚、韩国、俄罗斯和中国学校体育课程内容进行比较（表 3-6）。

表 3-6　部分国家学校体育课程内容的比较

国　家	体 育 课 程 内 容
英　国	田径、舞蹈、游戏、体操、野外活动、游泳、斯诺克
美　国	韵律体操、个人运动、集体运动、体操、游泳、户外运动、终生运动、瑜伽、攀岩、山地自行车、溜冰、霹雳舞、掷飞盘
日　本	竞技运动项目、亚竞技运动项目、托罗普斯运动、非竞技运动
西班牙	游泳、舞蹈、足球、篮球、排球、艺术体操、体操
澳大利亚	游戏、球类比赛、舞蹈、体操、帆船、冲浪、户外运动、野外生存、闲暇和娱乐
韩　国	跆拳道、球类、田径、户外运动等
俄罗斯	体育知识、活动类游戏、球类、田径、体操、单人对抗、游泳、滑雪、越野、滑冰等
中　国	体育知识、田径、游泳、舞蹈、球类、体操、武术、户外运动

通过以上各国学校体育课程内容的比较分析，我们可以看出国内外学校体育教学内容具有以下共性特征：教学内容有其科学性；在选择课程内容时都力求反映“终身体育”的体育课程指导思想，注意选择本国的重点项目和民族性项目作为课程内容。差异则主要表现在：各国突出本国的特色项目，而对课程内容重视程度的差异，也导致贯彻的措施不相同。

张勇等指出，国内外课程内容的差异性特征表现为：中国的大纲课程内容“选择性”和“弹性”与国外有差异，对发展身体，增强体质的重视程度不如有些国家。王健在中、澳两国体育教学内容的比较研究中指出：中国体育课程内容体现“基础性”“全面性”的要求，对体育课程内容的选择性余地小，而澳大利亚则更多地从个人、社会、人际关系等方面来构建内容体系，且对体育课程内容的选择性余地大。

第四节　国外体育课程内容构建的基本理念和指导思想

一、体育课程内容构建的基本理念

注重对身体健康的促进作用是各国在选用体育教学内容时考虑的首要因素。那些对强身健体作用明显，特别是有利于改善心肺系统机能的有氧运动，如步行、慢跑、跳绳、舞蹈、自行车、游泳等在体育教学内容中的比重越来越大。为了使学生充分认识体育锻炼对增进健康的重要性，各国都相当重视体育与健康知识的教学，以提高学生对体育与健康的认识，形成积极的体育态度。体育教学要为终身体育打基础已成为世界各国的共识。为此，各国体育教材内容日渐融入大量的具有终身体育性质的课程内容。以美国为例，据美国 1984 年的一项调查，一些可以终身进行的运动项目，如跑、游泳、网球和健美操等，占美国一般体育教学内容的 47.6%，体现了体育教材内容的终身化倾向。①

竞技运动项目是广大青少年喜闻乐见的，在体育锻炼中他们往往对竞技运动项目情有独钟。因此，世界各国都十分注重竞技运动项目的教材化改造，使得竞技运动文化的传承与竞技运动健身化有机地结合起来。需要指出的是，国外重视竞技运动项目的教学，其主要目的不在于提高学生的运动技术水平和运动成绩，而是以有利于学生形成终身体育习惯为最终目的。②

现代国外学校体育改革中普遍形成了这样的一种观念，就是要坚持体

---

①② 曲宗湖等. 域外学校体育传真［M］. 北京：人民体育出版社，1999 年第 1 版.

育课程内容的多样化、弹性化和乡土化。德国的体育课程包含身体教育和全能教育，其教学内容丰富多彩。美国是国外体育课程内容弹性最大的国家之一，他们在选编教材时从学生身心特点出发，加大教学内容选择的余地，加强体育教学内容与社会和生活的紧密联系，灵活性很强，自由选择余地很大。在体育教学内容的弹性化方面，日本、德国、加拿大等国家扩大教学内容弹性的做法值得我们借鉴。① 此外，国外学校体育改革还很注重课程内容的乡土化和民族化，地方性和民族性的体育项目在体育教学内容中占有一定的比例。

国外现行体育课程内容发展的共同趋势是：以学习领域来划分体育课程内容；重视发展学生体能和运动技能的内容；体育课程内容呈现弹性和选择性，适应个别差异；体育与健康教学内容的有机结合；重视终身体育的内容，加强与生活的联系；竞技运动项目教材化。

二、体育课程内容构建的指导思想

1. 选择利于发展学生身体健康素质为主要课程内容的倡导者所设计的课程，以学生实现特定的身体健康素质为己任。按身体健康素质的诸要素来设定课程目标。目前国外流行的身体健康素质的诸要素为：身体成分、心肺系统的功能、肌肉的力量和耐力、身体关节和肌肉的柔韧性。按影响人体健康的要素来安排体育课程内容。该课程的内容应包括有关健康的知识、增强学生有氧代谢能力、提高肌肉的力量和耐力、发展肌肉和关节的柔韧性和灵活性以及改变身体成分等有助于学生身体健康的各种运动，将各种不同性质的、有利于发展或提高学生身体健康素质的身体练习视为主要的课程内容。

2. 进行经常性的有利于身体健康的游戏或娱乐活动是人体获得健康最基本的身体活动方式，因为游戏或娱乐活动包含着人体运动的基本形式，它能够培养学生自觉参加各种有利于健康的游戏和娱乐活动的积极态度，并能够提高学生身体活动的能力和技巧。

---

① 张细谦. 从国外体育教学内容的演进看我国体育教学内容的改革［J］. 体育与科学，2002，(3).

持这种观点的学者所设定的课程目标主要有：促进学生形成参加体育活动的积极态度。这种态度可促使学生主动、自觉、经常、终身地参加有利于身体健康的体育活动；指导学生掌握和获得一定水平的运动技术和技能。运动技术和技能的掌握有利于学生更好地体验运动给他们身心带来的快乐，获得身心的满足，延长持续运动的时间并坚持终身体育锻炼。为实现上述课程目标，课程内容应着重选择那些简便易行和社会流行的运动内容，传授相关的运动技术、技能和练习方法，使学生在学习中体验乐趣，形成态度。

3. 近年来，将发展学生身体基本运动能力作为课程主要内容的趋势逐渐上升。国外小学设计的身体基本运动课程，其主要的课程目标是：使学生建立身体意识、空间意识；通过体操、舞蹈和集体游戏使学生尝试新事物，加强学生之间的合作与联系。中学设计的身体基本运动课程的内容主要涉及对一些运动项目、舞蹈和水上运动等技能。

表 3-7　各国现代体育课程发展指导思想的共同特征①

指导思想： 增进健康，增强体质；发展个性，形成良好的社会行为；培养学生对健身的兴趣、习惯和从事健身活动的能力；掌握健身知识、技能；进行伦理道德教育和美育；传授保健卫生知识等。 **课程目标：** ●发展学生身体，增强学生的体质； ●重视传授卫生保健的知识、技能和方法，使学生具有一定的健身文化素养； ●重视培养学生的终身健身的意识和能力，注意培养学生对健身的爱好和习惯。 **课程内容：** ●内容的现代化（科学性：以健身的知识技能为主；实效性：最需要、最基本、最实用） ●内容的综合化、多样化（知识的传授、锻炼素材的丰富） ●内容的弹性化、乡土化（选择性、灵活性、与生活的紧密联系性） ●竞技运动体育教材化（非成人化、简化规则、降低难度，以有利于学生健身为前提）

① 杨文轩. 全民健身与体育课程建设［J］. 体育学刊. 1995 年第 2 期，第 7-9 页。

续表

课程设置： ●按课程目标设计课程内容； ●将课程分为教学课和锻炼课； ●减少必修课、增加选修课； ●重视课程计划与课程标准的制定。 **课程评价：** ●结果评价与过程评价相结合； ●重视学生的健康状况在现有基础上的提高幅度。

第五节　21 世纪国际体育课程内容的发展趋势

一、学校体育课程确立统一标准

随着学校体育的发展，学校体育立法也随之赶上。学校体育课程的重要性也逐渐为人们所认识。大多数国家关于学校体育立法的工作从未停止过，这些体育法案在一定程度上促进和保证了学校体育的发展，并为各学校体育提供了相应的课程标准。把体育课程纳入法制化的轨道，是体育课程得以持续稳定发展的基本保障。

二、体育课程理论的不断创新

终身体育思想在不断指导其课程标准的实施。各国的体育课程标准并不是一成不变的，而是随着社会及教育的发展不断变化、发展着的，从而推动了学校体育课程改革。从最初的身体教育论到后来的活动教育论，再到目的框架理论，以及 90 年代的最佳体能适应计划，不论是体育课程的设置理论还是实施模式，都对学校体育课程的发展起着指导与推动作用。可以说学校体育课程的不断发展过程就是指导理论不断建构的过程。体育课程理论的发展又是一个不断创新、不断科学化的过程。

三、体育课程标准与现实生活紧密相连

体育课程标准的制定不是孤立的，它是与人们的现实生活紧密联系在

一起的。随着世界各国经济的迅速发展、人民的生活水平的提高、闲暇时间增多，伴随而来的却是肥胖症等非传染性疾病发病率的大幅度攀升，国民体质的持续下降。为此，世界许多国家都将体育课的频次和时间进一步增加和延长。在体育课程内容上更注重娱乐性、趣味性和健康性，在思想上注重培养学生形成终身体育的思想。

四、加强体育健康知识教育

体育课程内容注重体育和健康教育或保健教育的有机统一。日本体育教学一直把保健教育作为体育课的特定内容，并规定专门的学时，制定专门的教材进行教学。保健体育课分为实践课和理论课。理论课由体育理论和保健理论组成。体育理论安排在每周 3 次的体育课中，有严格规定的时数比例，占总课时的 5%～10%（初高中实际授课时数达 15%～30%课时)。保健理论规定 2 学分，授课 70 学时。美国最佳身体健康素质计划没有采用传统的技术、技能课程体系，把与身体健康素质有关的知识作为体育课程的核心内容。尤其是把营养知识和身体健康素质的知识有机地结合在一起。各国体育课程内容的选择都强调体育、健康知识教育的重要性，以达到培养学生终身体育态度，养成终身体育习惯的目的。

五、课程内容体现学生的个性化

体育课程内容从最早期的游戏到 19 世纪中期的体操，从带有军事训练性质的兵式体操到 20 世纪篮球、排球等的盛行，到后来新的项目兴起，冲浪、跳伞、帆板等项目在体育课程中大受欢迎，所有体育课程的内容都是不断创新的过程。同时，体育课程内容还注重学生个性化的发展。在课程内容设置上以学生为主体，注意学生积极性的发挥。学生并不作为“克隆”对象按照统一标准对待，而是依据不同的水平得到帮助。不同的课程内容满足不同学生的需要。课程内容丰富多样，学生可依据自己的水平选学自己喜爱的内容。

六、突出终身体育的目标

体育课程内容的选择不同程度地反映了终身体育目标的要求。早在 70

年代，美国学者斯特罗博（W. F. Straub）就指出："学校体育中发生的最重要的变化就是教学在向以终身体育为中心的方向发展"，"要使学生学习终身参加运动所需的技能、知识和态度"。20 世纪 70 年代，美国将射箭、保龄球、羽毛球、高尔夫球和网球等作为终身运动项目引入学校体育。到 80 年代，又引入徒步越野、慢跑、有氧舞蹈和划船等项目，课程内容在不断终身化。据美国 1984 年的一项调查，一些可以终身进行的运动项目，如跑、游泳、网球、羽毛球和健美操等占美国一般体育教学内容的 47.6%。最佳身体健康素质计划由于是终身体育计划，所用的运动项目基本上属于终身体育性质，比如步行、慢跑、跑步、跳绳、队列溜冰、舞蹈、自行车、健身器械、游泳以及一些经过改造过的竞技运动项目，比如小场地足球、篮球和排球等。英国也有着同样的趋势，早在 20 世纪 70 年代，中小学就给予创作舞蹈以重要地位，剑术、健身弹簧垫、柔道、乒乓球作为室内运动引入体育教学，而包括野营、攀岩、划船和滑雪等在内的野外活动也有很大发展。1992 年英国国家课程标准特别强调了体操和舞蹈和重要性，因为上述两个领域在协调和支配身体方面具有特别重要的作用，有着很高的健身价值和社会价值。今天，可以说英国体育教学的内容除了现代竞技运动项目外，已经纳入了大量生活中常见的活动。日本高中体育教学内容十分丰富，包括体操、器械、田径、游泳、球类、武道和舞蹈等 7 大类，18 大项内容，主要通过选修形式使学生学习自己喜爱的运动，进而养成锻炼的习惯。

七、课程内容追求传承和健身的统一

日本的"运动文化论"同样强调体育文化的传承和技术技能学习的必要性。但需要指出的是，这种技术技能的习得是以有利于学生形成终身体育习惯为目的的，而不是单纯地追求技术教学，提高运动成绩。

传统美国学校的体育强调的往往是与运动技能有关的素质，但现代美国学校体育更加强调体育的健康化与终身化，尤其是身体健康素质计划倡导与健康有关素质的提高，如有氧能力、肌肉力量、肌肉耐力、柔韧性和身体成分等，这些都与增进健康有关。终身化的思想已融入美国学校体育课程标准之中。体育课程目标不仅要考虑在学校阶段而且应着眼于未来，为终身体育打基础；体育课程应该面向全体学生，以增进学生身心健康为主要目标。体育应当强调重视学生体育态度、体育情感的培养以及自主运动能力的养成，课程的内容应当以具有终身体育价值的运动项目和健身知识为主。

总之，国外学校体育课程在许多方面都更趋科学化，无论是在理论还是实践方面，尤其是在体育教育理念上有值得我们学习之处。国际上体育课程内容的发展趋势与生活紧密相连，非常注重实用性，紧密结合现实生活，以及管理、评价以及教师在课程中的作用对我国学校体育课程内容的构建都有着重要的启示。学习、了解和研究国外体育课程的发展趋势，对我国体育课程的建设和完善都有重要的借鉴意义。

体育课程作为一种社会文化现象，它必然与社会的政治、经济、意识形态、教育观和价值观等有着密不可分的联系。不同国家在国情、国力和社会制度方面都不同。所以我国的体育课程建设与发展应当考虑我国的社会政治、经济发展状况、文化、历史背景及意识形态和价值观等社会文化背景，只有这样才能保证我国学校体育课程建设与发展适应社会发展的需要。

第四章　我国大中小学体育课程内容现状

我国体育教材各学段协调发展与相互衔接没有统一的要求和规定，使得小学至大学的体育课程内容相互脱节或缺乏联系，甚至简单重复的教学现象较为普遍。但这些仅停留在表面或宏观层面定性的描述，并没有回答各级学校体育课程中有哪些内容重复，重复的程度，哪些特定的理论或实践课程内容发生了脱节等问题。这并不能解决问题或不能为解决问题提供必要、真实和可靠的线索。因此，只有通过对我国现行体育课程内容的定量研究，明确回答上述问题，才有可能明确方向，找到解决问题的具体策略和办法，重新设计相互衔接的各级体育课程内容。

本研究涉及了不同年代正式出版的80本由多家出版社出版发行的大中小学体育课程教材（表4-1），教材出版地覆盖了我国15个省市，人民教育出版社、高等教育出版社和北京体育大学出版社出版的体育课程教材作为重点选择对象。

表4-1　大中小学体育教材出版省市、数量和分布统计表　　(N=80)

序号	省市名称	中小学教材数量	大学教材数量
1	北　京	7	38
2	上　海	1	2
3	山　东	2	1
4	江　苏	3	1
5	安　徽	2	2
6	河　北	1	0
7	福　建	0	4
8	重　庆	0	1
9	湖　北	0	4

续表

序号	省市名称	中小学教材数量	大学教材数量
10	河　南	0	1
11	黑龙江	0	3
12	广　东	0	1
13	天　津	0	1
14	陕　西	0	1
15	辽　宁	0	4

由上表可知，体育教材研究对象在各省市的分布中北京所占比例最大；江苏、辽宁、福建、湖北次之；黑龙江、山东、上海并列第三。而陕西、天津、广东、河南、重庆、河北涉及的教材较少。全国中小学体育教材主要由人民教育出版社出版，而且出版全国中小学体育通用教材的历史最长，版本最齐全。高等教育出版社和北京体育大学出版社作为教育和体育的专业出版社，在体育教材出版方面也占有较大的比重。另外，研究对象还包括北京大学出版社、中国农业出版社、民族出版社、中国林业出版社、中国宇航出版社等出版的体育教材。

由于我国的中小学体育教材不像大学那样“一纲多本”，因而出版的教材数量相对大学而言较少，出版情况主要集中分布在北京、上海、安徽、山东、江苏、河北等几个省市。大学体育教材无论是在出版的多样性方面还是在教材内容的选择方面差异性较大，大有百花齐放的色彩。

除了西部地区由于其教育资源的相对匮乏而导致出版的大学体育教材相对较少外，其余省市的大学体育教材的出版分布较广，其中部分省市的重点院校，如南京大学、华中科技大学、黑龙江大学、武汉大学、天津大学等都出版了本省的大学体育教材。

第一节　体育课程内容界定及教材内容现状

一、体育课程内容界定

目前在我国体育课程内容的概念，由于学者自身对体育课程内容认识和理解的角度不同，定义也不尽相同。

在查阅的文献中，课程内容、教学内容、教材内容、学习内容并用，为尊重原作者，以下引用对原作的用词没做改动。

关于体育课程内容的解释，主要有以下几种观点：

毛振明认为：体育教学内容是依据体育教学目标选择出来，根据学生发展需要和教学条件进行加工的，在体育教学环境下传授给学生的体育知识原理、运动技术和比赛方法等，体育教学内容与体育教材的意思基本相同。

金钦昌定义为：体育课程内容是为实现体育教学目标而选用的体育卫生保健基本知识和各种运动动作。

陈建绩认为：体育教学内容指的是在体育教学活动中，传授给学生的体育与健康知识、技术技能、培养思想品德、发展智力、体力的总体系。

陈玉琨认为：教学内容是学校教育过程的基本因素之一，是教学过程中教师的教与学生的学的双边活动的中介，学校的教学内容是以教学计划、教学大纲、教材或讲义、活动安排等具体形式表现出来的知识、技能、价值观念及行为等。

本书认为：课程内容是指在一门课程中所教授或所包含的课程知识、是有助于实现既定课程目标的内容、是描述真实教学内容的领域和范围。

二、中小学体育教材内容现状

对选择的研究对象进行教材内容的统计分析研究。研究内容包括不同教材所涉及的教学内容、不同教材的同一教学内容在小学和中学教材中出现的频次，以及在研究样本中所占的百分比（表 4-2）。

表 4-2　中小学体育教材内容统计表　(N=19)

内容名称	内容出现的频次	小学教材	百分比％	中学教材	百分比％
田径（跑跳投）	18	5	26.30	13	68.40
体　操	10	2	10.50	8	42.10
篮　球	16	2	10.50	14	73.70

续表

内容名称	内容出现的频次	小学教材	百分比%	中学教材	百分比%
足　球	15	2	10.50	13	68.40
排　球	12	0	0.00	12	63.10
乒乓球	5	1	5.30	4	21.10
游　泳	13	2	10.50	11	57.90
武　术	13	2	10.50	11	57.90
健美操	9	0	0.00	9	47.30
体育理论	16	1	5.30	15	78.90
其　他	11	0	0.00	11	57.90

在研究的中小学 19 本体育教材样本中有 18 本教材涉及田径教学内容（主要包括跑、跳跃、投掷及队列队形），占教材样本的 94.74%；有 16 本教材涉及篮球教学内容和体育理论（主要包括对自己身体的了解、体育健康知识、体育健身知识和体育文化知识等部分）内容，占教材样本的 84.21%；有 15 本教材涉及足球教学内容，占教材样本的 78.95%；有 13 本教材涉及游泳和武术教学内容，占教材样本的 68.42%；有 12 本教材涉及排球教学内容，占教材样本的 63.16%；有 10 本教材涉及体操教学内容，占教材样本的 52.63%；有 9 本教材涉及健美操教学内容，占教材样本的 47.37%；还有 5 本教材涉及乒乓球教学内容，占教材样本的 26.32%。

从统计结果看，田径教学内容在中小学的教材中几乎全部出现，成为中小学学校体育教材中必备的教学内容。掌握基本的体育理论知识、学习科学锻炼身体的知识和方法，提高体育教育对学生身心健康全面的促进和影响作用已成为体育教育的共识，体育理论也成为中小学体育教材中的必备内容。但在小学的体育教材中，只有 1 本教材涉及体育理论的教学内容。篮球、足球、排球作为三大球类运动，也是各中小学教材中的重要内容，中学教材中涉及篮球、足球、排球教学内容的教材数量分别为 14、13 和 12，占中学体育教材的百分比分别为 73.7%、68.4%和 63.1%。体操与健美操教学内容在中学体育教材中涉及的数量分别为 10 和 9，占中体育教材的百分比分别为42.1%和47.3%。

表中的其他项目主要包括民族民间体育活动、体育游戏、拓展训练、韵律活动和中小学体育教材中个别的特色教学内容。在11本中学体育教材中都涉及上述教学内容，占中学体育教材的百分比为57.9%，而在小学的教材中鲜有涉及。

四、大学体育教材内容现状

对所选择的64本大学体育教材内容的统计分析研究。研究内容包括不同教材所涉及的教学内容、不同教材的同一教学内容在大学教材中出现的频次，以及在研究样本中所占的百分比（表4-3）。

表4-3 大学体育教材内容统计表 (N=64)

内容名称	内容出现的频次	百分比%
田　　径	39	60.90
篮　　球	58	90.60
足　　球	54	84.30
排　　球	55	85.90
乒乓球	55	85.90
羽毛球	51	79.70
网　　球	50	78.10
游　　泳	46	71.80
武　　术	53	82.80
形体运动	54	84.30
极限运动	37	57.80
休闲体育	34	53.10
体育理论	56	87.50
其　　他	30	46.90

如表4-3所示，64本大学体育教材中涉及项目最多的是篮球教学内容，有58本教材包含篮球教学内容，占64本大学体育教材的百分比为90.6%。占64本体育教材的百分比在80%以上的教学内容分别有体育理

论（87.5%）、排球和乒乓球（85.9%）、足球和形体运动（84.3%）、武术（82.8）。占 64 本体育教材的百分比在 60%以上的教学内容分别有羽毛球（79.7%）、网球（78.1%）、游泳（71.8%）和田径（60.9%）。其余的项目为极限运动类、休闲体育类和其他，分别占大学 64 本体育教材的百分比为 57.8%、53.1%和 46.9%。

篮球作为我国高校普及程度和普及率较高的一项体育运动，无论从大学生的兴趣爱好还是场地数量的保障上与其他球类运动相比都具有优势，因而占有教学内容最高的百分比。体育理论虽然从中小学的教学内容中就有所涉及，但大学体育理论教学内容得到了进一步的扩展，包括运动锻炼处方、终身体育意识教育、体育与社会发展的关系、体育运动与康复保健、运动损伤的急救与处理等，使得体育理论教学内容占据教材百分比的第二位。排球、乒乓球、足球、形体运动和武术的教学内容分别都占有教学内容 80%以上的百分比，是我国大学体育教学教材中的重点内容。羽毛球和网球教学内容在中小学体育教材中很少。田径教学内容与中小学相比呈明显下降态势，这与大学体育课程的“三自主”课程运行模式有关。学生自主选择体育课程内容，使得田径教学内容在大学体育课程中倍受冷落。展现冒险精神的极限运动，高尔夫、台球、保龄球等休闲体育也深受大学生的喜爱。其他体育教学内容如野外生存、手球、橄榄球、门球、击剑、棒球垒球、棋牌、水上运动等都构成了大学体育教材内容中的特色或亮点。

第二节　体育教材内容同意度分析

内容分析法是对明显的传播内容做出客观而系统的、量化的并加以描述的一种特殊研究方法，它也是社会科学家借用自然科学的定量分析来对历史文献进行研究的一种方法。在对体育教材内容的研究中，通过选择具有代表性的样本（不采用随机抽样法），设计建立相关类目表（见附件一），最后对总类目表进行分析，其中包括相互同意度分析、信度分析，最中得出研究结论。

相互同意度是两个来源之间相互一致的程度，以此判断某个来源与其他来源之间一致性的程度。计算公式为：2M/（N1＋N2），式中M为两个来源间完全相同的项目数（在本研究中即为两项教材内容完全相同的项目数）；N1为第一个教材来源的得分统计；N2为第二个教材来源的得分统计。

一、中小学体育教材内容同意度分析

为便于数据分析，将各教材样本分别进行编号，各教材对应编号如下：1. 小学体育新课标教法图解；2. 中学体育新课标教法图解；3. 中小学体育教学活动设计；4. 体育与健身；5. 体育与健康（高教）；6. 体育一至二年级；7. 体育 三至四年级；8. 体育 五至六年级；9. 体育与健康 七至九年级（人教）；10. 体育与健康（人教）；11. 体育与健康 七至九年级（地质）；12. 体育与健康（山东）；13. 体育与健康（七年级）；14. 体育与健康（八年级）；15. 体育与健康 十至十二年级；16. 体育与健康 七至九年级（河北）。

教材样本15（体育与健康 十至十二年级）不涉及实践内容，不参与实践内容同意度分析。

教材样本1、2和3不涉及理论内容，不参与理论内容同意度分析。

（一）中小学教材样本实践内容相互同意度数据（见表4-4、4-5）

表4-4 教材1-8实践内容来源间相互同意度表

来源	1	2	3	4	5	6	7	8
8	0.471	0.545	0.471	0.846	0.571	0.632	0.818	
7	0.667	0.600	0.667	0.750	0.526	0.706		
6	0.667	0.471	0.500	0.476	0.375			
5	0.286	0.737	0.286	0.609				
4	0.526	0.667	0.526					
3	0.800	0.533						
2	0.400							
1								

表 4-5　教材 9-14 和 16 实践内容来源间相互同意度表

来源	9	10	11	12	13	14	16
16	0.818	0.857	0.632	0.696	0.700	0.737	
14	0.762	0.700	0.556	0.636	0.632		
13	0.636	0.667	0.632	0.609			
12	0.800	0.833	0.727				
11	0.762	0.800					
10	0.957						
9							

（二）中小学教材样本理论内容相互同意度数据（见表 4-6、4-7）

表 4-6　教材 4-8 理论内容来源间相互同意度表

来源	4	5	6	7	8
8	0.308	0.250	0.250	0.286	
7	0.167	0	0.286		
6	0.308	0			
5	0.308				
4					

表 4-7　教材 9-16 理论内容来源间相互同意度表

来源	9	10	11	12	13	14	15	16
16	0.556	0.556	0.600	0.333	0.267	0.375	0.667	
15	0.667	0.667	0.696	0.400	0.222	0.421		
14	0.375	0.375	0.444	0.400	0.769			
13	0.267	0.267	0.353	0.444				
12	0.333	0.333	0.143					
11	0.400	0.500						
10	0.889							
9								

（三）中小学体育教材样本内容相互同意度分析

从类目表总体来看，在16本中小学体育教材中实践部分涉及内容所占百分比六成以上的依次为田径（跑跳投）93.8%、篮球81.3%、足球75%、游泳62.5%、武术62.5%和排球56.3%。理论部分涉及内容所占百分比较大的有体育与个人身体健康62.5%、体育与心理健康62.5%、体育活动与营养43.8%、社会适应37.5%、体能常识37.5%、运动健康观与健康教育31.3%、体育卫生保健31.3%等。

从各教材内容相互同意度的计算表中可以看出，实践内容共产生了的48个数据，其中有17个数据相互同意度在0.70以上；23个数据相互同意度在0.5与0.7之间；理论内容共产生了的40个数据，其中有10个数据相互同意度在0.50以上；16个数据相互同意度在0.3与0.5之间。

通过对以上16本教材来源所设定的主要内容分析，表现出中小学体育教材之间在教学的实践内容部分重复过多，即相互同意度在0.50以上的情况占83.3%，具有较高的一致性；同时理论部分的相互同意度在0.3以上的情况占65%，一致性也较高。因此，中小学体育教材内容不系统、不连贯、重复严重的现象的确存在，这种状况不仅不利于学生循序渐进的学习体育的知识和技能，而且也容易挫伤学生学习的主动性和积极性。

二、大学体育教材内容同意度分析

为便于数据分析，现将各教材分别编号，各教材对应编号如下：1. 大学体育（杨文轩）；2. 大学体育（李艳翎）；3. 体育实践教程（第二版 李重申）；4. 大学体育教程（第二版 常乃军）；5. 体育与健康（刘传进）；6. 大学体育（蔡志坚）；7. 大学体育（周天跃）；8. 新编大学体育（傅砚农）；9. 新编大学体育教程（李丰祥）；10. 大学体育理论与方法（唐健）；11. 高校体育实用教程（陈荣）；12. 新编大学体育理论（陈立国）；13. 新编大学体育实践（陈立国）；14. 体育教程（李振斌）；15. 大学体育与健康（上册 庞元宁）；16. 大学体育与健康（下册 庞元宁）；17. 当代大学体育教程（任晋军）；18. 大学体育与健康教程（王亚飞）；19. 普通高等学校体育教程（陈伟霖）；20. 大学体育与健康（傅庆章）；21. 体育与健康（陕西编委会）；22. 大学体育（赵洪明）；23. 体育与健康（崔兆芳）；

24. 大学体育（洪国武）；25. 体育与健康教程（邹继豪）；26. 大学体育（航海类 张瑛玮）；27. 大学体育（综合类 张瑛玮）；28. 大学体育（上册 林淑芳）；29. 大学体育（下册 林淑芳）；30. 大学体育与健康教育（白晋湘）；31. 大学体育理论教程（胡红）；32. 大学体育理论教程（林建华）；33. 现代大学体育教程（陈智勇）；34. 大学体育与健康（丁方凯）；35. 大学体育实践教程（任勇）；36. 新编大学体育学（冯子安）；37. 高校体育理论教程（乔德旭）；38. 体育学（罗飞虹）；39. 大学公共体育教程（于跃）；40. 大学体育理论与实践（仲跻强）；41. 体育理论与实践教程（孙承文）；42. 体育基础理论与实践教程（王少华）；43. 大学体育标准教程（林志超）；44. 体育与健康（黄文彦）；45. 现代大学体育理论教程（邓树勋）；46. 大学运动健康（史绍蓉）；47. 大学生体育健身的理论与方法（吕新颖）；48. 大学生体育健身与指导（汪素霞）；49. 大学公共体育教程（朱景履）；50. 大学体育教程（许砚田）；51. 大学体育教程（高松山）；52. 体育与健康（许业鸿）；53. 体育与健康（林宏牛）；54. 大学体育与健康（林立）；55. 大学体育（杨新林）；56. 大学体育与健康（王兴林）；57. 大学现代体育（黄益苏）；58. 大学体育实用教程（尚会东）；59. 大学体育（刘尚达）；60. 大学体育教程（陈松）；61. 体育与健康实践教程（金其荣）；62. 大学生体育（张伟德）；63. 大学体育（冯峰）；64. 高校体育教程（刘勇新）。

教材样本10、12、15、31、32不涉及实践内容，不参与实践内容同意度分析。

教材样本3、13、16、29、35、36、48、57、61、62不涉及理论部分，不参与理论内容同意度分析。

（一）大学教材样本实践内容相互同意度数据（表4-8～表4-15）

表4-8　教材1-8实践内容来源间相互同意度表

来源	1	2	3	4	5	6	7	8
8	0.733	0.800	0.706	0.692	0.917	0.621	0.815	
7	0.788	0.788	0.811	0.690	0.815	0.813		
6	0.800	0.743	0.872	0.903	0.621			

续表

来源	1	2	3	4	5	6	7	8
5	0.667	0.733	0.706	0.692				
4	0.750	0.688	0.778					
3	0.900	0.900						
2	0.889							
1								

表 4-9 教材 9、11、13、14、16 实践内容来源间相互同意度表

来源	9	11	13	14	16
16	0.846	0.667	0.733	0.786	
14	0.857	0.769	0.875		
13	0.800	0.643			
11	0.667				
9					

表 4-10 教材 17-24 实践内容来源间相互同意度表

来源	17	18	19	20	21	22	23	24
24	0.880	0.957	0.917	0.846	0.714	0.923	0.759	
23	0.867	0.786	0.759	0.903	0.970	0.839		
22	0.815	0.880	0.923	0.857	0.800			
21	0.828	0.741	0.714	0.867				
20	0.963	0.880	0.769					
19	0.800	0.870						
18	0.917							
17								

表 4-11　教材 25-30 实践内容来源间相互同意度表

来源	25	26	27	28	29
30	0.769	0.421	0.750	0.133	0.556
29	0.444	0.364	0.375	0.000	
28	0.267	0.500	0.154		
27	0.667	0.471			
26	0.421				
25					

表 4-12　教材 33-40 实践内容来源间相互同意度表

来源	33	34	35	36	37	38	39	40
40	0.471	0.444	0.533	0.545	0.533	0.471	0.667	
39	0.667	0.615	0.632	0.667	0.632	0.667		
38	0.769	0.333	0.667	0.700	0.833			
37	0.833	0.250	0.636	0.556				
36	0.500	0.333	0.444					
35	0.667	0.500						
34	0.444							
33								

表 4-13　教材 41-48 实践内容来源间相互同意度表

来源	41	42	43	44	45	46	47	48
48	0.714	0.963	0.800	0.750	0.571	0.720	0.640	
47	0.667	0.615	0.583	0.522	0.500	0.500		
46	0.667	0.846	0.833	0.870	0.500			
45	0.261	0.455	0.500	0.526				
44	0.615	0.720	0.696					
43	0.741	0.923						
42	0.828							
41								

表 4-14　教材 49-56 实践内容来源间相互同意度表

来源	49	50	51	52	53	54	55	56
56	0.786	0.696	0.957	0.909	0.909	1.000	0.692	
55	0.875	0.815	0.815	0.815	0.846	0.769		
54	0.786	0.696	0.957	0.909	0.909			
53	0.786	0.783	0.870	0.909				
52	0.786	0.783	0.957					
51	0.828	0.750						
50	0.759							
49								

表 4-15　教材 57-64 实践内容来源间相互同意度表

来源	57	58	59	60	61	62	63	64
64	0.667	0.923	0.870	0.833	0.846	0.815	0.833	
63	0.720	0.917	0.857	0.909	0.833	0.880		
62	0.714	0.889	0.750	0.800	0.741			
61	0.667	0.846	0.783	0.833				
60	0.640	0.917	0.857					
59	0.667	0.783						
58	0.667							
57								

（二）大学教材样本理论内容相互同意度数据（表 4-16～表 4-23）

表 4-16　教材 1、2 和 4-8 理论内容来源间相互同意度表

来源	1	2	4	5	6	7	8
8	0.833	0.833	0.833	0.714	0.667	0.667	
7	0.667	0.667	0.667	0.824	0.533		
6	0.500	0.667	0.500	0.714			
5	0.714	0.714	0.714				
4	1.000	0.714					
2	0.667						
1							

表 4-17　教材 9-12、14、15 理论内容来源间相互同意度表

来源	9	10	11	12	14	15
15	0.444	0.400	0.545	0.600	0.750	
14	0.462	0.737	0.533	0.429		
12	0.286	0.308	0.444			
11	0.500	0.286				
10	0.500					
9						

表 4-18　教材 17-24 理论内容来源间相互同意度表

来源	17	18	19	20	21	22	23	24
24	0.667	0.625	0.667	0.462	0.545	0.429	0.400	
23	0.625	0.588	0.737	0.571	0.333	0.667		
22	0.533	0.625	0.444	0.769	0.364			
21	0.667	0.462	0.400	0.200				
20	0.286	0.667	0.471					
19	0.737	0.800						
18	0.706							
17								

表 4-19　教材 25-28、30-32 理论内容来源间相互同意度表

来源	25	26	27	28	30	31	32
32	0.667	0.500	0.500	0.667	0.632	0.750	
31	0.714	0.667	0.667	0.588	0.762		
30	0.588	0.667	0.667	0.800			
28	0.462	0.588	0.588				
27	0.429	1.000					
26	0.429						
25							

表 4-20　教材 33-34、37-40 理论内容来源间同意度表

来源	33	34	37	38	39	40
40	0.222	0.800	0.222	0.333	0.800	
39	0.400	0.667	0.200	0.308		
38	0.471	0.308	0.588			
37	0.286	0.200				
34	0.400					
33						

表 4-21　教材 41-47 理论部分来源间相互同意度表

来源	41	42	43	44	45	46	47
47	0.750	0.571	0.400	0.200	0.750	0.571	
46	0.714	0.667	0.500	0.500	0.429		
45	0.500	0.714	0.400	0.200			
44	0.400	0.500	0.500				
43	0.400	0.500					
42	0.571						
41							

表 4-22　教材 49-56 理论内容来源间相互同意度表

来源	49	50	51	52	53	54	55	56
56	0.800	0.800	0.800	0.875	0.667	0.667	0.667	
55	0.632	0.737	0.737	0.800	0.632	0.737		
54	0.750	0.625	0.625	0.706	0.375			
53	0.625	0.625	0.750	0.588				
52	0.706	0.941	0.706					
51	0.750	0.750						
50	0.625							
49								

表 4-23　教材 58-60、63-64 理论内容来源间相互同意度表

来源	58	59	60	63	64
64	0.500	0.444	0.545	0.571	
63	0.571	0.500	0.600		
60	0.545	0.500			
59	0.667				
58					

（三）大学体育教材样本内容相互同意度分析

从类目表总体来看，64 本大学体育教材中实践部分涉及内容所占百分比七成以上的依次为篮球 90.6%、排球 85.9%、乒乓球 85.9%、足球 84.3%、形体运动 84.3%、武术 82.8%、羽毛球 79.7%、网球 78.1%和游泳 71.8%。理论部分涉及内容所占百分比较大的有体育与健康 82.8%、运动损伤预防与处理 53.1%、体育安全教育与预防 51.6%、体育锻炼原则与科学方法 50.0%、体育与营养 45.3%、急救与急救方法 45.3%和体育概述 42.2%等。

从各教材内容相互同意度的计算表可以看出，实践部分共产生的 193 个数据，其中有 78 个数据相互同意度在 0.80 以上，78 个数据相互同意度在 0.60 与 0.80 之间；理论部分共产生的 159 个数据，其中有 82 个数据相互同意度在 0.60 以上，57 个数据相互同意度在 0.40 与 0.60 之间。

通过对以上 64 本大学体育教材来源所设定的主要内容分析，大学体育教材之间实践部分重复的教学内容过多，即相互同意度在 0.60 以上的情况占 80.8%，具有较高的一致性，并且与中小学体育教材实践部分所涉及的内容几乎相一致，有较大的雷同和重复性。同时理论部分的相互同意度在 0.40 以上的情况占 87.40%，一致性也较高。这充分说明，大学体育教材过度重复的现象比较严重，虽然大学体育教材是一纲多本，其千篇一律的状况反映了大学教材存在重复出版、缺乏创新和资源浪费的现象。其次，大学体育教材内容与中学体育教材内容也明显地缺少连贯性和系统化。

第三节 研究的结论与建议

（一）结论

1. 我国目前大中小学各学段的体育课程内容都有其对应的课程标准，单独拿出各学段的教学内容来看，涉及的项目种类丰富，各学段体育课程内容安排合理，在教学实施过程中也强调循序渐进的系统教学。但是如果将大中小学各学段作为一个整体来分析，我国学校体育在各阶段体育课程内容衔接和协调发展的程度上还没有统一的要求和规定，使得中学至大学各个阶段的体育教学任务形成一个阶段“还债式”的重复教学，与国家教育部提出“健康教育”“终身体育”有所脱钩，因而出现了各学段之间课程内容重复，教学缺乏系统性的现状。

2. 各地中小学在教学内容的安排上存在较多重复的现象，例如，田径中短跑的蹲距式起跑、蹲距式跳远，篮球的运球、传球等。这里的重复，多数是原有简单动作的重复，而不是有提高的重复，这种低层次的重复练习从理论上来讲，容易造成学生对体育的错误认识，对培养学生的体育兴趣和参加体育锻炼的习惯起着消极的影响和作用。

3. 小学体育教课程都是以基本的竞技运动项目作为课程内容，不能符合《中小学体育与健康课程标准》对小学体育课程内容的规定，也不能符合小学生的身心发展特点。中学体育课程内容简单，又无法起到承上启下的连接作用，这也使得大学体育课程不得不重复教授中学的体育课程内容。大学所采用的体育教材多是各个高校自选的，在课程内容上与中小学也同样存在着一定的重复，不同学段课程内容的编制没有递进性和衔接性。

（二）建议

1. 重新研究和明确各学段的学校体育的课程目标和课程内容的分类方法等，科学地构建大、中、小学一体化的课程内容体系，实现大、中、小学课程内容的衔接。

2. 加强大中小学一体化体育课程内容体系的建设，系统地设计出各学段应该学习或者可以选择学习的具体教学内容，给广大体育教师一个有限的选择体育教学内容的空间，克服教师在选择教学内容时的盲目性。

3. 加强大中小学体育教材内容创新，将原有通过多年教学实践证明对实现课程目标的课程内容进行资源重组，以开发出更加适应社会、有利于学生人人参与、促进他们在知识、技能、身心健康、行为养成、文化传承等全面发展的课程内容和教学内容体系。

第五章　体育课程内容的选择

近百年的体育课程发展表明，体育课程内容是随着社会发展的变化而变化的，不同社会历史时期呈现出不同的体育课程内容，它们在特定的社会历史阶段起着不同的作用，有相对的历史意义，同时，也存在不同程度的问题，我们必须辨证地看待体育课程内容的发展史，既要肯定其历史的作用，又要看到它的历史局限性。那些在当时社会背景下存在的问题将可能成为我们今天改革体育课程内容的客观依据，是我们研究体育课程内容的逻辑起点。

体育课程内容是体育课程目标与体育教学实施的中介。在体育课程内容之中不仅回答教什么的问题，实际上也包括了为什么教，甚至如何教的意蕴。从一定意义上讲，全部的体育课程问题就是体育课程内容问题，体育课程的设计、实施与评价都可以理解为围绕体育课程内容的安排及其结果展开的。认真研究与回答体育课程内容的有关问题，对于体育课程教学具有十分重要的意义。

第一节　体育课程内容的特点及选择依据

一、体育课程内容的特点

（一）身体运动性

体育课程内容与其他课程内容的最大差异在于，体育课程内容主要是由体育运动的身体练习构成，都与身体实践活动紧密相关。毛振明指出，体育课程内容“是以有关身体运动的学习和身体运动的技能形成为主要培养目标的内容；是以运动为媒介，以大肌肉群的活动状态进行教育的内容”。体育课程的学习不仅是通过学生的思维活动，解决学生知与不知、懂与不懂的问题，而且是通过学生实际从事的运动学习与身体练习，运动中的肌肉本体感觉的形成与动作记忆，解决学生会与不会的问题。

（二）健身性

体育课程内容的学习过程实际上也是学生从事身体练习的过程。在这一过程中，学生必然承受一定的运动负荷。因此，合理地安排身体练习的负荷大小与负荷过程，对于增强体能、增进健康的作用是其他任何一门课程都无法替代的。

（三）娱乐性

体育课程内容大部分来自于体育运动，体育运动项目大多是从各种各样的运动性、竞技性游戏发展变化而来的，而运动性游戏大多具有一定的趣味性、娱乐性。在运动学习与运动竞赛过程中，会经历竞争与合作、成功与失败，给人的情感、情绪以深刻而丰富的影响。

（四）非阶梯性

体育课程内容与其他学科的课程内容不一样，其他的学科内容之间没有比较清晰的由易到难、由简单到复杂的阶梯性结构，并且没有明显的从基础到提高的逻辑结构体系。而体育课程内容是由众多的相互平行的竞技运动项目和身体练习组成，而且理论知识的素材也很多，这就为体育课程内容的选择增加了难度。

二、体育课程内容选择的依据

体育课程内容是实现体育课程目标的手段，而不是目的。体育课程目标的多元性以及体育运动的可替代性，增加了体育课程内容选择与组织的难度。体育课程目标是选择组织课程内容的依据，体育教学内容是实现体育课程目标的手段。在选择和组织体育教学内容时，不仅要考虑到体育课程的目标，还要考虑体育教学内容的科学性与有效性、学生和社会的实际以及与学校整个教育目标的一致性。

依据是选择教学内容的根本理由，是课程目标和教学内容之间的逻辑关系。从课程总目标而论，体育教学内容选择的依据应是“学生的体育全面发展”。而在当前的历史条件下，“学生的体育全面发展”应该是以“学生终生体育锻炼的实现”为核心内容的，而“学生终生体育锻炼的实现”

则主要依托于：

1. 学生能较好地掌握 1～2 项运动技能并大致掌握 4～5 项运动技能；

2. 学生能知晓足够的、可满足体育锻炼和观赏需要的知识原理；

3. 学生在身体各发展期都能得到相应的锻炼和养护，它们的身体具有较好的体能和适应性；

4. 学生通过体育学习可以充分体验到运动的意义和乐趣，形成参加体育和实现健康生活的志向。如果用比较通俗的语言来概括的话，就是“学懂”“学会”“学健”和“学乐”四个主要课程目标。

以上是体育教学效果评价的四个视角，当然也是选择体育教学内容的四个依据。换句话说，选择任何一项体育教学内容时，都要看它是否有利于学生的“学懂”“学会”“学健”和“学乐”。

培养目标作为选择课程内容的依据是课程编制的逻辑起点，是毋庸置疑的。现在的问题是我们的体育课程目标设定得笼统而宽泛，在选择课程内容时最终导致理论上有依据，操作时无依据的现象，给课程的执行者带来很多疑惑和困难。

第二节 体育课程内容选择的原则

体育课程内容选择的原则主要包括以下几个方面：

一、基础性原则

基础性是使所有的学生都能在思想道德、科学文化、身体心理上打下良好的基础。中小学体育课程内容的基础性主要是使学生掌握体育与健康基本知识与技能，以及后继进行体育学习所必需的体育能力，并能有效地增进健康，形成良好的个性，提高体育文化素养，为终身体育奠定基础。在选择体育课程内容时，应注重选择作为一个现代人必须具备的体育基本知识、运动技能和体育能力的相关内容。任何一种体育活动以身体练习为基本手段，田径运动是各项运动的基础。小学低年级的基本活动课程内容是在确定以跑、走、跳、投、滚翻等基础上，选择适合小学生学习的具体内容。也就是说在所有的体育课程内容的选择中应该考虑基础性，无论是学习什么样的内容，都应该从基本的知识开始，而随着学段的增加，课程内容的加深，基础的知识在不断地变化。

二、实用性原则

体育课程内容归根结底是由社会发展的水平与要求决定的。体育课程学习具有鲜明的生活教育色彩，因此，体育课程内容必须反映社会发展的要求，适应社会发展的趋势。体育课程内容的选择应有利于培养学生对体育的兴趣、爱好和实际从事体育运动的能力，并能为学生未来走上社会后继续进行体育锻炼而服务。因此，在选择体育课程内容时一定要注意既要打好基础，又要选择学生喜欢的、社会上比较普及的，并且有很好的健身娱乐效果的项目。

三、兴趣性原则

学生的体育兴趣决定着学生对体育活动注意，并在很大程度上决定着学生的体育学习行为的方向，成为决定体育学习的主导力量。体育课程内容是为特定学段的学生所选择的，课程内容应为学生所接受，应充分考虑学生的兴趣、需求和能力的实际，使学生能够体验到成功的乐趣，并且有利于学生体育学习兴趣的发展。

四、科学性原则

体育课程内容的选择要符合不同学段学生的身心发展特点，有效地促进学生的身心健康。另外，体育课程内容的选择要充分考虑学生的个体差异，使每一位学生都能受益。体育课程内容选择的教育性、系统性、实践性、娱乐性、健身性、社会性（人际交往与规范）、空间的约定性（固定的场地）都是科学性的具体内容。

五、历史性原则

体育课程内容是在人类社会发展过程中，人类为满足自身的需要而不断创造的具有文化价值的精神财富和物质财富。体育手段的丰富与否，是社会文明程度的标志之一。体育手段的发展与社会经济、文化、科技水平都有密切的联系，是随着社会的发展和人的需要的逐步提高而不断由低级到高级、由少到多地发展，因而不同时代的体育手段，总是反映当时人们需要的水平和类型。随着现代竞技体育的兴起，社会现代化水平不断提高，现代科学技术的迅猛发展，健康的社会价值和地位的日益提高，继承和发展应成为体育课程内容选择的原则之一。

六、民族性原则

体育课程内容的产生和采用总是与一个国家或地区的民族文化传统和民族习俗有关。目前国际通用的体育手段，都发源于各个不同的民族和国家的。例如：我国人民喜闻乐见的武术、日本人喜爱的柔道、西班牙人喜欢的斗牛等。即使在同一个国家里，不同的民族也有自己本民族传统的体育手段。例如：我国蒙古族的马术、摔跤，朝鲜族的荡秋千等。在体育课程内容选择时应充分利用和发扬国家和民族宝贵的历史文化遗产。

七、地域性原则

体育课程内容还有地域性特征，因为它的产生和流行总是与一定的地理环境、自然条件等有关，如气候、地形地势。地处寒冷地带的国家和地区，每年冰冻期较长，冰雪项目就开展得较多；气候较热，水域较多的国家和地区，水上运动就比较普及；草原地带畜牧业发达的国家和地区，骑马的运动就发展得好。因此，不同地域在选择体育课程内容时应该考虑地域的特点。

八、实践性原则

体育课程内容是一个不断发展的开放体系，它脱胎于人类的各种自身生活实践。如劳动生产、军事活动、模仿动物动作、挑战自然等，经过发展、演变和人类的再创造，逐步形成一个独立的完整体系。体育锻炼作为一种载体，是人类生活中与他人进行交流的最直接有效的手段。这就要求课程内容的选择要源于生活，更应高于生活，是对生活内容的选择和提炼。

九、国际性原则

任何一种体育手段都是人们用来健身娱乐的工具，它不受任何政治和国界的限制，只要是健身价值高或趣味性浓，就容易被世界各国的人民所接受。目前，被列为夏季奥运会的比赛项目已达220余项，冬季奥运会已拥有40多个单项，这些项目有统一的比赛规则，可以在规定的时间和范围内进行活动。

邓小勇等在《体育教学内容体系构建的理性思考》一文中指出，体育教学的内容的选择应当根据体育教学目标、体育教学的基本规律和我国的国情来确定。这是我们在确体育教学内容体系时首先要考虑的三个重要条件，也是基本的前提。在选择体育教学内容时应该遵循以下原则：

（一）实践性与知识性相结合的原则

实践性和知识性相结合是由体育的本质属性所决定的。利用身体活动来达成教学目标是体育教学的最重要的形式。通过实践使身体的大肌肉群得到活动，各内脏器官系统得到锻炼，同时还要体验到体育的乐趣、受到品格的培养和体育方法的训练，这些都是以体育教学内容作为媒介实现的。体育教学的一个重要目标之一是使学生掌握体育知识和发展体育能力，为终身体育奠定基础。这个目标的实现就依赖于实践性与知识性的结合。知识要通过基础理论内容的讲授，主要体现在为什么做、怎么做和为什么要这样做上，但更多的是在实践中体验和理解，通过实践运用来对知识加以强化。体育教学内容体系就是实践性与知识性的结合体。

（二）健身性与文化性相结合的原则

健身性是体育教学区别于其他教学的显著特征之一，体育教学内容体系要具有健身性是体育教学的本质属性的反映。而文化是人类认识世界、改造世界和适应环境的产物。体育本身就是一种文化现象，体育教学内容的文化性是指体育教学内容要有利于提高学生对体育的认识、促进健身意识的培养、树立体育的价值观和培养体育精神，进行良好的体育道德的熏陶。健身性与文化性相结合，就是体育教学内容体系既具有良好的健身价值，又具有丰富的体育文化内涵。

（三）民族性与开放性相结合的原则

体育的形式和内容总是与国家或地区的民族传统文化或民族习俗有关。体育教学内容的民族性就是要把具有民族特点的那些优秀的身体运动项目吸收进来，既发挥它们的健身功能，又发挥它们的优秀传统教育功能。但体育教学内容仅强调民族性是不够的，任何民族在发展过程中总会受到来自方方面面、形形色色的因素的约束，总会具有一定的片面性。因此，体育教学内容的选择必须体现民族性与开放性的结合，即要在保留优秀的本民族体育内容的基础上，充分吸取世界各民族的优秀体育文化，将它们融合在一起形成一个优势互补、功能齐全的体育教学内容体系。

（四）继承性与发展性相结合的原则

传承优秀的传统文化是教学的重要功能。体育教学内容的选择无疑是要吸收我国历史悠久的传统体育文化，使这些宝贵的文化遗产得以继承，这就是体育教学内容的继承性特点。文化的继承是有选择性和批判性的。对于传统体育文化，在有选择继承的基础上，要进一步丰富它的内涵。在保留它原有特点和精华的前提下，剔除那些落后的、不健康的东西，使它具有时代气息，符合现代社会发展的需要，这就是体育发展性的特点。

（五）统一性与灵活相结合的原则

体育教学内容体系要面向全体学生，它必须要有基本的要求，要有相对统一的标准，使体育教学有较为规范的目标，这就是体育教学内容体系的统一性。我国地域辽阔，各省市、地区的发展不平衡，教育的环境和条件不一致，教学的基础条件也有所同。因此，体育课程内容的设置必须留有一定的余地，具有一定的灵活性，各省市、地区和学校能够根据自身的教学条件和学生的实际情况灵活地加以选择，这就是体育教学内容体系的灵活性。在体育教学内容体系的构建上只有兼顾统一性和灵活性，才能保证课程内容的可操作性，保证在不同教学条件下所有学生的身心都能得到全面发展。①

河南省在《中小学体育与健康课程实施方案》中确定了选择体育教学

① 邓小勇等. 体育教学内容体系构建的理性思考 [J]. 体育与科学. 第 25 卷：第 3 期（总第 148 期）2004 年 5 月.

内容的五项基本原则，即：与教学目标统一性原则、科学性（健身性和安全性）原则、可行性原则、趣味性原则和与社会体育和地区体育特色相结合原则。强调选择的体育教学内容要做到：教师能教、学生愿学、场地允许，且与群众性体育紧密结合。并根据上述原则，列举了选择教学内容的具体方法（表 5-1）。

表 5-1　依据选编教学内容的原则判断教材范例

项目举例	目标性	科学性	可行性	趣味性	社会性	选择结果
拳击	×					不选
前空翻	√	×				不选
保龄球	√	√	×			不选
铅球	√	√	√	×		不选
滑冰	√	√	√	√	×	不选
少林拳	√	√	√	√	√	选择
篮球	√	√	√	√	√	选择

浙江省在《中小学体育与健康课程实施方案》中根据新课标提出“目标引领内容”的指导思想，对某些基本的、核心的内容予以框定，在此基础上，留一定的空间供一线教师根据各地的实际情况选择。即按照“统一与灵活相结合”的原则，将教学内容划分为三类：必学内容、限学内容和自选内容，并确定了选择这三类内容的主要原则：

1. 必学内容选编原则：

（1）有利于发展学生的基本运动能力，夯实运动基础；

（2）有利于运动文化的传承与发扬；

（3）有利于促进教学的规范与研究；

（4）有利于各地区的实施，具有普适性、可行性。

2. 限学内容选编原则

（1）有利于激发学生的运动兴趣；

（2）有利于学生形成运动爱好与运动专长（有利于培养终身体育的意识与能力，有一定的技术含量）；

（3）有利于各校的选择与实施。

3. 自选内容选编原则

（1）有利于发挥教师的特长与自主性；

（2）有利于新兴运动项目的引进与改造；

（3）有利于形成校本特色。

第三节　体育课程内容选择的分类

由于体育课程内容具有不同于其他学科的特殊性，因此，关于体育课程内容的分类一直争论颇多、意见不一。王占春在谈及新中国成立后我国体育教学大纲及教材的内容分类时曾说："多年来，在编订大纲和教材时，都把如何优选体育课程内容，教材如何组合分类进行探讨和实验，但解决得并不十分理想，其中难点较大的是教材分类的问题"。尽管对于体育课程内容的分类意见存在较大分歧，但都指出了体育课程内容分类的重要意义，并认为体育课程内容分类问题若不能得到很好的解决，就会使学校体育课程内容处于无为与无奈的"多难"境地。①

体育教育可选择和利用身体活动或运动方式的内容丰富多彩、成百上千，在选择体育课程内容时，都要面临按什么样的逻辑进行分类的问题。正确选择体育课程内容的分类方式，有利于更加深刻地认识和正确地选择体育课程内容并与体育课程目标有机对应。

"学校体育之父"古兹姆斯，以及著名的史姆兹·扬等人对体育课程内容的分类都有过深入的研究（表 5-2）。

表 5-2　近代德国对课程内容的各类分类方法

分类的视角	类　别
从心理学分类	1. 根据教学指导心理的分类 2. 根据心理负荷分类
从运动类别分类	1. 根据运动群分类

① 深化学校体育教学改革研究课题组. 深化学校体育教学改革的研究［M］. 北京：人民教育出版社 1999：81-86.

续表

分类的视角	类　别
从解剖学、生理学分类	1. 根据身体部位的分类 2. 根据关节的分类
从组织、经营的分类	1. 根据运动场所进行的分类
从社会学的分类	1. 根据教育目的的分类 2. 根据教材的社会起源 3. 根据社区体育参加者的社会立场分类 4. 根据运动者对外界运动类型的分类
从实践指导的分类	1. 根据准备运动和主动运动不容的分类 2. 根据运动器材的分类
从物理和位移的分类	1. 根据运动者位移行动样式的分类 2. 根据位移运动可能性的分类
从个体发展心理的分类	1. 根据人的发育过程分类
从自然科学的生理学的分类	1. 根据运动心理效果的分类
从教育指导分类	1. 根据显性和隐性教育效果的分类

注：整理资料引自《近代体育教材史》汉斯·高乐著，高岛实译，日本厚鲁堡出版社，1982 年。

目前，从我国大量有关体育课程内容选择的教学大纲、论文或著作的论述中我们发现，由于研究者选择课程内容时的出发点不同，对选择课程内容研究的视角不同，因此选用和产生了不同的课程内容选择类型。

一、根据人体基本活动能力分类

根据人体基本活动能力进行分类，即按照人的走、跑、跳、投、攀登、爬越、负重等，将各种各样的身体活动方式或练习等进行分类组合。这种分类对于有目的有针对性地培养学生身体基本活动能力是比较有利的，不受现有正规的体育运动项目的局限（图 5-1）。

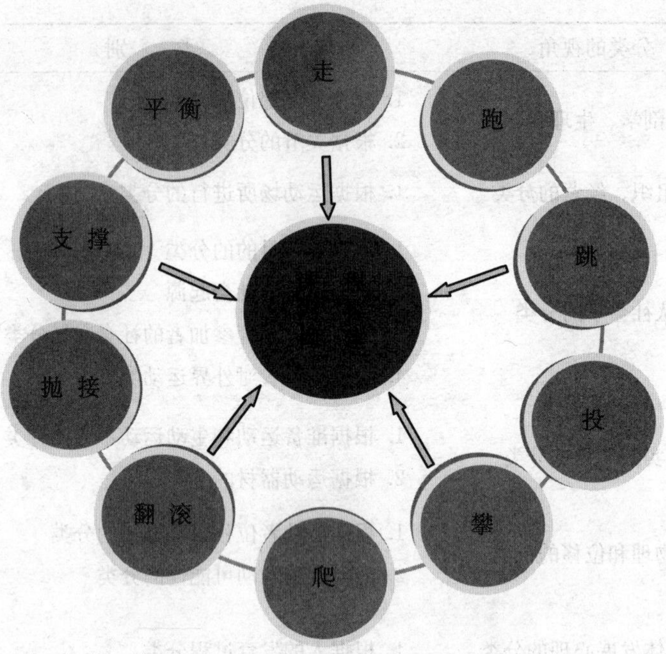

图 5-1　根据人体基本活动能力分类

根据人体基本活动能力进行分类是体育教学实践中比较常见的一种分类方式。如《九年义务教育全日制小学体育与健康教学大纲》（2000 年）中的小学教学内容就是根据人体基本活动能力来进行分类的。这种分类方法由于不易受竞技运动项目的限制，不仅有利于组合教学内容，而且也有利于学习正确合理地使用身体、发展学生的各种身体动作和基本活动能力，比较适合小学低年级教学活动的组织。但是根据人体基本活动能力的分类，对于学习掌握体育运动技能、发展体能有一定的局限性，而且不容易引起高年级学生对竞技运动的兴趣，导致其缺乏运动的动机因此不能满足学生对体育学习的要求。

二、根据身体运动素质分类

发展学生身体素质是体育教学的目标之一。根据身体运动素质进行分类，即按速度、力量、耐力、灵敏、柔韧、协调、平衡、反应等，将各种运动项目与身体练习分类组合。这种分类有助于帮助学生正确认识各种体育运动项目与身体练习和发展体能的关系。这对于有目的、有针对性地发展学生的身体运动素质是有效的，但是容易忽视对运动技能和体育知识的学习（图 5-2）。

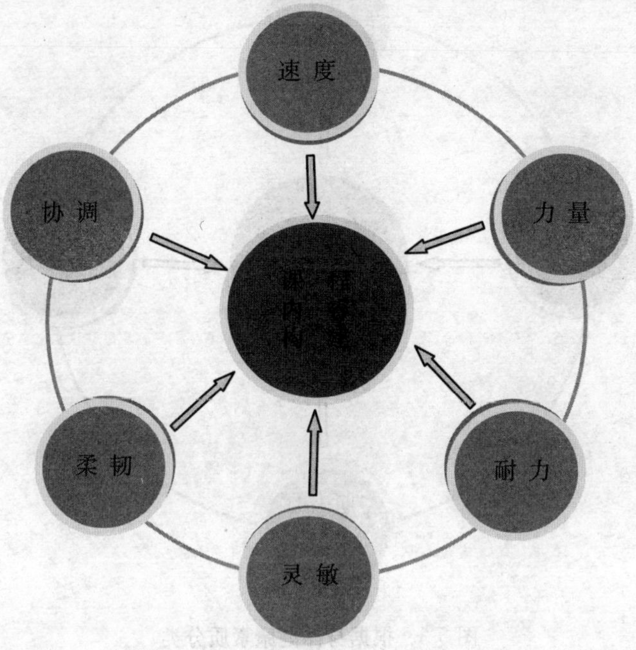

图 5-2　根据身体运动素质分类

《九年义务教育全日制初级中学体育教学大纲》（1992 年）在体育教学内容的次级分类中采用了根据身体运动素质分类的方法。这种分类方法对发展学生身体运动素质方面分类明确，有利于实现锻炼身体的目的和帮助学生认识各运动项目与身体运动素质发展之间的关系。但是，由于许多项目并不是单纯发展某一方面身体运动素质，所以这种分类显得不够准确。

三、根据身体健康素质分类

按与健康相关的身体成分、心肺循环系统的功能、肌肉的力量和耐力、肌肉和关节的柔韧性进行分类。这种分类方法对发展学生身体健康素质方面分类明确，有利于帮助学生认识和理解什么是健康以及身体健康素质所包括的各要素，帮助学生认识各类体育活动与身体健康素质发展之间的关系，对学生未来选择锻炼身体、维护健康的方法与手段提供指导（图5-3）。

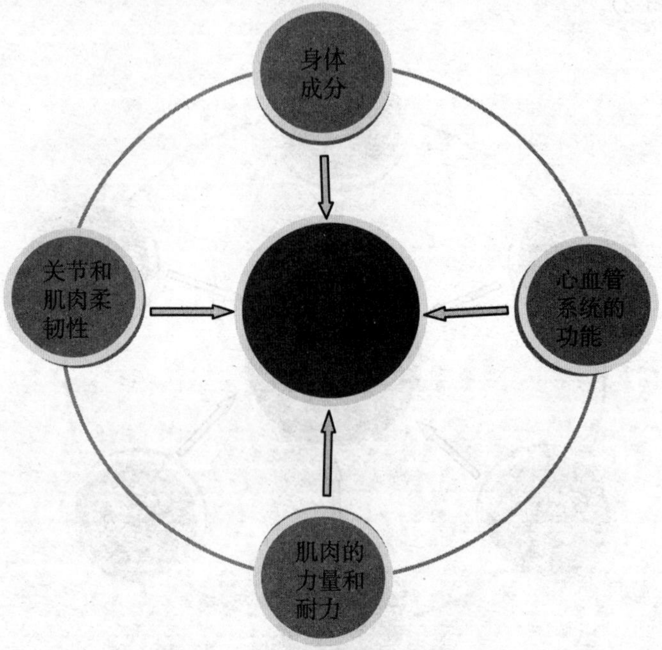

图5-3 根据身体健康素质分类

身体健康素质与身体运动素质是身体素质发展相互作用的两个方面，前者主要以获得维护健康、终身体育为目的；后者则是以提高学生身体运动素质为目的。在学生运动素质发展的敏感期，教学内容的选择中发展身体运动素质的内容要占一定的比例。

四、根据竞技运动项目分类

根据竞技运动项目进行分类，即按照竞技体育运动项目的类别进行分类，如篮球、排球、足球、乒乓球、田径、体操、武术、游泳、体育舞蹈、冰雪运动等。本应是体育教育的手段或媒介的运动项目，却变成了选择课程内容的标准，学习运动技能变成了体育教育中有意传递的主要信息。这一分类目前已成为在我国学校体育教学内容选择中的一种最常见、较为普遍的分类方法（图5-4）。

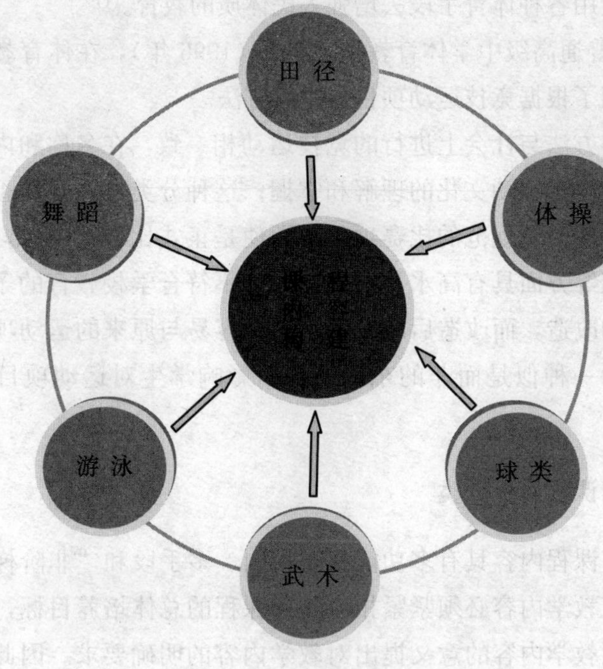

图 5-4　根据竞技运动项目分类

竞技运动自产生以来，以其鲜明的竞争性和挑战性，融合多种情感因素，吸引着人们。学校体育一经产生就同竞技运动项目紧密联系在一起。学校体育几乎把所有的竞技运动都作为了它的课程内容，来实现它自身的目的。但是我们必须清晰认识到竞技运动与学校体育是两种不同的事物，不能混为一谈，更不能相互取代。我国曾经有一段时期竞技运动教学训练就是学校体育的现象非常普遍。竞技运动教学训练的观念和方法都原原本本地拿到了学校体育领域中来。尤其表现在课程内容的选择和运用上，片面地将竞技运动不加选择地作为学校体育的课程内容。这样，就导致了学校体育的培养目标与其落后课程内容之间的矛盾，严重地阻碍了学校体育改革与发展。

传统的学校体育，由于受人类早期教育与教学理念的影响，致使人们在体育教学中习惯地认为只要传习了运动技术自然会炼身，即体育了。所以，体育与运动教学不分，体育与竞技运动不分在当时似乎是天经地义的。这种传统体育观念至今影响着中国体育现代化的发展。我们这里所说的体育，是应用各种体育手段去增强人民体质的教育。①

《全日制普通高级中学体育教学大纲》（1996 年），在体育教学内容次级分类中采用了根据竞技运动项目分类的方法。

这种分类方法与社会上进行的竞技运动相一致，在名称和内容上容易理解，有利于竞技运动文化的理解和掌握；这种分类方法容易否定非正式比赛项目或一些尚不规范的比赛项目；即使是正式比赛的项目，也由于其在规则、技能等方面具有高水平特点，往往不符合学校教育的条件，需要对其做必要的改造，而改造后的教学内容也容易与原来的运动项目产生较大差异，成为一种似是而非的东西，从而影响学生对运动项目的理解和掌握。

五、根据课程目标分类

由于体育课程内容具有多功能、多指向、多手段和“非阶梯性”等特点，所以体育教学内容必须紧紧扣住体育课程的总体培养目标，从各种视角去分析各项教学内容的意义提出对教学内容的明确要求。因此，课程目标是指导整个课程内容编制的最为关键的准则。课程与教学目标的主要功能之一是为课程内容的选择提供依据，判断“什么是最有价值”就是课程内容的选择。2011 年版《体育与健康课程标准》根据课程目标将不同性质的学习内容划分为运动参与、运动技能、身体健康、心理健康与社会适应四个学习领域。这种分类也是体育教学中一种比较常见的教学内容分类方法。它是人为赋予的体育教学要达到的目标为依据进行分类的（图 5-5）。

1994 年出版的原国家教委职教司和体卫司共同编写的《全国中专学校体育通用教学》就采用了根据教学目的对体育教学内容分类的方法。

这种分类对可以达到多种目标的身体练习进行了人为的规定，使教学内容的目的性和教学方法更加明确。其次，有利于“打破以竞赛为目标的教学内容编排体系”，也使得竞技运动知识和技能的学习得到保障。再次，分类时不会产生难以避免的内容重叠，也不会发生逻辑上的问题。最后，

① 于文谦. 现代体育方法学 [M]. 辽宁. 辽宁师范大学出版社，2004.

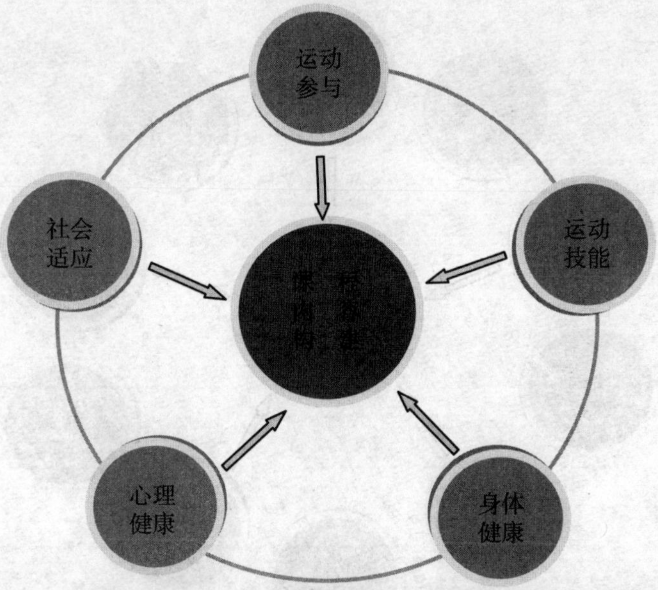

图 5-5　根据课程目标分类

根据课程目标不同性质的分类有利于增强对体育教学的指导性。但是，以目标统领内容的方法过于宏观，对教师的要求过高，不易使设计者的初衷得以完全落实。

六、综合分类

这种教学内容分类是采用按基本部分与选用部分、理论与实践教学内容、各项运动的基本教学内容与发展身体素质练习教学内容等相互交叉的综合分类方法（图 5-6）。

《九年义务教育全日制初级中学体育教学大纲》（1992 年），提出并采用了“综合分类”的方法。这种分类方法能够反映学生不同年龄阶段的特点和对学生的基本要求，有利于实现体育教学的综合效果，既有助于保持运动项目的固有特点和系统性，又有助于加强身体锻炼的实效性，使运动项目的技术和发展学生身体素质的练习相互配合。这种分类的主要缺陷在于“不是用同一标准进行的分类”，违背了事物分类的基本原则。如《九年义务教育全日制初级中学体育教学大纲》（1992 年）在教学内容分类的

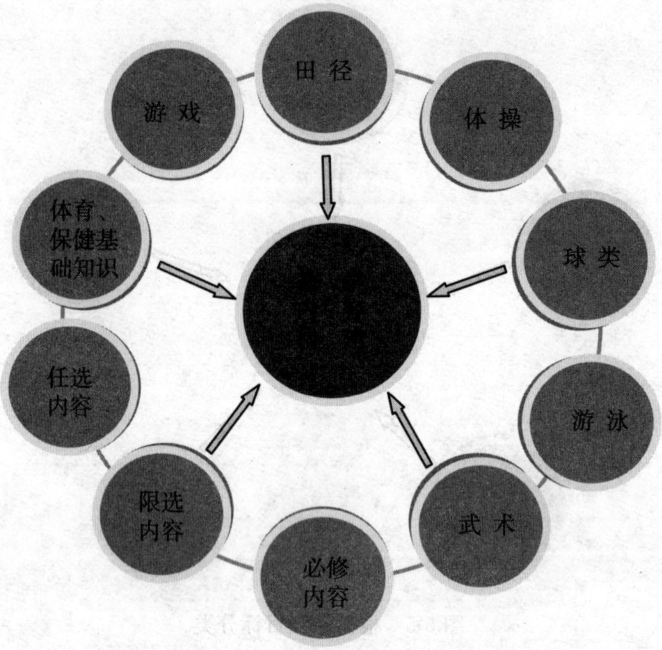

图 5-6 综合分类

第三个层次上，将“发展身体素质练习”和“各项运动教学内容”并列在了一起。

七、根据课程内容的四结构要素分类

体育课程是学生完整教育的组成部分，根据课程内容的发展领域，按照认知、技能、情感和身体发展领域进行分类。这种分类方法为课程内容的选择提供了较为全面的依据，即考虑到知识、技能的学习，又考虑到体育的态度、价值观等内化理念和养成习惯的教育，还注意学生的身体发展(图 5-7)。

根据课程内容的四结构要素分类，突显了体育课程对青少年的身心发展的特殊影响和作用。体育课程与其他学科课程相比有四方面特殊的作用：

(1) 认知领域：发展和保持受教育者的身体健康水平。教师不仅只督促学生活动，而且还要使学生懂得身体锻炼与身体健康的概念。

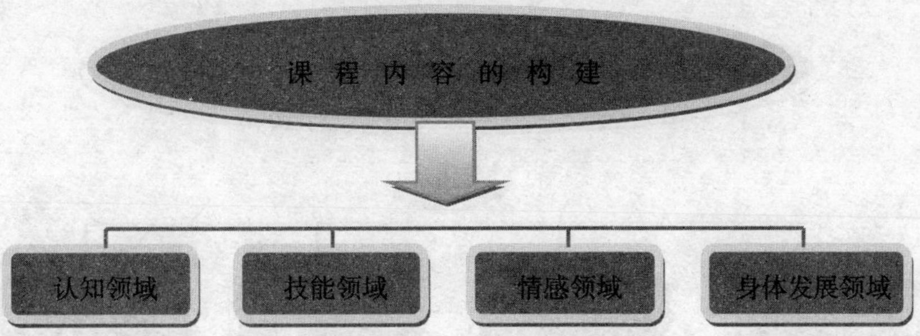

图 5-7　根据课程内容的四结构要素分类

（2）技能领域：提高和加强受教育者的运动技能。教师的任务是全面发展学生控制身体的能力和基本的身体活动技能。随着学生身体的生长发育，学生应掌握一些基本的运动技能。

（3）情感领域：形成和发展受教育者对体育运动的喜爱、参与、热爱、追求，以致使体育活动成为其生活中不可缺少的一部分的积极态度和情感体验。

（4）发展身体素质领域：全面发展和保持受教育者的身体运动素质和身体健康素质。随着学生的年龄增长，不断调整发展身体运动素质和身体健康素质的比例，使教学即符合学生身心发展的特点和规律，又能满足不同年龄阶段的学生对发展身体素质的需要。

八、根据课程内容的性质分类

课程内容体系的确定应产生对其目标的整体影响和作用，体现理论对实践的指导作用和实践对理论价值的验证和理解。应在充分分析不同学段学生生长发育、生理、心理、认知和情感等特点的基础上，对不同学段的教学内容进行分层次的合理安排，使大中小学的教学内容实现纵向与横向、知识与技能、身体运动素质与身体健康素质等紧密联系全面发展（图 5-8）。课程内容体系应包括以下四个要素：

（1）知识性内容：英国教育家斯宾塞指出："要建立一个合理的课程"首先要"决定何者为我们所不知"，"要求生活合于健康之规律，必须先知健康之规律为何物；要求生活之能合理，必须先掌握这种知识"。体育课程目的就是要使学生经常锻炼，追求健康、终身锻炼，终身追求健康。因

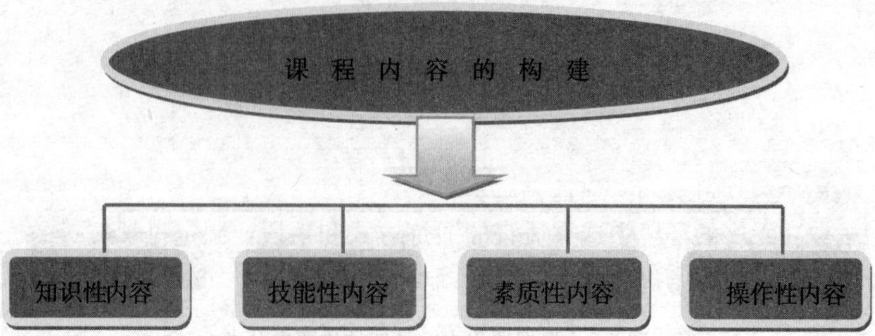

图 5-8　根据课程内容的性质分类

此，知识性内容的选择要以课程目标为依据，以全面实现课程目标为准绳，为其他课程内容及终身体育的实践活动提供理论指导，为正确的体育意识和态度的形成创造条件。

（2）技能性内容：体育技能在体育课程中起着重要的作用。终身体育的意识、态度、习惯和能力的培养，健康水平的提高，成功与满足的情感体验都离不开体育实践活动。体育技能是体育活动的基础，是体育知识转化为体育能力起中介作用的桥梁和纽带。技能性内容的选择要有利于促进学生的健康和发展，有利于指导终身体育锻炼。技能的学习与掌握要为学生今天与未来增强体质、增进健康服务；为学生今天与将来的体育实践服务；为将其转化为未来工作和生活的能力服务。

（3）素质性内容：素质性内容的安排必须根据不同学段学生身心发展的实际情况和发展水平，考虑不同学段学生身心发展的特点，突出各学段素质性内容的特点。

小学一至三年级：应以发展学生身体基本活动的能力为主，提高他们控制、支配和运用身体的能力。

小学四年级至初中三年级：应以发展学生身体运动素质为主、身体健康素质为辅，重点发展和培养学生的身体运动素质，为学习和掌握运动技能创造条件。

高中一至三年级：应以身体健康素质为主、身体运动素质为辅。身体运动素质的发展应结合学生所选择的运动项目来进行，提高学生的专项运动素质。

大学各年级：以发展和保持身体健康素质为主，进一步引导学生关心和自主发展他们的身体健康素质并形成自主评价身体健康素质的能力。

（4）操作性内容：操作性内容指的是学生应用所学的知识进行实际操作的学习内容。操作性内容包括：自我健康状况的测量与评价、自我生物反馈信息的分析与判断、在一定条件下的生存与自救、在有限的空间、时间里或在无序的环境中选择适宜的锻炼方式和手段、制定科学可行的锻炼计划、根据自己的健康状况开具运动处方、在软件或其他媒体的指导下自学自练、自编自创、自组自判等学习内容。

九、根据课程内容选择的原则分类

在体育课程内容选择的研究中，课程内容的选择原则研究得最多。学者普遍认为，课程内容要进入课堂是需要进行筛选和甄别的，那么筛选和甄别的依据应该是什么？为回答这一问题，学者们在经过大量的研究后提出了许多选择课程内容的原则（图 5-9）。

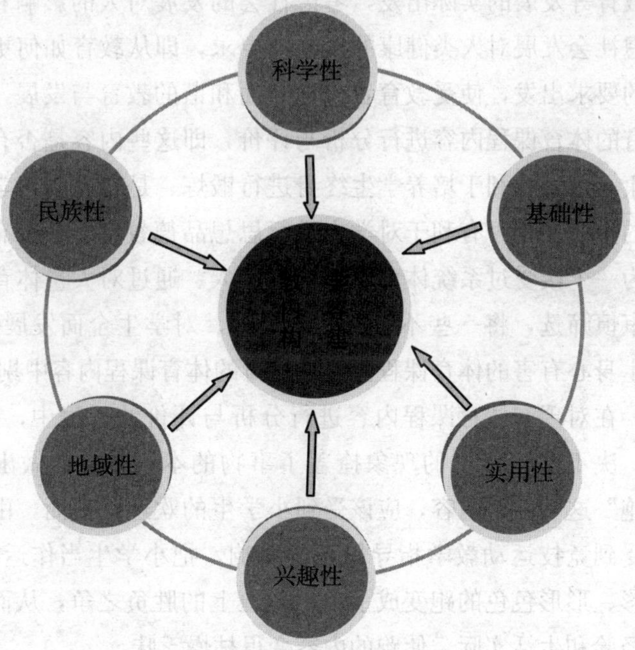

图 5-9　根据课程内容选择的原则分类

根据原则选择课程内容体系的优点主要体现在其逻辑结构上，被认为是一种科学的、全面的、系统的分类方法，也常被人们津津乐道。由于它已经有很长的历史，因而课程的管理者、编制者和体育教师都能够接受和认可。但是，这种分类方式由于他自身理论的模糊性和操作的不确定性等缺陷在今天已经变得越来越明显。

第四节　体育课程与教学内容选择的方法与过程

在体育课程与教学内容选择的研究中，许多学者对课程与教学内容选择的方法与过程都提出了各自的观点与建议，对体育课程与教学内容的选择都具有十分重要的参考价值和指导意义。

一、用全面发展的教育观点审视现有的体育素材

体育课程内容的选择首先要关注社会的制约因素，要从社会的生产生活、科技教育等发展的实际出发，考虑社会的发展对人的影响和要求，尤其需要考虑社会发展对人类健康的影响与要求，即从教育如何更好地满足社会发展的要求出发，使受教育者得到全面和谐的教育与发展，并以此为基点对现有的体育课程内容进行分析与评价，即这些内容是否有利于增进学生的健康、是否有利于培养学生终身进行锻炼、是否有利于学生面对和适应未来的生活、是否有利于对学生进行思想品德教育、是否有利于将学生培养成为一个接受过系统体育教育的成年人。通过对大量体育素材的重新审视和审慎筛选，将一些不符合教育要求、对学生全面发展作用不大，甚至对学生身心有害的体育课程内容从现行的体育课程内容中剔除。

但是，在对现有体育课程内容进行分析与评价的过程中，一要客观，二要准确，决不能让事物的现象掩盖了事物的本质，从而做出错误的判断。如“跑”这一教学内容，应该受到小学生的欢迎，然而，由于传统的体育课程受到竞技运动教学指导思想的影响，把小学生当作运动员对待，把丰富多彩、形形色色的跑变成了单一跑道上的胜负之争，从而远离了学生的生活经验和生活实际，使跑的内容变得枯燥乏味。

二、根据体育课程的目的和任务选择课程内容

体育课程内容是实现体育课程目的和任务的手段，体育课程内容的选择必须以体育课程的目的和任务为前提。各种体育运动形式和身体练习对于人的身心都具有程度不同的影响。但是，由于不同的体育运动形式和身体练习的性质各有特点，每一个体育运动形式与身体练习，对人的身心各方面都有其主要的作用与影响。体育课程内容的选择应依据体育课程的目的和任务，分析各个体育运动形式与身体练习的主要功能，并在此基础上，将各个体育运动形式与身体练习进行整理与合并，作为形成体育课程与教学内容的基本素材。

三、对各种体育运动形式进行典型性分析

因为体育运动形式与身体练习具有多功能性与多指向性的特点，即具有相近功能的体育运动形式与身体练习非常多，而且，体育运动形式与身体练习具有明显的可代替性。因此，体育课程内容素材可选择的体育运动形式与身体练习方法非常多，但是体育课程学习时间是有限的，不可能将众多的体育运动形式或身体练习方法都选为体育课程内容。因此必须根据社会的需求与条件，同时考虑不同学段学生的身心特点与兴趣爱好，从众多的体育运动形式和身体练习中选出具有科学的、有效的、安全的、可操作的、贴近未来生活的、学生喜欢的体育运动形式或身体练习作为体育课程的内容。

四、根据学生身心发展的不同水平选择课程内容

不同学段学生具有不同的身心特点，不同学段的体育课程的目的与任务也不尽相同。因此，在选择不同学段学生的体育课程内容时，应根据不同学段学生身心发展的相应水平来选择适合不同学段学生的课程内容。

五、从生活实际中选取课程内容

体育课程回归学生的生活，这是当代体育课程的基本理念之一，也是选择体育课程内容必须遵守的准则之一。如果期望学生学到东西，就需要

为他们提供具有发展适宜性的课程内容和学习经验，收集那些与他们的个人生活和经验有联系的学习内容。体育课程内容的选择既要关注学生的已有生活，又要关注他们的可能生活，为他们的未来生活奠定良好的知识和技能基础。

现代教育理念告诉我们，学习内容越是贴近学生的生活，学生就越容易接受。在学生的生活实际中，有着大量的体育素材可以供教学选用，例如，我们经常可以在操场上看见学生在玩一些自编的游戏，如女生的跳皮筋、跳格子、跳楼梯等，男生的奔跑追逐、骑马打仗、斗鸡、爬树、甚至跑酷的基本动作等，学生有自己玩的规则，大家都能很好地遵守，许多情况下也不需要裁判。把他们引入体育课堂，必然会产生良好的效果。体育课程内容贴近学生的生活，就必须关注社会因素对课程内容选择的影响。

六、根据课程的实施条件选择课程内容

体育课程内容受地域和气候条件的影响很大，能够在某一个地方实施的内容，不一定适应在另外一个地区实施；另外，不同的体育运动形式或身体练习都需要一定的场地器材条件做保证。因此，在某一所学校能够实施的体育课程教学内容，在另外一所学校不一定能够实施。所以在选择体育课程内容时，一定要充分考虑本地区、本学校的气候特点和体育课程内容实施的场地器材条件。

七、体育课程内容选择的建议

课程内容的选择要以教育目标为依据，以课程的目的和任务为准绳。课程内容选择的正确与否，其判断标准就是看它是否对完成某一课程的目的和任务是否有作用或起作用的程度。因此，课程内容的选择要克服盲目性，增强针对性，摒弃花拳绣腿，注重教学实效。

1. 课程内容的选择要注意基础性。体育是一门以身体练习为主要手段，以体育知识、技能和方法为主要学习内容，以增进学生健康为主要目的，它具有鲜明的基础性。因此，课程内容虽有千变万化，但始终要注意其选择的基础性。

2. 课程内容的选择要面向全体学生，关注个体差异，确保每一个学生平等受益。体育课程要面向全体学生，这反映了学生主体的呼唤和需求，尽量让学生通过自身努力都能完成课程任务，达成教学目标，使每个学生都能体验到学习和成功的乐趣，以满足自我发展的需要，真正做到因材施教，确保每一个学生平等受益。

3. 课程内容选择要注意学生的兴趣，确保每一个学生终身受益。体育教学主体是学生，选择的课程内容要充分考虑学生的需求、喜好，要精选既受学生喜爱，又对促进学生身心发展有较大价值，有利于学生终身发展奠定基础的体育知识、基本技能和方法作为课程内容，培养学生积极的自我价值感，发展个性，奠定终身体育基础。

4. 课程内容选择要注意可操作性。完成体育课程目的和任务的手段很多，在选择上除了要考虑学生身心发展的特征外，还要与本校的教学条件相吻合。这就需要教师发挥主观能动性，发明、制作简易的器材来代替条件限制的器材，为完成课程任务、实现教学目标开发和创新并举，创造性地为教学提供必要的教学条件。

5. 课程内容选择要注意不同学段的衔接。体育教育是一个系统工程，每个学段有各自的义务和责任。体育教育终极目标实现与否，同各学段是否完成本学段的课程任务有着密切的关系。因此，各学段课程内容的选择要有利于该学段课程任务的完成。

总之，课程内容的选择是为完成课程的目的和任务服务的，选择课程内容要更多地研究它的功能和价值，既能促进学生身体健康，也能改善学生心理健康和社会适应能力，使体育课程真正成为学校教育"育人"的有机组成部分，实现体育教育的最终目标——既育体又育人。

第五节　体育课程与教学内容选择的意见与分歧

20 世纪 80 年代以来，以竞技体育项目为主的传统体育教学内容难以适应现代教育发展的事实已为界内同行所共识。所以，对它的改革始终在进行之中，只是由于没有正确的目标引领，其技术路线飘忽不定，时而"三基为主"；时而"体质为主"，时而又"快乐体育为主"，直到今天，关于“打破竞技体育的教学内容体系”① 与“竞技体育应理直气壮地走进体育课堂”② 的争论仍未休止。其实飘忽不定也罢，争论不休也罢，究其缘由都是由于对竞技体育的功能、价值的片面认识所致。打破竞技体育的课程内容体系，无疑是要从学校体育课程内容中剔除那些不适合学生学习与发展需要的竞技项目与训练方法。“理直气壮地走进体育课堂”的则应是那些适合于特定学龄青少年学习、健身、娱乐的竞技体育项目与技术、技能。两者之间并无根本矛盾，充其量不过是一个问题的两个方面。

关于未来的体育课程内容改革专家预测：体育课程内容会更加多样，学生和教师选择体育课程内容的权限更宽，课程内容总体丰富多彩，而落实在每个同学身上又相对集中（靠选择制教学来实现），新的体育课程内容随时进入，旧的课程内容经常得到更替，体育课程内容的娱乐性和文化性等将同它的健身性一样得到重视，体育课程内容改革和《国家学生体质健康标准》的共同进步使体育课程内容摆脱“达标课”的困扰，体育课程内容将真正成为学生喜欢的、对学生未来的娱乐、生活和身体锻炼真正有用的东西。

王占春认为过去的体育教学内容存在以下 6 个方面的缺陷和不足：

1. 教学内容的设计反映以学生为主体不够。体育教学内容应从学生的发展和需要来考虑问题，应把学生的发展和需要作为构建体育教学内容的出发点和归宿。

2. 过去确定体育教学内容时，只考虑到体育教学内容体系的完整性，对开放性和现代性重视不够。过去的一些教学思想限制了教学内容的弹性和开放性，很难吸纳更多的、学生喜欢的内容进教学内容，各种健身和娱乐的内容不断涌现，而由于受到以上所列举的各种条条框框的限制，难以选进教学内容。

3. 确定教学内容的时候，没有处理好统一性和灵活性的问题。体育教学内容规定得过死，选择性幅度不够。体育教学内容不是从学生自身发展

---

① 校枫. 竞技的、体育的本质联系——客观规律 [J]. 体育学刊，1998.3.

② 卢元镇 . 面向 21 世纪的中国体育教育思想及其嬗变 [J]. 中国学校体育，1999.5.

需要出发，选修教学内容所占比重偏少。

4. 体育教学内容偏多，在规定的授课时数内很难教完。

5. 由于体育教学大纲规定得过细，编出的教学内容不容易发挥教师的创造性。

6. 体育教学内容没有很好地体现体育教学目标。具体的体育教学内容比较单一，有关心理健康、体育文化、娱乐体育的内容很少。

耿培新认为今后体育教学内容的改进有以下几个方面：

1. 以学生为本，体育教学内容更多地从学生如何学的角度出发。

2. 教学内容弹性应更大。

3. 教学内容更加概括，给教师和学生留出广阔的空间。

4. 基本体操删去体育教学中不常使用的队形和队形变化的内容。

5. 增加女生喜爱的韵律体操和舞蹈内容。

2010 年《体育教学》第 2 期上刊登了题为《在义务教育阶段体育课程中规定必修内容的思考》一文引起了学校体育界的广泛关注，关注的焦点仍然集中在体育课程内容的选择上。赵超君认为“构建课程的教学内容是一项科学而严谨的系统工程，直接关系到课程目标能否顺利实现。过分强调体育教学内容的灵活性不利于体育教学的规范和质量的提升。因此，适度加强体育教学内容的统一性和规定性，在义务教育阶段规定适当比重的必修内容是十分必要的也是可行的。”① 许多学者在体育教学内容要不要规定或统一这一问题上展开了大讨论并纷纷发表了自己的见解。还有学者认为这是教学内容选择问题上发出的一个改革的声音，并深感现在义务教育体育课程改革已经进入攻艰阶段。

俞小珍就对有的学者提出的体育教学内容的难于、无法、无须和不必统一的问题提出了自己的不同看法：

1. 关于地域辽阔、条件差异大，难于统一的看法

地域辽阔，条件差异大并不是体育教学内容不能统一的理由。她提倡的并不是体育教学内容的全部统一，而是有限、适度的统一。在浩瀚的体

① 赵超君. 在义务教育阶段体育课程中规定必修内容的思考［J］. 体育教学，2010 年第 10 期.

育活动内容中选择一部分价值高，普适性强的内容作为中小学体育教材并不十分困难。俞小珍在新疆、内蒙古、贵州等少数民族地区都看到过一些与内地学校非常相似并十分普及的体育教学内容，甚至在偏远的苗家山寨中都能看到篮球场地。

2. 关于文化传统、资源独特性，无法统一的看法

文化传统、资源独特性、无法统一这更不是体育教学内容不能统一的理由。文化是可以通过交流而共存的，也是可以相互影响、相互渗透、相互融合的。少数民族的竹竿舞在内地学校也很受欢迎，美国人发明的篮球运动已历经百年而魅力不减，足球已发展成为世界第一运动，都可以充分说明体育文化所具有的包容性、流通性和世界性。俞小珍在新疆一所哈萨克族学生为主体的高中了解到，他们学校开展最普及的体育项目是足球运动，体育教师说他们学校的学生最爱踢足球。这也说明文化传统和资源具有独特性，并不能证明体育教学内容无法统一。

3. 关于教学内容、功能替代性，无须统一的看法

体育运动种类繁多，内容丰富，功能相似，可选择的空间极大，这恰恰给我们科学合理选择部分内容作为规定教材提供了可能。古今中外文学作品浩如烟海，比体育活动内容更加丰富，功能上的可替代性也很强，但语文课程为什么能从中精选部分作品编制成排列有序的统一教材，而体育课程却不能呢？是因为我们没有这样做，而不是无须这样做。正因为体育内容种类繁多，浩瀚繁杂，我们才更需要从中科学选择部分内容作为必修教材呈现给教师和学生，这样做一是可以为广大基层体育教师提供科学选择教学内容的范例，二是可以保证义务教育阶段学生接受到基本的体育文化传承和促进学生身体的有效发展。

4. 关于必修选修、缺乏协调性，不必统一的看法

必修和选修教材内容的比例确定一直是个比较棘手的问题。2000 年底出台的体育教学大纲把选修内容的比例进一步加大，高中阶段甚至达到 60%，当时就受到广大体育教师的欢迎和认同。相反，现在看来，他们反倒希望“课程标准”应该增加具体教材内容，这实际上是反映了他们对体育教学内容有限统一性的诉求。如何在教学内容的约束力和选择性上寻求最佳结合点，已成为体育课程改革的当务之急。

如果说体育教学内容的开放和放开是“具有充分科学依据的抉择”，那么，高中阶段的体育教学内容规定两个模块的必修内容是不是具有充分科学依据的抉择呢？其实，义务教育阶段是基础教育的基础，更需要加强对教学内容的规定性，以保证体育教学内容的规范性和基本的体育教学质量，高中阶段在教学内容上倒可以放得更开一些，而现在的事实却恰恰相反。①

第六节 体育课程内容统一性的表现形式

不能把体育课程内容的统一性和过去体育教学大纲对课程内容过于死板的硬性规定相提并论，寻求统一性和规定性也并不意味着放弃灵活性和选择性。体育课程内容的统一性可以在不同的层次上和范围内展开，从以下几个方面入手可以强化体育课程内容的统一性。

一、课程内容的宏观统一

体育教学内容的统一不一定是非要硬性规定具体的动作和教学时数，而是可以在宏观上对教学内容进行限定，提出有弹性的指导意见。例如，指定一些选择的范围，给出一些参考的范例，让基层体育教师从中取舍，比笼统地规定“初步掌握多项球类运动中的多种动作技能；初步掌握两三项田径运动技能”等要效果更好。2011 年版的《体育与健康课程标准》中在内容标准中就做了类似的改动，列举了很多动作技能供体育教师选择使用，这实际上就是在宏观上强化了教学内容的统一性。

二、课程内容的有限统一

没有必要对全部课程内容做出硬性的统一规定，而必须给不同地区、学校和体育教师留出可创造、选择的空间。但是，为了遏制体育课程内容选择上的随意性，保证学生接受基本的体育文化传承，有效促进学生的身

① 邹继豪等. 面向 21 世纪中国学校体育［M］. 辽宁. 大连：理工大学出版社，2000，8.

体发展，给体育教师选择课程内容提供范例，为教育行政和业务部门检查评价学校体育教学工作提供标准和方便，可以精选部分内容作为必修教材，有限、适度地加强统一性。这样既保证了体育课程内容的统一性，又有利于发挥学校和体育教师的积极性、创造性和能动性。

三、课程内容的区域统一

地方教育行政部门要加强课程内容选择的管理工作，这正是一种实行体育课程内容区域性统一的思路。我国许多省、市、自治区在普通高中体育与健康课程改革实施方案中，把田径、体操、武术等内容列为本地区的必修内容，这正反映了专家和体育教师对增加体育课程必修内容比例的诉求。还有一些省市把体育课程内容划分为基础性、拓展性和研究性课程三类，规定基础性课程是必修内容，并对各类内容的时数比例提出明确要求，这也是一种对体育课程内容统一性的强化。

以上列出的专家学者提出的改革措施给予了我们很多启发，也引发出许多的思考。无论课程内容是“放开或开放”、“统一规定，还是自由选择”，其核心的问题还是回归到选择课程内容的依据上来。“放开或开放”选择课程内容依据什么？“统一规定，还是自由选择”它们又是依据什么来统一？依据什么来自由选择？再说，无论是实行教学内容的区域性统一或是教育行政部门在体育课必修教学内容做出明确规定，他们的基本依据又是什么？这的确是一个值得深思的大问题。

第七节　体育课程内容体系的结构框架

邹继豪等在《面向21世纪中国学校体育》的研究中指出：教学内容是学校体育教学中上承教学目标，下接教学方法的中心环节，它必须在理论层面符合科学逻辑，在实践层面具有现实可操作性。① 设计小学、初中、高中、大学有机衔接、潜在地向社会延伸的体育教学内容结构，从庞杂无

① 邹继豪等. 面向21世纪中国学校体育［M］. 辽宁. 大连：理工大学出版社，2000，8.

序的竞技体育、大众体育、民族体育、娱乐体育项目中选择材料，搭建具有整体性功能的系统框架，首要的工作是找到一个理性的“起点”和通过系统的教学活动所能够实现的目标“到达点”，而后确定“起点”至“到达点”的逻辑主线，并以这一主线贯穿于体育教学内容体系构建的全程。①

邹继豪等的研究提供的“起点”是“增强学生体质、传播体育文化、促进心理健康和培养体育能力。”毛振明在《体育教学科学化探索》的研究中提供的“到达点”是使学生“了解自己身体结构、能力及变化规律，能正确运用科学方法进行体育锻炼，掌握1～2项运动技术（理解规则，能在学校、单位、社区与同伴协作愉快的参与运动，知道如何遵守规则并养成遵守规则的行为习惯），养成经常进行体育锻炼的习惯，具备一定的体育鉴赏能力。”②

高彩云等在《略论我国学校体育教学内容体系的重建——兼谈TROPS运动的理论与实践》一文中提出：构建学校体育教学内容体系必须遵循科学性与可行性相结合的原则，即教学内容要在反映体育学科发展规律和时代特征的同时，必须符合我国的基本国情；必须遵循思想性与趣味性相结合的原则，即教学内容在注重培养学生良好道德品质的同时，必须符合特定年龄学生的兴趣，寓教于乐；必须遵循国际性与民族性相结合的原则，即教学内容的建构，要在继承和改造“奥运”项目的同时，挖掘和开发民族传统体育项目；必须遵循统一性与选择性相结合的原则，即在统一课程标准的要求下，赋予各学校根据客观实际灵活选择教学内容的权利。③ 高彩云等设计了现代学校体育教学内容体系的结构框架（图5-10）。

上述专家学者的研究对科学地构建体育课程内容体系都具有积极的指导意义和参考价值。邹继豪等提出的教学内容的构建必须在理论层面上符合科学逻辑。我们所面临的问题是教学内容构建的逻辑是什么？在哪里？目前存在的一些教学内容选择的原则在实践层面上是否具有可操作性？我

---

① 毛振明. 体育教学科学化探索［M］. 北京：高等教育出版社，1999.

② 高彩云等. 略论我国学校体育教学内容体系的重建——兼谈TROPS运动的理论与实践［J］. 北京体育大学学报，第27卷：第1期2004年1月.

③ 高彩云等. 略论我国学校体育教学内容体系的重建——兼谈TROPS运动的理论与实践［J］. 北京体育大学学报，第27卷：第1期，2004年1月.

图 5-10　现代学校体育教学内容体系结构框架图

们是否需要找到一个科学的、理性的、具有可操作的逻辑主线，并按照这一主线来构建体育教学内容体系？本书主要研究和探讨的大中小学体育课程内容体系一体化的问题，其目的旨在试图回答上述问题。

第六章　体育课程内容一体化概述

体育作为学校课时最多的一门必修课程，理应在知识领域、技能领域和情感领域以及身体发展领域等方面有一个与学生在身心发展不同阶段相适应的，具有一定承上启下逻辑关系的课程体系。学校体育课程的各个阶段是一个相对稳定的、有序的、难以分割的整体。而目前我国对各学段在课程设计和课程内容的衔接上还没有一个统一的要求和规定，使得大中小学的体育课程内容难以完成各个阶段理应完成的课程任务，严重影响了终生体育观念的落实和体育人口数量的增加。

大中小学一体化的体育课程内容不仅有助于各学段体育课程目标的达成，而且也是使各学段体育课程不断衔接，并达成课程总目标的媒介手段。可以说，没有一体化的体育课程内容就没有系统的教学活动，而没有系统的教学活动就不可能达成所有的教学目标，就更谈不上教学内容的科学衔接了。

第一节　党和国家对体育课程改革的期望

《中共中央国务院关于深化教育改革全面推进素质教育的决定》中提出的“健康体魄是青少年为祖国和人民服务的基本前提，是中华民族旺盛生命力的体现。学校教育要树立健康第一的指导思想，切实加强体育工作。”李岚清同志曾指出：“课程、教材、教学过程改革是推进素质教育的核心”。也就是说，素质教育只有深入到课程、教材和教学工作中去，改革才能真正取得成效。

原教育部副部长吕福源同志在全国学校体育卫生工作经验交流会上强调：“学校教育要树立健康第一的思想，学校体育卫生工作更应该牢固树立健康第一的指导思想。学生的身心健康水平与我国国民经济的发展不相适应，与社会发展的需要不相适应的问题必须引起我们的高度重视。为此，我们要尽快研究制定学生的体质健康评价标准。标准的内容和测试项目一定要充分突出健康第一的指导思想。……深入开展课程、教材、教学过程的改革，对学校体育来说，就是要改革过去以竞技运动为中心的体育课程、教材、教学过程，建立和形成面向全体学生、促进学生身心全面发展的'体育与健康课程'。要组织力量对'体育与健康课程'认真研究和试验。新的课程、教材要突出健康第一的指导思想；要注重体育与健康教育相结合；要有利于大、中、小学相衔接。"

国家教育部原体卫艺司司长杨贵仁指出："目前我们国家学校体育在教学中存在的问题：即大中小学之间相脱节，没有把十四年的教学过程作为一个整体进行研究；没有在这十四年中根据学生在不同时期的生理、心理发展特征和其他规律进行研究，也就是'铁路警察，各管一段'，小学管小学，中学管中学，大学管大学，这就会出现低层次的重复。比如说，前滚翻从小学翻到大学还没有翻好，因为小学没教好，那中学就得教，因为基础没打好，大学就得补课。学校体育在教材内容的选择和运作上，一味地出现低层次的重复，学生接触的总是相同的几个项目。表面上看起来一节体育课中似乎有很多教学内容，每学期也有很多东西要学，可是教师却没法教得很细，犹如蜻蜓点水一般，结果学生什么都没学好，什么都没学会"。①

以前有人说我们教短跑从小学教到大学。那么，如果我们今天还不注意大、中、小学课程内容相衔接的体育课程体系建立，明天肢体挫伤或扭伤的四部曲（停止运动、冷敷、加压包扎、抬高肢体）从小学教到大学的现象是否仍会发生？从目前五花八门的教材中，已经可以清楚地看到这种趋势或苗头。

国家在体育教学上花了这么多的课时（仅次于语文、数学），投入了这么多的人力、物力，但到学生大学毕业时，却一无所学，毕业就意味着告别了体育锻炼。到年老或病时，也许会想起体育锻炼，但此时又不知道

① 教育部体卫司．关于学校体育教学中存在的问题［EB/OL］. http：//www.moe.edu.cn.

何去何从，只得盲目地乱学一通。十几年的学校体育教学并没能使体育锻炼深入人心，“现代文明病”趋于年轻化，中年知识分子“英年早逝”现象足以说明这个问题。学不能致用的教育是形而上学的教育，其结果不仅浪费了大量的教育资源，而且无形中阻碍了社会的进步与发展。

过去，由于完成“三大任务”的体育课程在一定程度上限制了体育课程目标向广度发展，而造成各学段的教学内容相互脱节，使教学内容常在比较狭窄的、低水平的层面上重复，结果造成了学生体育的知识水平与健康水平不高，这是众所周知的事实。因此，大中小学体育课程内容一体化、体育课程内容的整体设计和相互衔接势在必行。

第二节　大中小学体育课程内容一体化

近年来许多专家学者十分关注大中小学体育教学内容衔接问题的研究。高等教育出版社体育分社社长尤超英多次在教材会议上提出相应建议：体育学科的教材应该能够像语文数学等科目一样，每个年级，每个学期的教学内容根据学生年龄特点呈递进式的发展。

自60年代起，我国大中小学体育教学一直沿袭前苏联的教学模式，无论是课程的结构、内容，还是教学方法和手段的应用，从小学到大学都是千篇一律。课的结构为准备部分——基本部分——结束部分三段式；课程内容主要按竞技运动项目进行分类；教学方法和手段从南到北基本是一个模式。由于这种教学过程缺乏新颖性、系统性、连续性和整体性，致使大中小学体育教学内容严重脱节，互不衔接，中学教学内容是对小学的简单重复，而大学教学内容又是对中学的重复，枯燥乏味的教学内容、陈旧的教学方法、单一的教学手段，周复一周，年复一年，使学生对体育课产生厌倦情绪。

一、课程衔接的界定

从“衔接”的概念层面上，中文的“衔”有连接的含义，“接”有靠近、连续、相迎、连接等等含义。

课程衔接一词到目前为止还没有具体统一的概念，1990年由教育大辞典编撰委员会编制，上海教育出版社出版的《教育大辞典》（第1卷第20页）“课程理论概念”分类中也没有课程衔接的概念。

张华在《课程与教学论》中指出：“课程衔接是关注课程实施过程中的一个环节，当人们反思20世纪课程改革的历史进程时，发现大多数课程改革的共同失误是往往满足于课程计划的制定，而不关注课程实施过程。”①

Oliva认为“衔接性是指课程的不同层级之间的连续性，如小学与初中课程的连续性、初中与高中课程的连续性，而连续的方向是直线的，也可以说，衔接性是一种顺序的组织，其重要之处在于减少不同层级学习之间的隙缝，让学习者能顺利地从一学习阶梯过渡到另一学习阶梯。”

Renkema认为课程衔接是连接各种不同的课程内容或学习经验，使它们之间相互发挥积累的最大效果以达成课程目标。②

Ornstein & Hunkins认为“衔接性是指课程的不同部分之间的关系，而这种关系可以是垂直的组织，也可以是水平的组织。”③

周仕德在《课程衔接：亟待研究的课程视域》中指出“课程衔接指的是不同学段或某一学科在课程内容、课程标准、教学目标、教科书编制等宏观与微观体系化的最优组合。从根本上说，课程衔接为人们从课程的角度与途径观察和审视课程研究提供了一种崭新的思维视角和理论指导。”④

毛振明在《对体育课程整体设计（大中小学课程衔接）的研究》中指出“应该从小学、中学、大学整个教育过程来考虑体育课程的整体设计，即现在很受关注的大中小学体育课程的衔接问题。内容进行整体安排，使其更加符合该学段学生的身心发展需要，使各段的教学更加有特点、有重点，使教学效果更佳的工作，是使学科的知识技能系统（客观世界）和学生的身心发展的系统（主观世界）很好地结合起来的工作，也是课程研究

---

① 张华. 课程与教学论 [M]. 上海：上海教育出版社，2000. 453.

② 常璐艳. 我国中小学体育教学内容体系构建研究 . 河南大学硕士学位论文. 2012年.

③ 林智中等. 课程组织 [M]. 北京：教育科学出版社，2006. 13-14.

④ 周仕德. 课程衔接：亟待研究的课程视域 [J]. 教育理论与实践. 2010，30 (9)：57-60.

和课程设计的主要工作。应该说一个课程的优劣体现在它是否符合学生的学习实际，是否有很好的学习效果，而这都决定于课程是否根据学生的年龄特点和做出了最佳的目标设定和内容的安排。”①

目前我国教育学界对课程衔接的概念仍缺乏一致性的看法。其原因之一是仅将课程衔接界定为课程各层面间的相互关系，这样的界定是相当模糊的；原因之二是认为对课程衔接的概念窄化，“片面追求知识本位的学习，不自觉地缩小了衔接概念的范围。”②

综合以上学者的观点，体育课程衔接是同一学科不同学段课程编制的基本要求，它应体现在课程目标、教学目标、教学内容、教学手段和各内容的横向和纵向衔接等方面，它是保证认知、技能、情感和身体发展等领域由浅入深、循序渐进获得发展的基本条件。

二、中小学体育课程内容衔接

近10年来，体育教育思想和体育教学改革取得了一定成效，但仍没有从根本上解决中小学体育内容衔接、重复、偏竞技化、不符合青少年儿童动作发展规律等问题。体育学科的教材是否也能够每个年级，每个学期的教学内容根据学生年龄特点呈递进式的发展。现行教学内容缺乏对中小学体育教学内容整体、系统的规划，教学内容存在低层次重复。现行的体育教学内容很难解释，为什么在这个年龄阶段设置这样的内容，各学段的教学内容体系在总体上不具备彼此间的逻辑关系。近几年来关于体育教学内容改革的争论越来越激烈，在各学术会议都是热点专题，引起了诸多学者和专家关注。③

中小学校是有密切联系但又有许多差异的两个学习阶段。中小学的体育教学既有阶段性，又有连续性。学生从童年期跨入少年期，在身心的发展上是延续的，但在体育课程的内容、要求和手段等都应有所差异。因

① 毛振明. 对体育课程整体设计（大中小学课程衔接）的研究［J］. 北京体育大学学报. 2002，25（5）：256-259.

② 杨晓萍. 教育的张力：基于幼小课程衔接的视角［J］. 学前教育研究，2007（7）.

③ 常璐艳. 我国中小学体育教学内容体系构建研究［D］. 开封：河南大学，2012.

此，搞好中小学体育课程内容的衔接，形成中小学体育知识、技能传授的一贯制和中小学生机能素质发展的一体化，是当前体育教学改革中值得研究和解决的问题。①

史善仓等在《中小学“体育与健康”课程内容相互衔接问题研究》中经过实地调查发现，体育课程内容都是以基本的竞技运动项目作为教学内容，不能符合《体育与健康》课程标准对小学体育课程内容的规定，也不能符合小学生的身心发展特点。以体育游戏作为课程内容的学校只占到12.3%，而田径和球类项目分别占到29.7%和31.2%（表6-1）。②

表6-1　小学体育教材主要内容安排情况　(N=58)

	体育游戏	田径	球类	游泳	其他	合计
频数	17	41	43	0	37	138
应答百分比	12.3	29.7	31.2	0	26.8	100
Case百分比	29.3	70.7	74.1	0	63.8	237.9

杜小伟在《小学体育教学与中学体育教学的关系》中指出，小学体育教学与中学体育教学之间存在着一定的连续性和继承性，但也存在很多的脱节。因此，应改变这些脱节的环节，从而促进中小学体育课程的一体化和衔接。③

冯建民认为，部分中考考核项目相对初中学生来说难度较大，对学生身体条件要求过高，并且学生们在小学阶段都没有接触过，没能做到中小学很好地衔接。④

沈祖炎指出，小学缺乏对教材由易到难，循序渐进的认识，任意取舍教材，实施单打一的教学，造成学生知识技能的脱节。⑤

中小学体育教学内容衔接问题还没有得到妥善解决，教学内容没有形成系统，缺少整体规划，中小学实际所选择的教学内容存在低层次重复，

① 沈祖炎等. 城市中小学校体育教学衔接问题初探 [J]. 体育研究. 1983，(2).

② 史善仓等. 中小学体育与健康课程内容相互衔接问题研究 [J]. 铜陵学院学报. 2009，(4).

③ 杜小伟. 小学体育教学与中学体育教学的关系 [J]. 内江科技. 2009，(10).

④ 冯建民. 中小学体育教学内容应有效衔接 [J]. 中国学校体育. 2010，(12).

⑤ 沈祖炎等. 城市中小学校体育教学衔接问题初探 [J]. 体育研究. 1983，(2).

浪费学时；另外，教学的组织形式、教学方法、科学评价方法等尚未达到课程标准的要求；这些新课程改革在落实过程中存在的问题还有待于进一步的规范和整合。①

冯建民认为，学生在小学阶段不能学习一些与初中教学内容相对应的内容，到了初中学起来就会相当吃力，掌握起来也很慢，哪怕小学只是学习一些简单的基本动作，也会减轻初中阶段的教学压力。②

潘明认为我国中小学体育课程建设发展迅速，但目前体育教材内容过时，且低水平重复。改革开放以来我国的体育教学内容体系主要是按田径、球类、体操、武术来划分的，小学到中学存在着大量的重复内容。以跑步的教材为例，体育教材按照跑的性质分成了快速跑、耐力跑、接力跑和障碍跑，在各个学段中跑的内容并没有什么根本的变化，只是距离长短的调整而已。③ 在一定程度上，这给教师一种误导——对学生进行专业运动员一样系统的训练，如此又回到过去的竞技教学模式中。若把跑分为：不同距离的跑、不同姿势的跑、各种姿势起跑、与器械结合的跑、合作跑等，就更符合学生的年龄段特点。④ 建议应按学生的身心发展特征和兴趣来选择课程内容在“健康第一”思想的指导下，应该根据学生客观发展的需要分阶段安排教学内容。

焦友吉等在《活用迁移理论改革中小学体育教材》一文中认为从小学到中学（甚至大学），内容重复厉害是目前教材中存在的大问题，也是造成教学效果低的一个主要原因。并认为同一教材内容应做到按年龄阶段划分教材内容，精选教材内容，而且强调活用迁移理论，对于中小学体育教材的改革提出了几点建议：

(1) 运用“环境迁移”增加符合各地实际的乡土教材；

① 史善仓等. 中小学“体育与健康”课程内容相互衔接问题研究［J］. 铜陵学院学报，2009，(4).

② 冯建民. 中小学体育教学内容应有效衔接［J］. 中国学校体育 . 2010，(12).

③ 潘明. 改革开放以来我国中小学体育课程发展的研究［D］. 华南师范大学，2003.

④ 孙萍. 小学体育教材与体育《课程标准》的比较研究［J］. 大连教育学院学报，2003，19 (3)：78-79.

（2）科学选择教材，避免教材内容简单重复；

（3）教材内容选择应突出其实用性价值和健身价值；

（4）提高教材的编写水平，增强吸引力教材编写。①

代浩然在《大、中、小学体育教材内容衔接问题的探讨》中对于大、中、小学的体育课程内容中出现的低水平的重复内容，提出：

（1）根据体育教学目标精选课程内容；

（2）各阶段衔接时应考虑课程内容的非阶梯性和内在逻辑性；

（3）大、中、小学校的体育教材内容应统筹安排，注重各个学段的内容的衔接，避免内容上面的低级“重复”。②

王莉在《“中学体育教材”存在的问题与解决途径》一文中认为在实际的教学过程中，出现了有些教材教不了，教不完，教不明，教不深，教不好等问题。主要原因有：

（1）体育教学目标的多功能化；

（2）体育学科和体育教材的特殊性。

王莉认为应该进行体育课程全方位的再设计和改造，建立综合和多功能的观念。要求学生在小学低年级，小学高年级，初中，高中，大学的整个教学过程中实现体育的多目标。把各学段的课程衔接，各学段相互补充、配合，而不是大致相同的几个部分的“重复”。而且要把学生的需要放在首位，充分考虑学生的学年段的特点来安排教材。③

蒋涛认为小学六年级和初中一年级是中小学教育过渡的结合部，有承前启后的作用，衔接过渡的成功与失败对体育教育质量影响很大，应将中小学的体育目标衔接起来。并从理论和实践两方面对中小学体育的衔接进行研究探索。④

在现行的体育教学中，无论是中学体育教学还是大学的体育教学中，

---

① 焦友吉等. 活用迁移理论改革中小学体育教材［J］. 体育教学，2001，(3)：12-13.

② 代浩然. 大、中、小学体育教材内容衔接问题的探讨［J］. 北京电力高等专科学校学报（社会科学版），2012，29（4）：235-236.

③ 王莉. 中学体育教材存在的问题与解决途径［J］. 沈阳体育学院学报，2003，(3)：63-65.

④ 蒋涛. 中小学体育衔接的探索［J］. 延边教育学院学报，2007，(3).

我们既能感受到“以运动技术为中心”、注重“三基”、片面追求体育教学刺激学生体质增长等传统观念的存在，也能看到以教师为中心，采用“传习式”等陈旧的教学方法的身影。教学观念与方法的滞后制约着体育教学的衔接与发展。①

三、高中与大学体育课程内容衔接

由于高中体育课和大学体育课的课程结构、课程内容和教学方法基本相同，致使大学体育课存在着严重的重复现象，极大地影响了学生上好体育课的热情。②

中学课程内容中有球类项目，大学课程内容中仍会有球类项目。体育课程不能仅仅在课程内容上让学生进行一些简单重复，而应根据体育教学周期性要求进行系统性的教学。③

孙光等在《我国学校体育各学段教育、教学现状及相互衔接问题》中阐述了我国大、中学校体育教学现状。由于这种教学过程缺乏新颖性、系统性、连续性和整体性，致使大、中学校体育教学严重脱节，互不衔接，中学教学是对小学的简单重复，而大学又是对中学的重复。④

季浏在《体育教学现状》中指出，大学生其行为已经逐渐摆脱少年时的幼稚性和盲目性，表现出一定的受理性思维支配和制约的特征，故开设多种体育项目。而对于没有一技之长的中学生，他们进入大学后就无从下手，根本不知道学什么，在学习中也很吃力，根本无法适应大学的体育教学，从而对体育课产生厌倦情绪。⑤

王学良在《搞好大学与高中体育教学的衔接工作》中指出，近几年

---

① 秦琴等. 云南省大中小学健美操教学一体化的个案研究［J］. 理论纵横，2008，(6).

② 王学良. 搞好大学与高中体育教学的衔接工作［J］. 北京科技大学学报. 2008，(7).

③ 宋广林. 对中学、大学体育衔接问题的探析［J］. 陕西师范大学学报. 1996，(24).

④ 孙光等. 我国学校体育各学段教育、教学现状及相互衔接问题［J］. 烟台师范学院体育学院学报. 2006，(3).

⑤ 季浏. 体育教学现状［J］. 体育教学. 2005，(31).

来，体育在中学的地位有所上升，教学水平也有所提高，然而，大学生来自四面八方，由于各地、各校的情况不一样，仍有不少学生在高中阶段未能系统地掌握体育的基本技术和技能，缺乏体育锻炼的基础，有待于进入大学后继续努力学习、提高。①

宋广林提出，中学、大学阶段的课程内容应该根据学生年龄特点和认识规律，由易到难，循序渐进，各具特点，承上启下，相互衔接。②

王洪、肖维华在《大、中、小学体育教材衔接问题的探讨》中认为体育教材中，如果某些知识点（特别是那些基础知识和基本技能）在前一学段教材中已经建立，而且是准确的和到位的，那么在后一学段教材中因需要可直接引用这些知识点。认为当前教材内容难度过大、技术过于复杂且反复地重复，教材内容多而课时数相对少。建议改变以竞技运动为主线的内容体系，遴选体育教材内容；减少不必要的重复，按体育教材内容的内在联系循序衔接；处理好教材容量问题，加强教材灵活性，做好课型衔接。③

柴如鹤在《建构有效衔接的大中小学体育教材内容体系的必要性》一文中认为当前我国大、中、小学体育教材明显存在着同一学段教材内容差别较大；学段之间教材内容衔接不合理，缺乏基础性和层次性划分等问题。究其原因主要是：

（1）体育学科的基础性与逻辑性不甚明显；

（2）体育教材编写缺乏对基础性与逻辑性的认定；

（3）我国尚未建立有效衔接的体育教材内容体系，致使新一轮体育课程改革的效果不佳。④

---

① 王学良. 搞好大学与高中体育教学的衔接工作［J］. 北京科技大学学报. 2008,（7）.

② 宋广林. 对中学、大学体育衔接问题的探析［J］. 陕西师范大学学报. 1996,（24）.

③ 王洪等. 大、中、小学体育教材衔接问题的探讨［J］. 体育科研，2006，27（4）：88-90.

④ 柴如鹤. 建构有效衔接的大中小学体育教材内容体系的必要性［J］. 体育学刊，2011，18（6）：91-93.

唐照华等在《大、中、小学体育课程教材内容一体化的研究》中认为体育课程内容的编排没有考虑大、中、小学段的衔接，而且体育课程仍然以运动技术为中心。并提出了体育课程内容一体化构建的基本思路：

(1) 建立体育课程目标体系以目标统领内容；

(2) 精选优选实现体育课程目标的教材内容；

(3) 各阶段衔接时应考虑课程教材内容的非阶梯性和内在逻辑性。

对于以运动项目为教材内容体系，从小学到大学学生学习项目的多少是呈金字塔式逐级递减。而同一运动项目的内容则遵循“基本身体活动能力培养——基本运动技能的形成——运动技能的全面发展——专项运动技能的发展和综合能力的提高——特长技能的获得和综合体育能力的形成”这样一个内容体系来构建。①

综上所述，我国目前大中小学各学段的体育课程内容都有其对应的课程标准，单独拿出各学段的课程内容来看，涉及的项目种类丰富，各学段体育课程内容安排合理，在教学实施过程中也强调循序渐进的系统教学。但是如果将其作为一个整体来分析，就出现了各学段之间课程内容重复，教学没有系统性的现状。主要表现在：

(1) 实心球从小学到中学，缺乏一定的基础力量训练作为铺垫；立定跳远仅是反复的跳，没有加强各技术动作环节间的相互作用，可见教材内容的重复性相当严重；

(2) 小学基础没打好，初中高中继续再打基础，有些中学甚至还会出现一上体育课就自由活动的现象，结果到了大学什么体育项目都没有学会，于是大学体育选修课成了继续打基础的体育课，而违背了大学选择自己感兴趣或擅长的体育项目为体育选修课程的初衷。

四、大中小学体育课程内容一体化的研究

为了使学生的认知、情感、技能等领域得到全面系统的发展，我国大中小学应该建立一套系统的、相互衔接的体育教材内容体系，这对全面实

---

① 唐照华等. 大、中、小学体育课程教材内容一体化的研究［J］. 成都体育学院学报，2005，31（4）：115-118.

现体育教育各领域的目标起着至关重要的作用。①

我国目前的体育课程从整体上来说，虽然规定了各学段的课程内容，建立了较为完整的课程内容体系，但由于学生的年龄特点和教学部门的不同，从教学情况来看，并没有把 14 年的教学过程作为一个整体来进行考虑。② 没有充分地根据学生在不同时期的生理、心理发展特征和认知规律进行系统研究，存在一定的课程内容衔接不上的现象。③

体育课之所以从小学到大学都要设置，不是因为运动知识技能难以掌握，而是出自锻炼学生身体、增强学生体质、达到终身体育的目的需要。体育课程各阶段的教学是一个相对稳定、有序的、难以分割的整体。④

孙光等在《我国学校体育各学段教育、教学现状及相互衔接问题》中提出，我们必须科学地构建大、中、小学一体化的课程内容体系，注意大、中、小学课程内容的衔接。⑤

高彩云等认为，重建学校体育教材内容体系的技术路线应当是：首先，对竞技体育项目进行改造，使之以简捷化、生活化、实用化和教材化的形态，出现在体育课程内容中；其次，从民族、民间体育活动中，开发与挖掘健身性、教育性、娱乐性强的项目，纳入体育课程内容体系；再次，探讨体育课程内容的逻辑特征，以系统性原则构建学校体育课程内容体系。⑥

毛振明认为应该从小、中、大学整个教育过程来考虑体育课程的整体设计，从纵横两个方向上重新研究并明确各年龄段的发展任务、教学目标、内容、内容分类方法、教学要求、考核办法等，建立起各个“体育学段”

---

① 蒋涛. 中小学体育衔接的探索 [J]. 延边教育学院学报. 2007，(3).

② 高力翔等. 学校体育现代化的永恒主题——实现人的现代化 [J]. 南京体育学院学报（社会科学版），2009，23（6）：16-19.

③ 王文宇. 对篮球课教学改革的几点思考 [J]. 教材教法，2008，90（2）：52.

④ 毛振明. 对体育课程整体设计（大中小学课程衔接）的研究 [J]. 北京体育大学学报 .2002，(5).

⑤ 孙光等. 我国学校体育各学段教育、教学现状及相互衔接问题 [J]. 烟台师范学院体育学院学报. 2006，(3).

⑥ 高彩云等. 略论我国学校体育教学内容体系的重建 [J]. 北京体育大学学报. 2004，(1).

的目标和内容联系。① 事实上从体育运动本身的特点来看，体育教学内容在一定程度上的重复是具有其合理性的，“教学内容的重复”是体育教学中不可缺少的部分。② 在进行大学体育内容选编时，应该正确对待与中学体育教学内容的重复问题，从实际教学效果出发处理好重复的量度和递进性则是这一问题的解决出路。对于球类等竞技运动项目来说，在大学体育教学阶段，其特殊性体现在教学目标的要求上，技术、技能水平的提高是其价值的基本保障条件。③

丁英俊等认为应将教学内容分为主学类、简学类、介绍类、系统安排类四大类，认为应依靠政府的调节性安排，实现学段与学段之间和各水平目标层级之间的有机衔接。④

李树怡认为培养学生保持身心健康的能力和态度是为了适应生存需要，提出要构建与全民健身相衔接的大中小学体育教育目标及目标体系。⑤

目前，人们已较为深入地对长线体育与健康课程各学段课程内容衔接进行了研究，对于避免“铁路警察，各管一段”式的课程内容安排有着积极的认识意义。然而，目前在课程内容的衔接问题上，多是一种比较适合各学段学生身心发展规律的计划性内容设置，而对这些课程内容在课堂上具体衔接问题的研究却不多见。⑥

---

① 毛振明. 对体育课程整体设计（大中小学课程衔接）的研究 [J]. 北京体育大学学报. 2002，(5).

② 毛振明. 体育教学科学化探索 [M]. 北京：高等教育出版社，2004：43-49.

③ 李宏印. 兼顾休闲价值取向的大学体育教学内容选编问题思考 [J]. 山东体育学院学报，2011，(4).

④ 丁英俊等. 中国学校体育（与健康）课程内容层级衔接 [J]. 天津体育学院学报. 2005 (4).

⑤ 李树怡等. 我国大、中、小学体育课程目标衔接问题的研究 [J]. 上海体育学院学报，2004 (8).

⑥ 陈国成. 对大中小学体育教学衔接问题的研究 [J]. 上海体育学院学报，2004 (8).

第三节 体育课程内容一体化的必要性和可行性

学校是学生在校期间接受系统体育教育的重要场所，是社会成员未来从事社会体育或终身体育教育的主要阵地。学校体育在终身体育中扮演着承前启后的桥梁作用。不仅要解决好学生在校增强体质“一阵子”的问题，更重要的是解决好他们走向社会，养成终身锻炼身体习惯的“一辈子”的问题，使之受益终身。古人云：“授人以鱼，只供一饭之需，教人以渔则终身受用。”只有真正把系统的体育知识和技能传授和指导学生的学习方法纳入教学过程，列为教学任务，作为培养学生能力的重要环节来抓，才能真正形成一种以科学理论知识武装人，以体育方法改造人，以运动实践锻炼人的一整套强身育人的体育课程体系，使学生的个性、人格得到潜移默化的塑造。许多致力于推进大中小学体育课程内容一体化的学者和教师认为，大中小学体育课程内容一体化不仅是必要的，而且也是可行的。

一、体育课程内容一体化的必要性

吴志超等认为：“课程是借文化遗产的传递为媒介，以培养青少年学生胜任社会生活的创造性能力为课题的。”① 王毓珣认为健康的意义在于为人的精神活动提供可能强大的力量源泉。② 体育与健康课程作为一种传承人类优秀体育文化的媒介，它主要是以一定的运动技能和健康知识的教学为主，并通过这种教学来促进学生不断发展相应的知识技能和体质；同时，也尽可能促进他们的道德品质和心理素质发展，使他们在更高的层次上达成身心、社会和自然相和谐，成为有创造力的人。毫无疑问，体育课程就是要具备不断地衔接学生在身体、心理和社会适应等方面的和谐发展的可能性与现实性，才能成为科学的课程。要把这种可能性变成现实，首先就要使该课程的内容不断发展和深化，大中小学紧密衔接的课程才能更好地达成最终的课程目标。

---

① 吴志超等. 现代教学论与体育教学 [J]. 人民体育出版社，1993，(6)：301-346.

② 王毓珣 . 论体育的创新 [J]. 中国教育学刊，2000，(6)：27.

在原有的体育课程内容基础上和“健康第一”、“素质教育”框架里重新构建起来的一体化课程内容体系，特别注重学生通过学习、掌握和运用体育知识技能来不断提升自身健康水平及获得持续发展的能力。因此，一体化课程内容体系就要比过去的课程内容更具有广延性和持续性，不仅注重阶段性的教学效果，而且更关注长线的和增长的发展性要求。课程内容是达成课程目标的载体，要达成课程目标就要使其课程内容从广域的体育文化中汲取新的养分以补之不及，而要使各学段课程目标的递进实现，就需要用课程内容价值的不断提升来衔接。

二、体育课程内容一体化的可行性

大中小学体育教育应与其他学科不同学段的教育一样互为基础，即小学是中学的基础，中学是大学的基础。从低级学段到高级学段的体育教育是体育教育的继续、延伸和发展，三个学段的体育教育要很好地衔接，首先要在实施教学过程中所选择的课程内容的衔接，逐步形成在教学的组织、教学方法、教学策略等方面的全面衔接。大中小学体育课程内容的衔接可从以下几个方面入手：

（一）研究明确体育课程内容的内在联系

体育教育的理论工作者、课程设计的专家和体育教师要钻研庞大的体育素材、大中小学体育课程内容的内在联系，各类课程内容在不同学段的实施到底应该或能够完成什么任务？实现什么课程目标？这类课程内容在不同的学段应怎样分布？课程内容上下前后的内在联系怎样？要正确回答和解决这些问题，体育教育的理论工作者、课程设计的专家就有义务和责任熟悉不同学段学生身心发展的特征、各课程内容的特点及内在联系，明确不同学段的教学任务和教学目标，这样才能设计出大中小学相互衔接的体育教育课程体系，才能更有效、更实际地实施大中小学体育教育一体化的教学。

（二）加强大中小学体育教育的交流与合作

加强大中小学校的相互沟通与交往，为实施大中小学体育教育一体化创造适宜的外部环境。首先必须提倡各学段负责学校体育工作的领导、体育教师到下一级学段进行调查研究，相互学习和交流，了解下级学段体育教育的工作的特点、使用教材和教学内容的现状，学生完成学习任务的现状等，倾听他们对上级学段体育教育的意见和建议，有针对性地选择上级学段的体育课程内容、制定切实可行的课程方案。

（三）加强大中小学体育课程内容的研究合作

上级学段的体育教育工作者要与附近下级学段的学校组成教学业务学习网，开展体育教研活动。针对当前中小学专职体育师资配备不齐、体育师资质量不高、兼职教师普遍存在的实际情况，大中小学校就近挂钩，通过组织教学业务学习网点，以大学带中学、以中学带小学，共同设计体育课程、钻研体育教材、选择课程内容、探讨教学方法、交流教学经验，建立大中小学一体化的体育课程内容体系。

（四）建立大中小学相互挂钩的联动机制

大中小学校互相沟通与交流，便于各学段明确课程任务和目标。体育教育在不同学段应该教什么？学生完成本学段的学习应该达到何种目标？大中小学一体化的体育课程内容体系所涉及的教育内容如何科学地分配到不同学段进行学习？不同学段如何侧重身体运动素质或身体健康素质的发展？要回答和解决这些问题就必须建立大中小学的相互挂钩的联动机制，加强大中小学体育教育的交流与合作。

（五）课程内容的创新与开发

课程内容是教师开展体育教学和学生学习发展的媒介手段。由于我国的自然环境、气候、教学条件等有很大的差异，因此教师就需要承担课程内容的创新与开发的任务。在课程内容的创新与开发过程中，教师心中应该始终有课程目标，以实现课程目标为准绳，以本校的实际条件为基础去开发新的课程内容。

第四节　大中小学体育课程内容一体化设计的指导思想

一、学段的划分

根据我国现行对各段教育的划分，小学至大学的体育学段可以分成：9 年制义务教育（又可分为小学 6 年和初中 3 年）、普通高级中学和普通高校3个学段。义务教育是以法律作保障，它最突出的特征是对全体学生进行全面的基础知识和基本素质教育。高中教育是高层次的基础教育，在我国正日趋普及。普通高校是学校体育教学的最后一个阶段，它与社会体育和终身体育密切相关。总之，在体育一体化教学的整体设计上，必须要考虑到这3个学段的特点，既做到相对独立，又要做到整体衔接。

二、不同学段选择体育课程内容的指导思想

（一）小学教育阶段的体育课程内容

小学体育教育应注重对人体生物观方面的改造，以游戏课为主，通过简单的跑、跳、掷、攀、爬、滚、翻等形式的活动来发展学生的基本活动和使用躯干和肢体的能力，促进小学生身体的生长和发育。小学生身体形态机能发育不完善，不能承担强度过大的运动负荷；大脑皮层神经过程兴奋和抑制不平衡，不能承受较长时间重复单一的练习内容。应采用各种基本活动能力和发展身体运动素质的练习，或运动项目的单个性练习，打好体能的基础。根据小学生身心特点，应多采用活动性游戏的手段。游戏内容或运动项目基本功练习根据由易到难、由简单到复杂的原则进行安排。一个单元可选用两项或两项以上的教学内容。

（二）初中教育阶段的体育课程内容

中学体育教育既要强调育体方面的作用，又要考虑体育文化和育心的功能，应以技能、技巧为主，同时通过中等强度的体能运动发展技术、技能、提高身体素质、增强体质。初中体育教学内的容选择必须符合学生身心发展的阶段性要求、反映和适应社会发展的趋势、要着眼于基础。通过体育教学使学生掌握最基本的体育与健康知识和基本技能、改善身体机能和体质、全面提升学生的整体运动素质、培养学生的体育兴趣、愉悦学生身心、促进学生的身心健康发展、培养学生以后继续进行体育学习所必需的体育能力。

（三）高中教育阶段的体育课程内容

高中是高层次的基础教育阶段，一定要与初中的基础教育相衔接，《普通高中体育与健康课程标准》中明确指出："在9年义务教育阶段学生已学习多种基本运动技能的基础上，学校应充分尊重高中学生的不同需

要，引导他们根据自己的具体情况选择运动项目进行较系统的学习。”可以开设选项课教学，让学生每学期或学年选择一个项目进行学习，和专门性的身体素质练习。

（四）高等教育阶段的体育课程内容

高校体育不是基础教育体育，也不应该为基础体育负责，体育基础教育已在中小学中完成。大学生的体育教育应有利于未来终身体育的开展，将终身体育、社会体育的教育、体育的文化功能放在首位，其次才是它的生物学功能。因此，大学生应以健身、休闲、娱乐等内容为主，通过选项教学和俱乐部的形式，提高大学生的体育文化修养，培养学生体育学习的态度，形成正确的体育价值观，增强健身意识，养成健身锻炼的习惯。高等学校的体育必须同社会体育接轨，当今欧美发达国家的高校体育已经融入社会体育的洪流，在我国高校中成立体育俱乐部，已被当代大学生所接受和认可，备受他们喜爱。高等学校的体育教学必须符合《全国普通高等学校体育课程教学指导纲要》的基本精神，它是连接体育基础教育和社会体育的桥梁和纽带。①

① 陈国成. 对大中小学体育教学衔接问题的研究［J］北京体育大学学报，2004，27(8).

第七章　体育课程内容一体化构建的理论依据与基本框架

近百年来，现代体育运动在创造灿烂竞技文化的同时，作为主要的教学内容进入学校体育课程，在增进学生体质、向青少年传播体育文化方面做出了巨大贡献，创造了不可磨灭的历史功绩。时至今日，它高度职业化、商业化发展所带来的竞赛规则、场地器材和技术动作的复杂化、高水平化，也使得原本适合广大青少年学生学习、健身、娱乐的普及性特征不断消退，进而嬗变为更适合少数具有一定运动天赋的人参与的高超技艺性、强烈对抗性特征。这一发展与变化，使传统的以竞技项目为主干的学校体育课程内容与青少年学生身心发展需要间的矛盾日益突出，而素质教育背景下学校体育“健康第一”目标的提出，则进一步将传统课程内容体系理论上的缺陷和实践中的难以操作性集中地显现出来。因此，尽快重建我国学校体育课程内容体系、满足时代发展和青少年身心健康的需要、构建与“健康第一”的学校体育目标相匹配的体育课程内容体系是当前体育教育改革与发展亟待解决的问题。

平衡影响体育课程内容的社会、学生和体育学科三者之间的关系，防止非此即彼的思维方式课程理论告诉我们，课程受制于社会、学生、学科三因素，体育课程必然遵循这一基本原理，因此，这三个影响因素自然也制约着体育课程内容。在体育课程内容改革中，必须兼顾三者，平衡三者之间的关系。以学生发展为本的体育课程内容是社会历史发展的时代要求，是体育课程本身内在发展的基本规律，但它表达的只是一种侧重，而不是全或无的概念，那种一提以学生发展为本，便完全倒向学生的兴趣和爱好，又将社会和体育学科轮番送入无视状态的非此即彼的思维方式是不可取的，那样，便会重蹈覆辙，回到 20 世纪二三十年代的体育课程内容，这是我们必须警惕的。因而，应该倡导以学生发展为本的体育课程内容，必须兼顾社会和体育学科这两支影响力量，平衡三者之间的关系，才能突出体育课程内容改革的真正意义而防止矫枉过正的现象。①

第一节　大中小学体育课程内容一体化设计的依据和理念

一、大中小学体育课程内容一体化设计的理论依据

（一）依据中央、部委颁布的法规和文件

《中共中央国务院关于深化教育改革全面推进素质教育的决定》《体育与健康课程标准》《全国普通高等院校体育课程教学指导纲要》使学校体育教学确立了“健康第一”的指思想，要达到学生身体、心理和社会适应能力的三维健康目标，必须要把学校体育教学内容作为一个整体来通盘考虑和安排。现阶段，我国体育课程内容通常集中体现在国家颁发的各级各类学校的课程标准和体育教材中。2011 年教育部颁发的《义务教育体育与健康课程标准（2011 年版）》中，对《体育与健康课程》的性质作了明确的阐述：“体育与健康课程是以身体练习为主要手段、以学习体育与健康知识、技能和方法为主要内容，以增进学生健康，培养学生终身体育意识和能力为主要目的的课程。”②

以素质教育观作为重建学校体育课程内容体系的理论基础之一。所谓素质教育观即“以提高人的整体素质为宗旨”③ 的教育观。它是根据《中华人民共和国教育法》规定的国家教育方针，着眼于受教育者和社会长远发展的要求，以面向全体学生、全面提高学生的基本素质为根本宗旨，以注重培养受教育者的态度、能力，促进他们在德、智、体、美等方面生动、活泼、主动地发展为基本特征的教育。“素质教育要使学生学会做人、学会求知、学会劳动、学会生活、学会健身、学会审美，为他们成为有理

---

① 田菁等. 体育课程内容的历史流变［J］沈阳体育学院学报，2007，26（6）.

② 中华人民共和国教育部. 义务教育体育与健康课程标准［M］. 北京. 北京师范大学出版社，2012：2.

③ 周峰. 素质教育理论、实践、操作［M］. 广东：广东人民出版社，1999.

想、有道德、有文化、有纪律的社会主义公民奠定基础。”① 重建学校体育课程内容体系的指导思想必须植根于素质教育观的土壤里，否则，所构建起来的课程内容体系就无法满足时代发展的要求。

以“健康第一”、“终身体育”、“全面发展”作为重建学校体育课程内容体系的指导思想。“健康第一”思想，就是从促进学生身心健康出发，以全体学生生动活泼、主动地发展为目标；“终身体育”思想是指“保证体育活动和运动实践得以贯彻于每个人的一生”，② 学校体育课程内容既要保证学生在校期间身心的健康发展，又要前瞻性地为终生坚持体育锻炼奠定基础；“全面发展”思想是指对体育课程的知识、技能、方法、道德、法制观念和行为习惯养成等方面的内容进行整合，以整体优化的结构出现在教学内容体系中。

《体育与健康课程标准》是整个基础教育课程改革的一个重要组成部分，是由国家教育部颁布的中小学《体育与健康课程》的指导性文件，它紧紧依据学生的身心特点及其发展的要求，具体规定了体育课程的方向、目标、范围、体系、指导性内容、教学要求和考核标准等，它是我们构建大中小学体育教育内容一体化重要的理论参考依据。

课程目标是指导整个课程编制的最为关键的准则。课程与课程目标的主要功能之一是为课程内容的选择提供依据，判断“什么是最有价值”就是课程内容的选择。《体育与健康课程标准》的课程目标是：通过课程的学习，学生将掌握体育与健康的基础知识、基本技能与方法，增强体能；学会学习与锻炼，发展体育与健康实践和创新能力；体验运动的乐趣和成功，养成体育锻炼的习惯；发展良好的心理品质、合作与交流的能力；提高自觉维护健康的意识，基本形成健康的生活方式和积极进取、乐观开朗的人生态度。课程内容将不同性质的学习内容划分为运动参与、运动技能、身体健康、心理健康和社会适应四个学习方面。其中，运动技能方面是学生进行体育与健康课程学习的主干领域，是达成课程目标的重要载

① 国家教委. 关于当前积极推进中小学实施素质教育的若干意见 [Z]. 北京：国家教委，1997，10.

② 联合国教科文组织. 国际体育宪章 [Z]. 联合国教科文组织，1978.

体。该方面与运动参与方面一起最能体现“以身体练习为主要手段”的课程性质。《体育与健康课程标准》把运动技能领域的学习目标定为：学习体育运动知识；掌握运动技能和方法；增强安全意识和防范能力。

（二）课程设计的三大要素

从历史上看，有三种基本的材料依据已被人们用来作为进行课程决策的选择基础。即：接受课程内容的学生、有组织的学科内容和改造与适应社会。

1. 接受课程内容的学生

当把学生作为占主导地位的或唯一的课程决策的材料依据时，就产生了一种课程设计。在这一设计中，学生的需要、兴趣、能力及过去的经验被选择为课程要素决策的基础。学科成为学生根据自己的兴趣探究某些问题或题目的一种工具。这种课程设计之所以受到重视，是因为学生要学会指导他们自己的教育，而这是终身学习的一种最基本的能力。

当强调将学生作为设计课程的材料依据时，课程内容是根据学生的兴趣、通过他们的积极参与而选择的。赞成这种设计的人认为，只有学生自己组织内容并赋予内容某些个人的意义，才会有真正的学习。

以学生作为基本依据的课程设计有几个优点：当学生的需要、兴趣、能力和经验在指导学习时，学习是个人化的、恰当的和有意义的。学生被激发起内在的动机，并不依赖外部的奖励。学习对学生来说是一个积极的过程。学习的重点是发展学生的潜力和兴趣，个人之间的差异得到了充分的考虑。学生处理问题的技能得到了发展，使他们能够更充分地应付生活中的各种问题。

2. 有组织的学科内容

有组织的学科内容是做出课程设计决策时最常用的材料依据。人们运用它，是因为它反映了人类的集体智慧，代表了人类的文化遗产。课程作为有组织的知识、技能体系的学习，被认为对文明的不断进步、系统高效的传播都是至关重要的。同时，具备这样一个知识、技能体系也被认为是一个受过系统教育的人的重要特征。

以学科内容作为主要的材料依据，强调的是对所学课程内容进行逻辑的组织，无论这一点怎样确定，它都是编制课程的主要工作。在学科内容的组织上有两点尤其重要，这就是顺序和范围。

顺序指的是内容在垂直方向上的组织。对内容在顺序上的安排要作审慎考虑，以便使学生通过按照递进或合乎逻辑的步骤不断取得学习上的进步。

范围指的是对内容在水平方向上的安排。范围要精心地限定，使内容尽可能地对学生有意义和具有综合性，并且能在给定的时间内安排得下。

教科书是最常用的学习材料，它应按照精心设计的逻辑顺序将所要学习的内容呈现给学生。学习活动要安排的与学习的明确目标或方向有直接的关系，促进学生的行为发生变化，或者将学生在学习的过程中将注意力集中于所期望的方向上。

3. 改造与适应社会

以社会作为材料依据。在课程决策中，社会是可以用来作为占主导地位的或唯一基础的第三种依据。将社会作为材料依据形成了一种独特的课程设计，这种设计同样受到人们的重视，认为它是适应和改进社会的一种途径。

内容来自社会生活，它强调社会功能、社会生活的主要活动或者学生和人类不断出现的问题。学校课程的演变取决于不同历史时期政治经济发展的需要、社会意识形态变化的需要以及生产力不断发展的客观要求。生产力是学校课程不断演变的最终推动力。课程设计和实施的条件取决于一个社会或一个国家的生产力和文化水平。一定社会不仅需要课程，而且提供了课程形成所必需的物质条件和精神条件。因此课程的设计和实施不能超越一定社会所能提供的条件。

当学校课程按一定社会的需要设计出来、付诸实施以后，它就会积极地为这个社会服务，对社会产生巨大的影响。课程的社会功能，在于把一定社会对年轻一代发展的客观要求变成学校育人的规划，通过学校的教育活动和学生的学习活动，使受教育者成为一定社会需要的人。可见，课程是贯通社会与学校的桥梁，是联结学校与社会的纽带。培养受教育者适应未来社会的需要与发展是学校教育的主要任务和目标。

尽管大多数研究课程的学者提倡将这三种材料依据结合起来，以保证课程的平衡，但实际上往往是一种材料依旧对另两种来说占据主导地位。

更有甚者，有时人们只用一种材料依据而把另外两种完全排除。选择哪一种材料依据作为课程决策的主要或唯一的基础，这就取决于课程的设计者关于课程应在学生的成长中起什么作用的价值观念。

随着学生、知识和社会的变化，必须改进旧的课程设计，发展新的课程设计类型，不能将课程设计视为固定不变，它也不可能是固定不变的。创造性和适应性必须成为现有的和正在发展中的课程设计的本质特点。我们所面临的挑战是，在如何利用每一种课程设计使之对实现教育的各种目标起到最大作用的问题上，要做出经过深思熟虑和富有思想见解的决策。

（三）依据人体生长发育的一般规律

1. 人体生长发育的本质相同

人体的发育过程，都是通过新陈代谢来实现的，而新陈代谢是通过同化作用和异化作用的对立统一来进行的。新陈代谢的同化作用使身体积累物质和能量，而异化作用则是消耗体内的物质和能量。人体在生长发育时期同化作用大于异化作用，身体各组织器官得到不断的生长发育。进入青壮年时期，同化作用与异化作用基本平衡，身体各部分发育完善。中老年时期，同化作用小于异化作用，人体的机能进入缓慢的衰老阶段。人体内新陈代谢的同化和异化作用是不断地进行着的，并且是相互依存的，新陈代谢一旦停止，生命即告结束。“生长—发育—成熟”是人体生长发育过程。生长是指机体细胞不断繁殖、增大和细胞间质不断增加过程。发育是指人体内组织器官的不断分化，身体形态、生理机能不断发展和完善的过程。成熟是指身体各器官系统的发育不仅在结构上，而且在功能上已经达到完善的状态，同时也包括心理和智能的发展成熟。生长是发育的前提，是一个量变的过程；发育包括生长，且比较复杂，是一个质变的过程。

2. 人体生长发育的整体模式相同

在整个生长时期，人体的生长过程都是相似的，各项身体形态指标都随着年龄的增长而增大，但各指标在任一年龄和时间上，个体间存在着广泛的差异。人体的生长发育并不是直线上升的，而是呈波浪式，有快有慢相互交替进行。如身高、体重，从胎儿到机体成熟就有两次突增阶段。第一次在胎儿期和婴儿期，第二次在青春发育期。

3. 人体生长发育程序的一致性

从妊娠到出生，头颅生长最快，出生时婴儿的头围已达到成人头围的65%左右。从出生到一周岁，躯干生长最快，为这一时期生长速度的60%。青春期启动后，一般依次经过青春发育早期、中期和晚期。身体各部的发育过程也有一定的顺序，如身体形态发育一般是先四肢，后躯干；先下肢，后上肢；下肢增长的顺序是足、小腿、大腿，上肢增长的顺序是手、前臂、上臂，然后才是宽度和围度的增加。呈自下而上，自四肢远端向躯干的“向心性”发展规律。

4. 人体生长发育的不均衡性

人体生长发育过程中，身体形态、机能和运动素质的发展是不平衡的，不同时期、不同性别、不同个体、不同地区之间都存在着一定的差异。青春发育期阶段分为两个阶段，前期称为青春发育突增期 11～13 岁左右。男子青春发育的波峰、波幅比女子高而宽，故男子的体格比女子的体格显得高而大。青春发育后期为 15～25 岁左右，生长速度急剧下降，增长量下降。女孩一般长到 19～23 岁停止，男孩要长到 23～26 岁才停止。这就形成了发育均数的曲线上的两次交叉。第一次交叉是女孩生长超过男孩（约在 11～12 岁），第二次交叉是男孩生长超过女孩（即在 13 岁以后）。青春发育阶段，男女各指标增长值不同，差异还逐渐加大，这种差异在 18 岁以后更加突出。

5. 青春发育以后性别差异

（1）身体形态方面：男子骨骼比女子骨骼约重 20%。主要是四肢较长、肩宽、躯干较窄、骨密质层较厚和身体重量大；女子肌肉质量要比男子肌肉轻，其主要原因是女子肌肉中含水和脂肪多。女子下肢较短，躯干相对较长，骨盆宽度大，所以重心偏低、肩窄、胸廓小、下肢较上肢发达。

（2）运动系统方面：女子的肌肉不如男子发达，力量也较差。而女子的关节韧带弹性较好，所以柔韧性比男子好。

（3）心血管系统方面：女子心脏的体积、容量、重量和血液量占体重的百分比均比男子低，心率较男子快。因此，心脏的功能较男子差。

（4）呼吸系统方面：女子肩带狭窄，胸廓、肩带和胸部肌肉发育较弱，胸围、呼吸差、肺活量均小于男子，呼吸频率较男子快，这些特点使女子的肺功能差。

由以上身体发育特点可以看出，男子的身材比较高大，肩宽背厚，肌肉坚实有力，腿长且细，心肺功能较女子强。因此，他们更适合选择一些运动量大、激烈的、具有竞赛性质等的体育课程内容；而女子身材较矮，皮下脂肪厚，肌肉力量，内脏功能较差。但女子的柔韧性好，平衡能力强，所以女子更适合艺术体操、技巧及保持身体平衡等的体育课程内容。

总之，人体生长发育总的规律是不可以改变，但变化的快慢和体质的强弱是可以控制的。科学和实践证明，青春发育期这一时期，生长发育和发展的快慢与好坏，对成年体格的大小、体型、生理机能、内分泌以及心理智能的发展都有很大的影响。了解这些特点，有针对性地选择体育课程内容，指导学生进行科学的身体锻炼，才能促进学生的发育和发展，不断增强体质，提高机体的生命力。

（四）依据人体生理、心理发展规律的理论

体育课程是以身体活动为基本特征，在不同学段选择体育课程内容时，学生的身新特点是必须首先考虑的因素。课程内容的难易、比重、顺序和定量要求，都要符合学生生长发育、身体素质发展形成的规律。此外还应该考虑符合不同年龄学生的心理特点。性别不同心理上会存在较大的差异。

小学生身体的细小肌肉、上肢肌肉（尤其伸肌）发育不完善，但神经系统发育快，适宜发展平衡、协调、灵敏、反应、柔韧等身体素质。小学生心血管系统发育不成熟，应侧重跑、跳、投掷、游泳、体操、伸展肢体、支撑自己体重和小负荷的力量练习，但负荷不宜过重，时间不宜过长，不宜选择心脏负荷重的耐力活动；进行体育运动时应尽量减少憋气、紧张性和静力性身体练习。小学生大脑皮层神经细胞分化尚不完善，神经系统分析综合能力较成人差，所以不易要求他们做过于复杂、精细的技术动作，中枢神经系统易兴奋、应扩散、易疲劳，也容易恢复，注意力集中时间不长，故锻炼内容宜多样化，活动与休息经常交替。小学生是发展灵敏素质的最佳时期，在 7～12 岁左右灵敏素质稳定提高。柔韧素质的发展敏感期为 5～13 岁，因此小学生发展柔韧素质较为适宜，在 10 岁以前就应充分发展柔韧素质。小学生的反应速度在 6～12 岁年龄阶段大幅度提高，尤其是在 9～11 岁年龄期间增长明显加快；位移速度发展的敏感期男子为 7～14 岁，女子为 7～12 岁。在协调能力的发展方面，小学 1 低年级的学生应教给他们大量协调能力的基础动作，较全面地发展各种协调能力和注意培养他们动作的本体感觉能力，如空间感、时间感、肌肉用力控制等；小学高年级的学生应加强反应能力和高频率动作能力的训练，并开始发展专项的协调能力，培养他们的节奏感、平衡感、时空感和随意放松肌肉的能力，以及培养一些专门的感觉（球感、距离感、器械感）等。

在初中阶段，男女生间的形态结构、生理功能和素质发展等方面逐步出现性别差异，男生的快速增长期在 7～15 岁，而女生的快速增长期在 7～12岁，女生在 13～16 岁阶段有相当一部分的女生素质发展呈停滞状态。初中阶段是学生快速生长期，灵敏素质相对有所下降；骨骼生长速度超过肌肉的生长，柔韧性有所下降；耐力素质男生在 13 岁会出现较大幅度的提高，女生在 14 岁后，耐力逐渐下降。

初中阶段是身体运动素质发展的高峰期，在这个年龄阶段可以选择田径类和一般竞技类项目，发展学生的速度、力量和一般耐力。在这一阶段稳健发展各种力量和耐力素质，多做拉伸练习和加强灵敏素质训练，不过分进行柔韧性练习。运动中应培养学生动作的准确性、动作变化的速率，使他们具有一定的专项协调能力，随意放松肌肉的能力也应继续发展，从而使学生的协调能力发展到较高水平。

高中阶段学生年龄一般为 16～18 岁，正处于青春发育后期和青年前期，第二性特征逐渐发育和成熟，知识的不断丰富，促使学生的身体和心理发生了巨大改变，也是身心发育的关键时期。女生在 15～17 岁，男生在 18～19 岁是肌肉力量增长较明显的时期，在青春期以前不适宜进行过大的力量练习，在 16～18 岁则可进行最大力量练习。高中阶段是人生观和价值观初步形成期，对问题的认识和判断还存在片面性，需要不断地引导和教育他们深入的学习与运动相关的健康、意志品质、社会技能等方面知识，树立终身体育的理念。

高中阶段的体育教学内容不再局限于一般性的学习，要根据学生的条件，选择性的系统学习符合自身特点的专项运动技能、掌握与体育相关的健康知识、学习体育运动的风险应对和预防、形成健康生活方式、学会与人相处、掌握基本的急救措施，为终身体育奠定基础。

（五）依据青少年的认知发展阶段理论

婴儿至青少年时期，许多认知结构和认知过程都在发展变化，认知发展的变化对个体学习和完成运动技能的能力有很大的影响。在人体六个知觉传导通道中，各类文化课程主要是通过视觉和听觉，以思维活动的方式来掌握知识，被称为逻辑认知。体育课不仅需要视觉和听觉，而且还需要动觉和触觉，以身体活动的方式获得肌肉本体感觉，掌握运动技能；其中视觉在决定参考点和判断物体运动上至关重要，这是身体认知的过程。在这个认知的过程中，视觉、听觉、触觉和运动觉对动作发展有着极大的影响；同时，动作的发展也影响着这些感知觉，这就形成了认知—动作的关系。

人从出生到成人的认知发展不是一个数量不断增加的简单累积过程，而是伴随同化性认知结构的不断再构，使认知发展形成几个按不变顺序相继出现的时期或阶段。① 认知的发展阶段制约着课程的内容和方法，任何知识的获得都必须通过学生主动的同化作用才可能得以实现，而主动的同化则须以适当的知识递进结构的存在为前提。所以，各门具体学科的教学都应研究如何对不同发展阶段的学生提出既不超出当时的认知结构的同化能力，又能促使他们向更高阶段发展的富有启迪作用的适当内容。

（六）依据人类动作发展的理论

人的动作发展是研究人一生动作行为的变化、构成这些变化的过程以及影响他们的因素。通过对人在某个阶段动作典型特征的全面了解，我们会对某些动作的发展具有相当高的可预见性。通过动作发展研究，可以使课程设计人员和广大中小学体育教师明确教学对象的动作和动作技能在生命各个阶段中是怎样获得的，不同的年龄阶段应该达到的成熟水平和发展顺序。例如，儿童早期或中期，是获得基本动作技能的最重要的时期，这些基本动作是人类一生动作发展的基础。儿童早期或中期的操作技能是一

---

① 林政梅. 普通高校篮球教学改革的思路 [J]. 福建师范大学福清分校学报，2008，(1)：91-93.

类对物体的操作或控制，诸如棒、球等物体的动作技能。操作技能包括投掷、接球、踢球、踢凌空球、挥击、滚球和拍球（运球）等一系列动作技能。儿童早期或中期的位移技能是指能够使个体在空间产生位置移动的技术，最常见的位移技能包含跑、连续前滑步跳、单脚跳、连续跳跃步和双脚跳等。3～8 岁是发展多种动作技能的最重要的时期，所以在小学阶段初期也是基本动作技能发展的最佳时期。

动作的良好发展可以促进个体认知、情感和社会性等多方面的发展；反之，个体认知和情感的发展水平也影响动作的形成。美国动作发展学家经过几代人的研究，从发展的观点理清了影响人类动作发展的六大因素：动作的质量、动作发展的顺序、动作的积累、动作发展的方向、动作的多元素和动作发展的个体差异。动作发展相对落后于感觉发展；动作发展从整体到分化，从不随意到随意，从不准确到准确；动作发展的顺序和主动肌张力发展的顺序相一致等。这些研究成果证明人类动作发展顺序是具有相当高的可预见性。如发展方向：从头至尾，早期头部的控制最先发生；由近端向远端：由靠近身体中心的部分向那些靠近边缘的部分，如对肩膀的控制先于手指；由粗大到精细，不成熟的动作到精细的、良好控制的、有目的性的动作等。

美国学者波若塔（Branta 1984 年）在人类动作发展研究中发现，年龄在 5～8 岁之间的儿童在 14 岁之前，他们在短跑和往返跑方面进步非常快，而且这种变化也相当的稳定。同时波若塔等人还发现，跑步动作稳定性随着年龄增加而提高，这种趋势与大多数儿童获得更高动作技术水平的时期一致。我国学者认为组成投掷运动的肢体动作发展序列特征依次是“引臂”、“助走或助跑”、“转髋”，它们的最近发展区分别为 5～6 岁、7～8 岁和 8～9 岁阶段。根据这些研究结论，投掷类内容适合按照“原地投掷—上步投掷—投掷重点技术（如助跑接投掷技术、背弓技术、鞭打技术）—上下肢协调用力技术”等这样的序列进行教学。

（七）依据人体动作技能形成和发展的规律

在教学内容选择上还要注意符合人体动作技能形成的规律，尤其是动作技能学习的选择和安排上，要从简到繁，从易到难，不能选择一些没有基础的运动技能直接教学，所选择的教学内容要有利于学生获得成功和愉快的体验。确定不同教学内容的难易或深浅程度都是相对的，需要根据不同的教学对象和条件而改变。同一个运动技能类教学内容可采用必要的递进性重复的办法来安排，即要在教学要求上不断巩固和提高，有要避免不必要的简单重复。

（八）遵循学科内容之间的联系性和逻辑性

体育课程内容结构的联系性表现在两个方面：一是具有横向的广泛性。身心的发展要求是全方位的，既包括保健、营养、卫生、锻炼原理、竞赛规则等基本知识，又包括促进身体发展的各种运动技术技能和练习方法，相对广博的体育基本知识和多样化的运动技术技能是形成良好的体育态度和体育能力的重要条件。另一方面是具有纵向的复合性。体育课程内容要随着学习的进行逐步深化，这是教学的基本规律，也是体育课程内容的纵向特点。体育教学目标是多元的，它的实现依赖于多种课程内容的综合效应。因此，体育教学势必要求多种内容协同向纵深发展，这就是纵向发展的复合性。这种复合性和广泛性的结合可以提高体育课程内容结构的全面性、协同性、广博性和教学内容之间的联系性，对于学生的全面发展和实现体育教育的终极目标都是非常必要的。

（九）依据最近发展区理论

最近发展区理论的研究表明：教育对学生的发展能起到主导作用和促进作用，但需要确定学生发展的两种水平：一种是已经达到的发展水平，另一种是学生可能达到的发展水平，表现为学生还不能独立地完成任务，但在教师的帮助下，在集体活动中通过模仿却能够完成这些任务。这两种水平之间的距离，就是“教学最佳期”。① 早于或晚于这一最佳期的教学对于儿童心理的发展都会产生不良影响，这是因为最佳期以外进行的教学或因超出最近发展区而无法对那些尚未成熟的心理机能施加影响，或因停留于现有发展水平而不能有效地促进心理机能的发展。

波若塔还研究认为：对女孩而言，在5～10岁之间她们立定跳远的距离已达到其最好表现的75%，而男孩为71%。如根据实践经验我国以往将

① 维果茨基. 维果茨基教育论著选［M］. 余震球选译. 北京：人民教育出版社，2005.

速度素质发展的“敏感期”界定为13～14岁左右，将发展速度的教学内容安排在学生发展的“敏感期”最为有效。因此，在教材内容的选择、教学设计等一系列教学活动中，就应该注意上述这一问题，把特定的教学内容的学习安排在特定的“教学最佳期”内开展。无论是认知领域的教学，还是技能领域的教学，都要从学生的实际出发，深入了解学生现有的发展水平，探索学生的“最近发展区”，为学生铺平台阶，采用各学段相衔接的教学方式，将学生潜在的水平转化为新的现有的水平。①

（十）依据韦伯的理性分类理论

按照韦伯的观点，理性分为工具理性和价值理性。工具理性指全面衡量各种手段，力图通过最小代价达到目的，着重于所进行的行为能否作为达致目的的有效手段。价值理性则主要看重行为本身的价值，手段和目的居于次要地位（图7-1）。

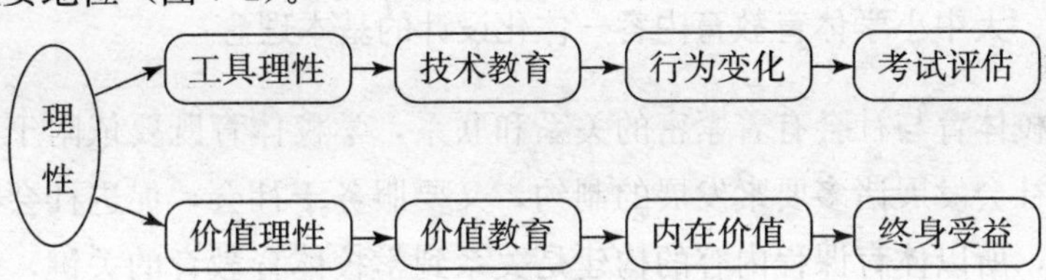

图7-1　韦伯理性理论图解

在人类社会实践中工具理性与价值理性原本互相协调统一，工具理性作为价值理性的现实来源，价值理性给予工具理性以精神动力。但随着现代社会的进一步发展，工具理性与价值理性发生了隔离。反映到体育教育实践中，则是工具理性教育的越位和价值理性教育的失落。在工具理性的支配下，体育教育出现了一种知性取向，完整的体育教育演变成技术教育。价值教育则被处于被压制和边缘化的地位。

中国学校体育从1903颁布的《癸卯学制》算起已经有一百多年的历史，从它诞生的那一刻起就存在着工具理性与价值理性相互隔离的现象，时至今日，仍然未曾完全摆脱明显的功利特性。新中国成立前，从抵御外侮的“军国民”兵操式体育到抗战时期的军事体育；新中国成立后，从政

① 郭太玮等. 关于大学体育课程领域目标结构的研究 [J]. 南京体育学院学 2010, 24 (1) 110-113.

治挂帅到增强体质，从技术技能为目的体育到全面发展为目的的体育，最后到“健康第一”的体育，学校体育都是为他人作嫁衣，始终未能跳出工具目的论的藩篱，都是被当作某种工具在使用。学校体育中的功利化取向虽然因对工具价值的强调而赋予了学校体育前所未有的生命力。但由于有意或无意地对功利性的极端强调，我们也确实感受到了这种生机背后不和谐音符。学校体育失去了它应有的价值，导致了学校体育的异化。在工具理性的支配下技术教学在体育教学内容中占据了绝对的统治地位，价值理性所能够产生的精神动力近乎荡然无存。体育课上学技术、练技术、考技术，使完整的体育教育演变成了技术教育课程，使其对学生系统的学科知识的掌握、学生的发展、学生未来面对的生活、终身体育和良好的生活方式和习惯的养成等有价值的教学内容被压制或被边缘化。

二、大中小学体育教育内容一体化设计的基本理念

学校体育与社会有着紧密的关系和联系，学校体育既要依附于社会发展，受社会发展诸多要素发展的制约，又要服务于社会，促进社会的进步与发展，所以体育课程内容的构建是关系到学校体育教育的关键，也是社会发展的需要。

构建有目的之教学内容的最重要因素是在各门学科中向学生传授的知识内容。它一般称作教养财富或教材，是由各门科学的知识素材构成的。教学内容包括：传授各门科学的知识素材，发展技巧和能力，形成正确的世界观和培养良好的社会的、道德的态度。

构建一体化体育课程内容体系的理念反映了体育课程涉及的特性和特点，它不仅涉及身体活动和运动技能，还包括对课程、教学和学生的认识和理解。下面是一些构建一体化体育课程内容体系的理念，它们对课程内容的选择或教学课的设计都有参考和帮助作用。

（一）课程内容的构建必须处理好课程需要与学生想要的关系

任何课程都有其明确的培养目标，都有具体的课程内容和方式来为实现课程目标服务。因此，课程内容的选择应以课程目标为依据，以课程需要为准绳的。学生的兴趣、爱好是激发学生学习动机的宝贵财富，是成功学习不可缺少的条件，应当十分珍惜和爱护。但是，如果我们在课程内容

的选择中偏执一方，就会出现学生学习的积极性受到损害，对所学的内容不感兴趣，甚至放弃接受教育的机会；或者一切以学生的兴趣、爱好出发，充分满足学生的要求，将学生的愿意、快乐作为选择课程内容的唯一标准，则有碍于课程目标的全面实现。

将课程需要与学生想要两者有机地结合起来，恰当地处理好它们之间的关系是实现课程教学目标、提高教学和学习效率、完成教学任务的有效措施。一体化体育课程内容的选择与传授不能仅要注意学生当前的兴趣和需要，而应着重传授给他们实用的、在未来终身体育锻炼的知识、技能和技巧。身体健康，具有旺盛的精力和体力已是当今竞争社会对人才提出的基本要求。一体化体育课程必须对学生未来的健康负责，对学生未来的生活及生活质量负责，对国家未来的兴旺发达负责。

（二）体育课程一体化应定向于学生身心的全面发展

科学的体育课程内容体系应该是贴近社会、贴近生活、符合学生的身心发展特点、能使不同年龄阶段、不同发展水平的学生具有相应的体育课程内容，不同学段体育课程内部应具有逻辑性、灵活性和可操作性，有利于学生形成社会所需人才的素质结构，有利于学生社会化程度的提高的。科学的课程内容体系的构建和有效的教学实践的有机结合，是体育课程满足学生主体需要和社会需要的客观性、结构性和正价性的基本要求。因此，课程内容的安排绝不能因教师的特长或喜好而选择或因教师知识、技能结构的缺陷而放弃。

（三）每一个学生都有发展各自潜能的权利

在同一课堂教学条件下，使每一个学生都得到最大发展是不可能的，但是为每一个学生创造适宜他们发展的教学环境和教学条件是可以做到的。因此，学习目标、学习条件和学习活动的制定和安排不应是单一的、整体的，应考虑每一个学生的差异而区别对待。因为学生的学习方法不同，在教学中教师应灵活运用不同的教学方式和方法是非常重要的。教师还应相信学生蕴藏着的自学能力，给学生一定的时间让他们自己对学什么？或怎样学？做出决定。

（四）体育课程一体化必须保证对学生教育的完整性

一体化的体育课程除了培养学生的运动技能和发展学生的身体素质

外，还应担负起认知领域、情感、文化传承和行为养成的任务。学生掌握了认知领域的学习内容，就能够知晓提高身体健康水平他们应该做什么？应该怎样做？培养学生的自信心、对待体育活动积极的态度和形成正确的体育价值观都是成功获得体育与健康教育效果的重要方面。学习环境、教学的组织与安排、教学方式方法的运用以及教师的教学行为都会对学生的体育运动行为、信念和价值观产生十分重要的影响。因此，在教学中绝不能轻视或忽视这些的内容。

（五）体育课程的容必须紧密地与学生的需要相联系

一体化体育课程对学生身心发展与提高的价值不是在无意识或偶发事件中可以获得的，它与教师采用的教学方式、手段和策略是否适宜合理有密切的关系。教师所有教学内容、教学活动的选择与实施必须以实现一体化的体育课程的目标和价值服务。

（六）体育课程内容一体化选择不应脱离学生面临的社会和现实生活

缺乏生活意义的体育课程迫使学生在课程实施中戴着面具做痛苦表演，学生没有真实生活的愉悦体验，课程内容缺乏整体性、现实性，充斥着单调、枯燥、乏味、重复、甚至无聊的运动技术内容，学生没有喜怒哀乐，更没有生活激情的现象必须纠正。课程内容要真正赋予学生生活的意义和生命的价值，把学生培养成学习活动的主体、个体生活的主体和社会活动的主体。课程内容的选择一定要超越“技术世界”，关注学生的“生活世界”。

（七）体育课程的基础是体育课程内容选择的出发点和着眼点

体育课程内容的研究和构建要取得实质性突破，一定要依赖于其基础的改造与重建。目前面临的问题是“基础”应该是什么，其内涵应如何得到更准确的表述。对体育课程内容的研究和构建如欲求得彻底，不回溯到其基础，不能正确回答上述问题，就不会有什么真正的名堂。体育课程的基础就是身体教育，其内涵应包括认识身体、使用身体、发展身体和保护身体。构建科学的一体化的体育课程内容体系必须以身体教育为基础，而不是以运动技术为基础。身体教育应成为或必须成为达成体育课程目标的重要基础，除此之外别无选择。

（八）保持和提高健康水平是非常重要的、有价值的健康行为和生活方式

健康不仅应是体育课程追求的终极目标，而且还应是体育课程存在的根本理由。体育课程内容的选择就是要有利于帮助学生形成正确牢固的体育意识和态度、掌握科学的体育锻炼方法、选择积极正确的健康行为和生活方式、养成稳定的体育锻炼习惯并使它保持终身。一体化体育课程最基本的任务就是要将今天的学生培养成为未来具有体育意识、养成体育习惯、积极参加体育活动和适应社会的成年人。

第二节 体育课程内容一体化构建应注意的问题

当确定了课程内容一体化的理论依据和基本理念后，接下来的工作就是选择课程内容了。只有知道“教什么”，才能知道“怎样教”。教学内容谈的是“教什么”的问题，它是体育课程的核心。教材的选择、目标的设定、教法的选择以及教学评价都是围绕教课程内容的。

在选择课程内容之前应当考虑，所选择的课程内容是全体学生都必须学习的，还是学生对这些学习内容可以有选择的自主权。确定了这一原则后，课程内容的选择就有了比较明确的方向及需要具体考虑的教学资源和教学条件等问题。然而，对课程内容的选择所作出的决定必须以是否与课程的理念相吻合，是否有利于实现设定的课程目标为依据。在选择课程内容时应注意下列问题：

一、课程内容的选择应有利于课程目的任务的实现

在体育课程内容一体化的构建中，课程目标的设定在前，课程内容的选择在后。选择课程内容的标准就是要看所选择的课程内容是否有利于最终实现所设定的课程目标。如果所设计的课程理念或指导思想是发展学生的身体素质，那么所选择的课程内容就应当给学生提供较多的机会去进行发展身体素质的练习；如课程的指导思想是使学生熟练地学习和掌握一定的运动技能，给学生提供相关运动技能的理论知识、大量的练习和反馈就应当是优先考虑的课程内容；课程目标如果是培养学生的社会技能，那么所选择的课程内容就应有助于帮助学生获得这些社会技能。

一般来说，对课程内容的选择做出决定依赖于三种信息。

首先，一些相关研究领域的成果已经部分地回答了应该怎样选择课程内容。运动生理学的研究成果已经明确阐明了提高人体心血管系统的机能能力、发展肌肉力量和耐力等方面的手段、步骤与方法；体育教育学的研究成果已经告诉我们，运动技能的掌握所必要的教学手段和学习条件。但是，对于课程所设定的其他目标，如态度的改变、社会技能的发展等，目前的科学研究成果还未能给予我们用来选择特定的课程内容来实现这些课程目标的足够证据。

其次，对课程内容的选择做出决定的第二种信息是对现存体育课程的观察与评价。虽然不同学校的教学环境有所不同，但是成功教学的范例可以为我们选择有效实现课程目标的课程内容提供有益的帮助。

最后的一种信息是体育教育行政部门、体育教育专家的意见和建议。因为这些意见和建议蕴涵着政策性、经验性和广泛性。

在选择课程内容时，除了要考虑所选择的课程内容是否能够有效地为最终实现课程目标服务，还有一个重要的方面就是应认真审视所选择的课程内容是否会在学生中产生负面的作用。例如，大强度的身体训练与评价，可以提高学生的身体运动素质，但它也容易引起学生对体育课程的厌恶，产生不利于学习的态度，甚至抵触不与教师合作。

对课程内容选择所做出的决定，应建立在对实现课程目标的预测之上。一旦这些课程内容被付诸实践，就应该通过评价手段来检验事先的预测结果是否实现或实现的程度，以便于对课程内容的补充或修正。

二、按不同学段学生认知和身心发展水平的实际情况来选择课程内容

首先，课程内容的选择应尽量满足学生的兴趣和需求，教师可以采用多种方法对学生的兴趣进行调查。问卷调查是最直接和最常用的方法。需要特别注意的是，如何对调查所收集的数据或材料进行解释或说明。因为，学生所表达的兴趣在很大程度上只反映了他们已有的经验和经历，同时也受学生文化背景的影响，具有一定的局限性或不确定性。所以，教师通过问卷调查想要了解学生是否对所选择的课程内容有兴趣或是否将会产生兴趣的真实情况是不容易的。课程内容的编制者将面对这种窘境，是课

程内容选择的本身影响了学生对体育课的兴趣？还是什么其他因素影响了学生对体育课的兴趣？学生真正对哪些课程内容感兴趣？哪些课程内容对激发学生的学习动机能够起到积极的作用？

其次，学生对所选课程内容的学习是否具有生理和心理方面的准备？是否具备了必要的学习条件、相关的知识和技能？所选择的课程内容对学生来说是太复杂了？还是过于简单？所选择的课程内容是否可以通过改变它的构成要素来控制该课程内容的难易程度，以便在必要时通过这种方法来适应不同能力学生的实际水平。

学生现有的能力和水平可以通过测试来判断或认定，但对学生兴趣和需要的认识和了解必须通过多途径、多渠道以及采用一些特殊的方法来获得。

三、课程内容的选择应具有意义

体育教育不仅要为学生的将来做准备，学生在现实课堂中所获得的情感体验也应是教师考虑的重要内容。因此，课程内容不应使学生产生难以忍受的教学后果。教学内容所引起的良好的情感体验，可为学生的终身体育产生良好的终身效果。根据这一观点，课程内容是否能够引起学生良好的情感体验就应成为选择课程内容的标准之一。

Huebner（1966）认为，可以从美学和道德的角度来审视课程内容的性质。站在美学的角度所提出的问题是，所选择的课程内容在多大的程度上能够引起学生愉快的情感体验？从低的角度也可以将这一问题改为，课程内容有趣吗？从高的角度可以这样提问，从整体上看，课程内容是否协调、富有美感、有特殊的意义。从美学的角度来选择课程内容，应该提供给学生渴望的、具有实践意义的课程内容。从道德的角度来评价课程内容的性质所涉及的问题是课程内容在多大程度上反映了公正、平等和人的尊严等基本的价值。

四、按身体运动素质和身体健康素质发展的规律和敏感期选择课程内容

在课程内容的选择中，发展学生身体素质的内容应成为所有学段体育课程内容中的一个组成部分。选择发展学生身体素质的内容时，也应根据

不同学段学生的身心发展变化和身体素质发展的敏感期，适时调整发展身体运动素质和身体健康素质的比重。

图 7-2 说明了从低年级到高年级的不同学段，发展身体素质内容安排的侧重点和阶段性，突出强调了发展身体素质的统一性和连续性。任何偏执发展身体运动素质或发展身体健康素质的安排都将影响学生身体素质的全面发展或终身体育意识和习惯的养成。

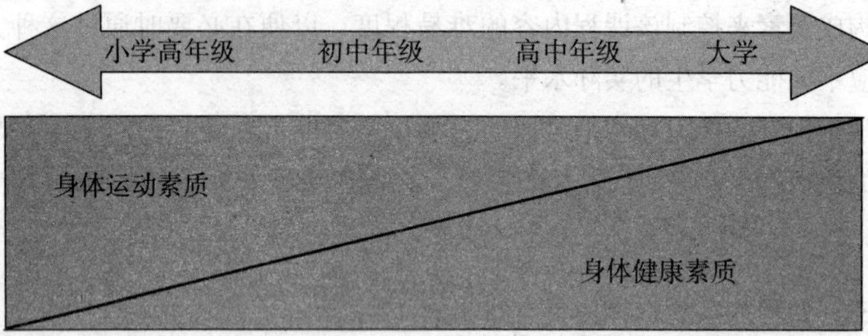

图 7-2　不同学段身体运动素质和身体健康素质安排示意图

五、课程内容的选择应考虑可行性

课程内容的可行性问题主要涉及现有的教学资源是否能够满足课程内容实施的要求，其中包括：现有教师对特定课程内容是否熟悉或学有专长？是否具备与特定课程内容相关的知识背景？是否具备实施特定课程内容所需的场地、器材和设备等？除此之外，在选择课程内容时还应考虑，所编排的课程内容是否可以在班级授课的形式下进行？是否有足够的时间来完成这一课程内容？课程内容的实施在安全方面是否有所保证？如果上述问题不能给予肯定回答的话，那么所选择的课程内容必须在条件具备的情况下才能实施。如果这一建议被认可的话，课程内容的编制者就应制定出解决这些问题切实可行的方案来逐步解决这些问题。

第三节　不同年龄段人体的身心发展

一、不同年龄段人体身心发展的特征

学生在各个年龄段上的身心特征是选择各学段体育课程内容的重要依据。体育课程内容的选择要符合学生的身心发展特征。选择那些既符合学生的身心发展特征，深受学生喜爱，同时对增进学生的健康有好处的运动内容作为课堂教学的内容。

在进行课程设计和选择教学内容时，学生身心发展的特征是必须要考虑的重要因素之一。以下对不同年龄人的身心发展特征列出了一个简明的摘要：

（一）幼年时期（大约 3～7 岁）

1. 生长发育缓慢而稳定，通常表现为四肢长度增长迅速，身体重心高，喜欢活动，开始掌握运动技巧。

2. 掌握运动技能比较缓慢，需要通过大量的练习。

3. 个人主义出现萌芽，更愿意独自玩耍，但希望得到成年人或同龄人的认同。集体运动项目的技能得到发展，相互间开始学习和交流动作技能。

4. 注意力集中的品质在不断发展，但仍然难以安静下来。

5. 产生的想法并不符合逻辑。

6. 在大多数情况下，他们是通过结果来了解事物的对与错。

（二）童年时期（大约 8～12 岁）

1. 在青春期之前，女生大多发育稳定，力量与耐力增加，身体的灵活性降低。

2. 身体控制运动技巧的能力增强。

3. 被同龄人所接受和赞同变得非常重要，对集体的服从感有所增强。

4. 探究意识增强并具有了较为复杂的心理活动。

5. 接受规章制度约束的意识增强。

6. 因性别不同所表现出对运动项目的选择和爱好的差异越来越明显。

（三）青少年期（13～18 岁）

1. 青春期身体发育突然加快，性别特征更加明显。

2. 因性别不同而产生的身心差异进一步增大。

3. 使学生接受其性别特征是一个重要问题。

4. 身体的协调性和运动技能的发展继续增强。

5. 独立性和自主意识的发展是这一年龄段的中心问题。

6. 可以对较为复杂信息的处理和对抽象概念的理解。

7. 基本形成自我的价值体系。

（四）大学生（18～23 岁）

1. 生理发育虽有缓慢生长，但基本趋向稳定。

2. 身体生长发育的变化伴随着青少年期的结束而结束。

3. 身体运动能力达到巅峰状态。

4. 男生较壮实，女生较丰满，男女差别显著。

5. 希望从几个不同的任务中选择并接受其中一个任务。

6. 确立自己的业余爱好和生活方式。

7. 更加关心自己的健康问题。

8. 思维能力和阅历不断增强。

二、不同学段学生的特点和对体育的需求

根据日本前川峰雄的研究将不同学段学生的特点和对体育的需求归纳如下：

（一）小学 1～2 年级

学生的特点：身体活动欲望强烈；大肌肉群性活动，运动不协调；模仿动作多，受同伴影响大，可以与 2～5 人一起协同活动；对比较单纯的活动感兴趣；开始对朋友表示善意和温和；朋友不固定，朋友集团坚固；已能遵守分工和自己的职责；玩时忘我，安全意识差；错误行为多；在乎胜负，但忘得快；渴望长辈的赞赏和喜爱；男女意识不强；情感性和主观性意识还很强。

对体育的需求：单纯的，促进身体各大肌肉群发展的身体练习；模仿表现性运动教育；来自老师的鼓励；安全的要求。

（二）小学 3～4 年级

学生的特点：对户外活动欲望强烈；小肌肉群参与协调性增强；开始有自发性，有批评意识；对有组织的活动开始感兴趣；开始帮助别人和为他人着想；交友显得很友好；有自尊心和自我信赖；能遵守分工和履行职责；喜欢冒险；喜欢有秩序的活动，开始计划；对胜负有心理渴望；渴望同伴的承认；开始有男女意识；对知识开始感兴趣。

对体育的需求：相对精细的身体练习；有一定组织性的运动；进行小组内的学习，使学生分工协助地进行运动和学习，诱发学生间的正面评价；提高安全意识的教育。

（三）小学 5～6 年级

学生的特点：对户外活动欲望强烈；大肌肉群运动多，协调性增强；创造性活动增多；开始选择符合自己的运动；喜欢协同性的集体项目；考虑他人，有帮助他人的行动；喜欢公正；可以自己选择小领导；可以预料危险并注意安全；遵守秩序，可计划和实施行动；对胜负很关心；渴望教师和同伴的承认；开始有男女的对抗意识；开始出现第二次性特征。

对体育的需求：初级的集体运动项目（变形和简化的正规运动）；规则意义的学习；增加小组学习；男女同班上课；安全方法的教育；青春期教育。

（四）初中学生

学生的特点：男生在 12～13 岁，女生在 11～12 岁开始身高和体重的快速增长，男生开始肩宽胸厚，女生的胸和腰部发展快；随着身体的快速增长，体态、体姿变差，开始不灵活；内脏、神经、肌肉的机能变化明显，变声，女生初潮，肺活量和背肌力发展快；男生运动能力迅速增强，女生进步缓慢并逐渐停止；情绪不安定，出现反抗的态度；寻求朋友和小集团式生活，并逐渐追求孤独式生活；内心世界开始丰富，追求自我，合理性思维方式发展，批判性倾向加强，形成价值观，追求理想；出现对性的关心，开始有性冲动，还不追求异性，羞耻感很强，竞争、自我显示欲望很强。

对体育的需求：基本正规的各种运动项目（需要适当的变形和简化）；有重点的身体素质和锻炼和运动能力提高；体态和体姿训练；继续增加小

组学习的频率；加强运动原理的解释；男女同班上课；性教育。

（五）高中学生

学生的特点：男女生在身体方面的差异越来越明显，女生的身体发育完成；男生的身体发育进入尾声；男生内脏、肌肉的发展仍在继续，女生已不明显；女生皮下脂肪明显增厚，腰部、臂部和下肢很明显，骨盆增大，身体重心降低；运动能力小幅度发展，女生几乎不发展，后期出现运动能力降低的现象；男女生都表现出协调性的增强，可以学习有难度的运动；抽象思维发展，追求原理，但有独断的倾向；追求少数知心的朋友；逐渐确立自我意识，但还缺乏冷静的判断和行动；对体育运动很执着、热情；感情很不稳定；性的冲动稍稍安定，憧憬美和精神上的爱情；对真理的追求心增强，开始有心灵的净化。

对体育的需求：正规的各种运动项目；分别对男女生有针对性身体素质的锻炼和运动能力训练；女生的体态训练；男女分开的选修制教学形式；加强运动原理的解释和理性化的教学；通过体育的情感陶冶；通过体育的生活态度的教育；社会生活准备的有关体育教育。

（六）大学生

学生的特点：男生肌肉迅速发展且较为壮实，女生脂肪堆积较丰满，男女差别显著。身体各部分的受力及运动负荷接近或达到最佳水平。心缩力量增强，收缩压增高，心脏发育日趋完善。男女生肺活量增大的高峰期均在21岁。大学男生或女生的各项身体运动素质增长开始放慢，并有逐年下降的趋势。大学生个体的生理发展已接近完成，已具备了成年人的体格及种种生理功能，但其心理尚未成熟。由于大学生心理内部的需要结构发生变化，大学生的追求有其独特性，而他们的价值观念尚不稳定，时常处于波动、迷惘、抉择之中，其心理成熟又落后于生理成熟，因而大学生的情感是不稳定的，情绪变化起伏大，易受周围环境变化的影响。

对体育的需求：大学生比中学生更富挑战性和独立性。大学生受生理和心理发生的变化以及学习和环境的影响，学生的活动内容更趋向于休闲和娱乐的体育项目和他们各自的兴趣爱好，选择活动内容更具有健身性、趣味性、锻炼身体、调节学习节奏的愿望。女生更趋向于学习健美操、瑜伽、形体、街舞、国标等内容的倾向。大学生对体育活动的需求不是单一的，而是高层次、多层次的，倾向于回归自然、创新和富有冒险精神的活动。增进与朋友的感情、强健体魄、陶冶情操、提高综合素质、舒缓压力、消除紧张的情绪，拥有更好的身体状态是大学生体育需求的真实写照。

第四节　学生内心的需要和欲望

一、学生内心的需要

在 1993 年 Richard Sagor 总结出人们内心都渴望得到的五种需要的满足，即：CBUPO。

1. 胜任感的需要（the need to feel Competent）。
2. 归属感的需要（the need to feel Belong）。
3. 效用感的需要（the need to feel Useful）。
4. 潜能感的需要（the need to feel Potent）。
5. 乐观的需要（the need to feel Optimistic）。

Richard Sagor 认为当一项活动能够使我们满足以上的需要时，我们就会对此项活动全身心地投入。学者们在对一所成功调动落后学生积极性的学校的研究中发现，该学校用来激励学生的方法是使学生产生强烈的主人翁感、参与感和投入感。①

掌握一项有难度的运动技巧或技能，往往需要上千上万次的尝试。每当运动者们掌握了一项新的技巧，他们就获得了一种强烈的成功体验，这种体验让他们有很强的胜任感，觉得自己是有能力的。例如，滑板的爱好者们知道要掌握技巧必须不断地练习，努力的时间越长，收获也会越大。从对付出的汗水和成功之间关系的认识上，他们可以获得最直观的自我效能感，成功来自于不懈的努力。可见，滑板运动是一项能满足人们五种需要的活动，难怪许多青少年如此热衷地投入。

---

① Richard Sagor, Lessons From Skateboarders, Educational Leadership, September 2002 p34-38.

（1）建立学生的胜任感：运动使用一种非常简单的方法来衡量学生的胜任感和个人记录。学生在练习中不断打破自己的个人记录，不断地向自己的最高峰冲刺。

（2）建立学生的归属感：学校就是青少年的社会环境，一些体能差的学生会减少积极选择运动的机会。他们往往在社会环境中会选择退缩，在社会交往中变得孤独，他们会感到自己偏离了主流。那些自己觉得脱离主流的孩子们是不可能在体育活动中投入很多精力的。教师可以在上课班级中建立起一种氛围，将那些离群的学生们引入到主流当中来。有意识地让他们参与集体决策，这样会使那些原本离群的学生们产生强烈的归属感，而这种归属感会让他们很容易融入集体。同样，上课班级的学生都穿着独具特色的服装，他们认为自己是属于一个特殊的团体的，他们相互鼓励，相互帮助，相互支持。只有共同合作，才能获得更大的成功，这种共同合作使他们更投身于集体，他们感到自己是集体的一分子。一个团队少了谁都不行，每个人都感到自己是有用的。因此，教师在课堂上选用的一些教学手段和措施也应该是欢迎而不是疏远这些学生。当教师为了达到某种教学目标设计教学活动时，就必须考虑到学生的体能和能力等各种差异和不同。当教师这样做时，才会有更多的学生理解，因为我们的教育设计总是以学生为本的。

（3）建立学生的潜能感：学生们如果相信他们有能力改变自己生命中所发生的事，他们就会对眼前的学习工作加倍努力，坚信付出与收获之间的关系，他们就会明白成功不是由别人或是偶尔的幸运决定的。有些学生始终流露出一种能战胜任何挑战的自信，对他们来说“标准”并不成为障碍，“标准”越高他们做得越好。这些学生不会因为尝试失败而泄气，因为他们坚信如果坚持，他们能战胜一切。

（4）建立学生的乐观态度：我们都知道过去是对未来的最好预见。如果过去的一些经验总是积极的，就会期望未来同样是有把握的，而如果过去总有一些不愉快的事发生，那么对于未来我们似乎难以期望会变好。那些经常能在体育课中体验到 CBUPO 需要的满足的学生们，对学习活动越投入，他们就会越坚定自己的目标。能获得艰巨任务的成功更能建立起一个人的自我价值感。如果教师想要帮助所有学生达到一个高的标准，就要首先弄清是什么动机激励着学生投入成功所需的时间和精力。必须引导学生认识到自己的进步，肯定他们所取得的成绩。必须建立这样的氛围，使每一个学生都觉得自己是集体的一部分，同学之间相互学习，彼此受益。学生还需要令人信服的证据证明努力与成功之间的关系。如果那些处在边缘的学生感到他们的教师或其他学生对他们有敌对情绪或只凭主观判断，那么以上几点对他们都难以实现。

二、学生内心的欲望

人有与生俱来的探究的需要、获得新的体验的需要、获得认可与被人欣赏的需要以及承担责任的需要，而这些需要的满足，必须有一定的教育环境和适当的教育方法。欲望是指渴望做某事或渴望完成某事的一种心理活动趋势。受遗传和环境的影响，学生都有许多欲望。基本欲望与社会的影响有密切的关系，它还受教师、家长和同学的影响。通常，每一个年龄段的学生都有相似的基本欲望，它不受身体发育的影响。学生的这些欲望为体育与健康课程的设计和制定符合学生实际的教学计划都提供了重要的依据。

（一）运动的欲望

运动是人的天性，特别是少年儿童具有永远也满足不了的运动欲望。他们愿意感受从身体活动中获得的不加任何功利色彩的快乐，对于他们来说身体活动是他们生活中重要的组成部分。但遗憾的是随着学生年龄的增长身体活动的欲望减退了，尽管这一现象的发生是由多种原因引起的，但以前的体育课程对学生运动欲望的减退不应说没有责任。体育与健康课程必须为满足、保护和进一步激发学生的运动欲望做出应有的贡献。

（二）获得成功和赞赏的欲望

学生不仅有去做某种活动的欲望，而且渴望对活动所取得的成功给予肯定。批评、不满或失败可导致学生运动欲望的减退、灰心丧气、兴趣下降、学习效率降低；鼓励、友善的帮助或成功可激发、增强和发展学生的运动欲望。

（三）被同学认可和获得社会能力的欲望

被认可是每一个人的基本需要。学生需要其他同学的认可、尊敬、关心和喜爱。体育与健康课程应提供给学生获得被他人认可的环境和氛围。学习与他人合作、培养集体主义观念和愿与他人分享成功喜悦的品质等都是体育与健康课程所追求的目标。

（四）合作和竞争的欲望

学生喜欢和他人一起学习或进行体育活动，以自己能够成为某一群体不可缺少的一员而感到心理满足。相反，如果学生有了被他人拒绝、排斥或抛弃的经历，心理就会产生沮丧、悲伤和痛苦的不良反应。体育与健康课程的设计应在学生获得竞争体验之前，先教育他们应如何同他人合作。通常，学生从融入某一群体中所得到的心理满足远远超过他们与同伴的竞争所得。

青少年渴望与同伴进行运动技能、肌肉力量或耐力的较量。当他们意识到在竞赛中有可能获胜时，这种竞争的欲望就越发强烈。假如有的学生在竞赛中就不可能获胜，那么这也就不能称其为竞赛，因为失败一方在竞赛前就已经“产生”了。公平的竞赛应使每一位参赛的学生都有获得胜利的机会。体育与健康课程就应当尽可能地为每一个学生创造和提供获得胜利的条件和机会。

（五）获得强健体魄和魅力的欲望

教师应该懂得怎样保护学生追求强健体魄和魅力的欲望。教师也应该意识到当学生身体虚弱、肥胖、有残疾或在某些方面不正常时，他们心理都会产生自卑和羞辱感。因此，无论任何学生在生理或心理上有什么缺陷或在身体形态、身体机能或基本运动技能方面与其他学生有多大差距，体育与健康课程应为他们提供一些自我发展的机会，满足他们获得强健体魄和魅力的欲望。教师在教学过程中应当注意和关心每一位学生，而不应只注意和关心少数的几位“精英”。

（六）冒险的欲望

学生都有参加一些与众不同、具有一定探险性、通常不允许或不容易参加的带有一些冒险性活动的欲望。教师应在教学内容中穿插一些学生非常感兴趣的活动，以便调动和加强他们的学习欲、参与欲和心理满足欲。

（七）创造欲望

学生在做活动的时候喜欢尝试不同的方法，喜欢体验不同的教材，渴望创造性地进行活动。教师在教学过程中应给学生留有一定的时间，让他们自己去发现，自己去创造完成学习任务的方法，满足他们的创造欲望。

（八）韵律表达的欲望

所有男生和女生都喜欢带有律动模式的活动。运动本身就表达了一种节奏，学生喜欢有节奏的运动。教学内容应给学生提供一些不同韵律的活动，满足他们韵律表达的欲望。在低年级的教学中，教师应注意学生在完成不同活动时动作本身的韵律表达，如跑步、跳绳、球类、广播体操等。

（九）知的欲望

学生具有强烈的好奇心。他们不仅对做什么感兴趣，而且对为什么这样做也感兴趣。知晓为什么做是激发学生学习动机的重要因素。在体育与健康课程的设计和课堂教学中，教师应花一些时间和精力给学生多传授一些“为什么”的知识，使教师真正实现从组织者向教育者的转变；从讲授怎样做向讲授为什么这样做转变。

第五节　课程内容选择的困难及原有选择依据的缺陷

体育课程内容的选择一直是体育课程设计的核心问题，也是体育课程设计中最棘手的问题。在以往的体育课程内容选择过程中，往往是直接将竞技运动项目移植到课程内容中来，或者简单地根据与体育课程目标对应的要求来选择内容。另外，学校的体育课程历来都被看作是传授体育知识、技能的场所。但是，现在这一观点已经受到挑战，对体育课程内容的选择需要重新审慎思考。

一、课程内容的选择是课程研究的历史难题

在过去的体育课程建设中，我们不断遇到体育课程内容选择的困惑。在当前体育与健康课程改革之中，我们依然深切感到来自体育课程内容选择的困扰。早在新中国成立前，中国就有体育教学内容的“土洋之争”；新中国成立后，也有苏联体育内容的争论和军事体育内容的进进出出；改革开放后，有“男拳女舞”和迪斯科进课堂的争论；20 世纪 90 年代“为什么要教背向滑步推铅球”的争论把体育教学内容选择的问题提升到了课

程思想的高度；进入21世纪以后，体育课程教学改革更是在体育课程内容选择的问题上遇到前所未有的困扰：多米诺骨牌、魔术杂技、电子竞技等非大肌肉群运动的内容进入了学校体育；扁担南瓜、白菜莴笋等非体育文化性内容进入了学校体育；自行车等纯生活的实用技能也进入了学校体育；劳作、手工、唱歌、情景剧等非体育内容进入了学校体育。当前，体育课程内容选择的正确与否已成为体育课程改革能否健康发展的关键问题。时至今日，我们依然在讨论体育教学内容选择的依据问题，我们依然不能完全说清楚这个问题。可见，体育教学选择的问题是一个大难题。①

毛振明等在《论选择体育教学内容的依据、原则与方法》一文中认为，体育课程内容选择问题之所以难，主要难在以下几点：

（1）体育教学内容的后备军太多，太纷杂；

（2）人们判断好体育教学内容的视角和标准很多；

（3）体育教学内容的内在逻辑性和发展性不清；

（4）地方文化和场地器材条件的差异使选择标准的具体性更差；

（5）时代的变迁对体育教学内容的变更影响巨大；

（6）体育教学内容选择的理论研究薄弱等。

但是，如果没有科学的体育课程内容的选择，科学的体育课程研究就无从谈起，体育教育工作也无从做起、体育教育的科学化更无从说起。在当前体育与健康课程教学改革不断深化的形势下，体育课程内容的精选和优选更是非常重要的重大课题。②所以，体育课程内容的科学选择就必然地成了体育教育工作的第一基础工作，也成为了体育课程研究的最重要工作之一。

现代各国课程改革实践的历史证明，课程的内容改革往往是课程改革的先导和突破口。《体育与健康课程标准》是对原有的体育课程进行深化改革，突出健康目标的一门课程。《体育与健康课程标准》的颁布本身就是对原有体育课程的理念的突破。这一突破必将引起人们对课程内容选择的反思、对课程内容选择原则的反思、对课程内容选择依据的反思，寻求

①② 毛振明等. 论选择体育教学内容的依据、原则与方法［J］. 中国学校体育，2010，(3).

课程内容选择的突破口。

二、原有的选择体育课程内容依据

（一）选择体育课程内容的依据笼统而宽泛

目前，我们还不能完全准确地说出我国体育课程现存的不尽如人意的地方及其全部原因，但主要原因是各级学校体育缺乏清楚的、明确的、相互衔接的、具有现实意义和可操作性的教学目标，传授运动技术、追求短期身体素质的提高仍在体育教学中占据主导地位。

课程目标是选择课程内容的根本依据，这一点无须质疑。但在广大的教师面前，通过宏观的、不同学段差异有限的课程目标来选择科学合理的课程内容缺乏指导性和约束性，即顶天而不立地。

（二）将体育手段或媒介异化为目的

在我国体育课程中，以竞技体育运动项目的分类作为课程内容选择的依据已是一种最常见的现象。辩证地看，以竞技项目的课程内容并非不能成为部分课程内容，问题是过于偏重这些，将影响学生培养终身体育、养成良好运动习惯、适应未来社会生活需要等一些有价值的内容被排挤在体育课程之外，结果窄化了体育课程内容的广度和范围，削弱了体育课程的价值。

体育课程教学不是不要技术，而是不能为技术而技术，应是为锻炼或健身而技术，为适应社会生活而技术。技术只是达到体育教育目的的一个手段或一种媒介，绝不是体育教育的落脚点和终极目标。如果将技术学习作为课程的主要任务，当作一种目的，那便是本末倒置了。

（三）课程内容的选择远离学生的生活世界

体育课程内容的选择极端地强调知识、技能的理论性、系统性和完整性，把学生局限在运动科学和运动技术的世界里。对学生生活世界的冷漠导致学生的生活世界成为被遗忘的角落。在课程目标上技能目标至高无上；在课程内容上，科学的运动技术的规格、形式、标准和方法等被顶礼膜拜，教师视这些运动技术的规格、形式、标准和方法等为“圣经”，使那些与学生现实生活世界或未来生活世界关系密切的课程内容被排除在课程内容的选择之外。

（四）课程标准的可操作性不强

《体育与健康课程标准》虽然实现了课程目标的多元化，但是依据两条主线索将课程目标领域划分为运动参与、运动技能、身体健康、心理健康和社会适应4个学习方面的做法，极易导致四个学习方面之间在概念内涵上的交叉，无法体现目标分类的区分性，从而使得目标在细化的过程中，遇到更多的分类障碍。①

《体育与健康课程标准》提出了目标统领内容的选择课程内容的指导意见，没有提供相对应的被选择的课程内容，以目标体系代替内容框架。从文件性的材料看，课程目标在每个学习方面的每个水平上呈递进型；从文字表述上看，不同水平之间课程目标衔接比较紧密。但在实际工作中发现，课程目标的实施方面存在着课程内容和课程内容标准的可操作性不强和操作难的问题。

虽然《体育与健康课程标准》在选择教学内容上赋予了教师很大的权力和空间，在实践教学中，这一操作由于对教师要求太高，造成可操作性不强，难以全面实施。

（五）开放与放开较难把握

课程的改革本应自下而上，课程内容的选择教师应有话语权，这一点是无须质疑的。但是，现在的问题是怎样开放或怎样放开？怎样确定选择教学内容的依据？怎样选择教学内容？怎样使创造不失教学规律？能动不失教学原则？开放不影响培养目标或课程目标的达成？这就要求体育教师必须认真思考选择教学内容的依据是什么？回答怎样才能使课程内容的选择不仅要“对”，而且还要“好”。

“对”指的是课程内容的选择方向必须明确，要具有科学性、系统性、全面性。学生通过不同学段体育课程的学习，使他们成为一名接受过系统体育教育的成年人。

“好”指的是课程内容选择具有的目的性、针对性、有效性和可操作性。所选择的课程内容目的是什么？它是针对发展学生的哪个领域或哪种

① 刘昕. 我国学校体育课程目标的改革与重构［J］. 北京体育大学学报，2005，28（11）.

身体机能和能力？它对发展学生特定的领域或特定的身体机能和能力有显著作用吗？它在学生走向社会后还有意义或还可以指导他们从事终身体育吗？

（六）“铁路警察”各管一段

多年来，我国在体育课程内容的选择上一直是小学管小学；中学管中学；大学管大学。你教你的，我教我的，相互不联系、不交流，老死不相往来，都以完成本学段教学大纲规定的任务、学生通过教学考核的项目为准绳，学生“到站下车”，万事大吉。这就不可避免地出现大中小学课程内容低层次的重复。由于上述原因，使我国至今还没有科学的、统一的、规范的、具有权威性的大中小学连贯衔接的体育课程的评价标准。不同学段的体育课程完成了任务没有？完成到何种程度？都说不清楚。如果对大中小学体育课程教育质量进行检查和评估的话，就目前的状况可以说是一项几乎不可能科学、准确完成的工作。

第六节　大中小学体育课程内容的分类及构建

体育作为学校的一门必修课程，它存在的理由是什么？它的社会价值如何体现？课程内容体现出怎样的社会价值才能够被社会认可，才会被人们所接受？回答这些问题不仅是体育教师在课程的开发和设计、课程内容的选择时必须考虑的，而且也是体育课程生存与发展的大问题。

在研究如何选择体育课程内容时，讨论最多或争论最多的一个问题就是“传授什么课程内容最有价值?”。目前在回答“什么是体育课程应传授的、最适宜的课程内容”这一问题时，主要有三种答案，即发展学生的身体素质、进行有利于身体健康的各种游戏和学习掌握体育的基础知识和培养身体的基本运动能力。

在学校，学习语文课程使学生获得了表达能力，解决了传递信息、情感交流的社会问题；学习数学课程使学生获得了计算能力，解决了整理数据、处理信息的社会问题。老百姓似乎都非常明白，年轻人学习读、写和算是非常有价值的，学习和掌握它们是为了在今后一生中使用这些技能。那么学习体育课程学生应该获得什么能力？解决什么社会问题呢？正确回答这一问题是关系到确定体育教学改革与发展方向，选择课程和教学内容的首要问题。目前学生、家长、广大的群众及社会对学校体育的态度足以说明它被承认和接纳的程度还远远没有反映出学校体育应具有的社会价值。如果我们的体育课程在大众健康方面、在适应社会和生活方面没有扮演应有的角色，没有承担应尽的义务，那么体育课程就失去了终身影响国民健康、改变不良行为、形成锻炼习惯和健康生活方式的最佳机遇，也就失去了体育课程最有价值的东西。

学校为什么要设置体育课程？学校的体育课程应该设计成什么样子？体育课程内容体系如何构建？一般来说，体育教师对这三个问题的回答都是不全面的，它恰恰反映了体育教师狭窄的经历和体验。大多数体育教师由于受地域的限制仅接触或亲自实践了一两种教材内容体系，而他们却往往认为所有的教材内容体系应该是他们正在实践的或是他们见过的那样。实际上教材内容体系应是随社会的发展而变化的。

一、课程内容与教学内容的界定与区别

课程内容是指按照一定的要求制定的各门学科中特定的事实、观点、原理、方法和问题，以及处理它们的方式。一门学科的目的和任务确定之后，就为这门课程内容的选择和组织提供了方向。课程内容的研究主要解决如何选择和组织某一学科的内容，也就是决定应该教什么和以什么样的方式呈现这些需要教的内容。

通俗一点讲，课程内容就是指在一门课程中所教授或所包含的课程知识，是有助于实现既定课程目的和任务的内容、是描述真实教学内容的领域和范围。任何特定的课程内容都可以为不同的教学目标服务；反之，不同的课程内容都可以为特定的教学目标服务。

教学内容是课程内容的下位概念，是在单元和课中教给学生的具体内容，是贯穿在体育与健康知识、发展和保护学生身心健康、运动技能、行为习惯养成和文化传承之中的各种教育内容。

课程内容与教学内容的区别在于，首先，课程内容是课程价值实现的支柱和具体化，课程内容的选择是某一学科在某一历史阶段共同的统一的标准或要求；教学内容则是教师应对具体教学情景的，因而是具体的、个别的，并能体现差异。其次，课程内容是一种抽象的存在，不能作为学生

直接掌握的对象；教学内容是具体、生动并动态变化的，是教师和学生直接操作的对象。再次，课程内容以书面概括性的文字进行表述；教学内容则是可以通过多种多样的文字和非文字手段进行表征，不仅包括形式各异的素材内容，也包括一些活动、方法、观念、实践操作等。

有组织的课程内容是做出课程设计决策时最常用的材料依据。人们运用它，是因为它反映了人类的集体智慧，代表了人类的文化遗产。课程作为有组织的知识体系的学习，被认为对文明的不断进步、系统高效的传播都是至关重要的。同时，具备这样一个知识体系也被认为是一个受过系统教育的人的重要特征。

长期以来，由于学校体育教育的理论工作者和教师，在课程内容和教学内容概念认识上的混乱，导致了理论上的模糊性和实践上的盲目，这是教师“不知道拿什么教？和怎样教？”这一现象的根源所在。

二、体育课程内容分类的基本要求

毛振明等在《论选择体育教学内容的依据、原则与方法》一文中对体育课程内容的分类提出了自己的观点和基本要求，具体内容如下：

1. 体育课程内容的分类要服从和服务于体育课程目标。体育课程内容是体现体育课程目标的手段，体育课程内容的分类要为有利于实现体育课程目标服务。依据体育课程内容具有多功能的特点，在进行体育课程内容分类是要考虑一个体育运动项目或练习的主要功能与特点。

2. 体育课程内容的分类要充分考虑学生不同年龄阶段的身心特点。体育课程内容的分类必须充分考虑学生的特点。如在小学低年级体育课程的运动技能的维度目标主要是发展基本活动能力，学生的运动活动能力相对还比较低，学生对具有情景性的游戏特别感兴趣。所以，这一阶段采用以基本活动能力与游戏的分类就比较适宜。

3. 要有利于体育教学实践。具体的体育课程内容分类要有利于体育教学中体育教师对体育课程内容的选择与安排。①

---

① 毛振明等. 论选择体育教学内容的依据、原则与方法［J］. 中国学校体育，2010，(3).

三、体育课程内容体系的组织结构图

体育课程内容体系的组织必须在党的教育方针指导下，在国家教育行政部门确定的体育课程的目的和任务的框架内进行。首先确定体育课程内容的领域和范围，其次根据体育课程内容的不同领域设定若干相应的教学目标，最后根据学校的具体条件选择能够实现这些教学目标的教学内容（图 7-3）。

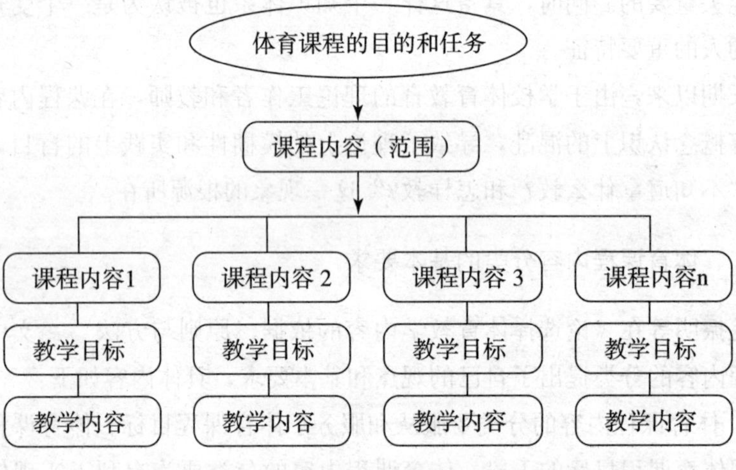

图 7-3　体育课程内容体系组织结构图

体育课程内容体系的组织结构设计是否正确，是否符合课程设计的规律，我们先看一下物理学和运动生理学课程的内容体系的组织结构设计。首先确定物理学和运动生理学课程的目的和任务；其次确定物理学和运动生理学课程内容的领域和范围，如力学、热学、声学、光学和电学；再次根据物理学和运动生理学课程内容的不同领域设定若干相应的教学目标，最后根据不同课程内容的教学目标选择具体的教学内容（图 7-4、7-5）。

根据体育课程内容体系的组织结构，我们再来审视以体育功能分类的《体育与健康课程标准》，可以发现，《体育与健康课程标准》设置并确定了运动参与、运动技能、身体健康、心理健康与社会适应四个方面的课程内容范围，并根据四个方面的课程内容分别编制了相应的课程目标体系，

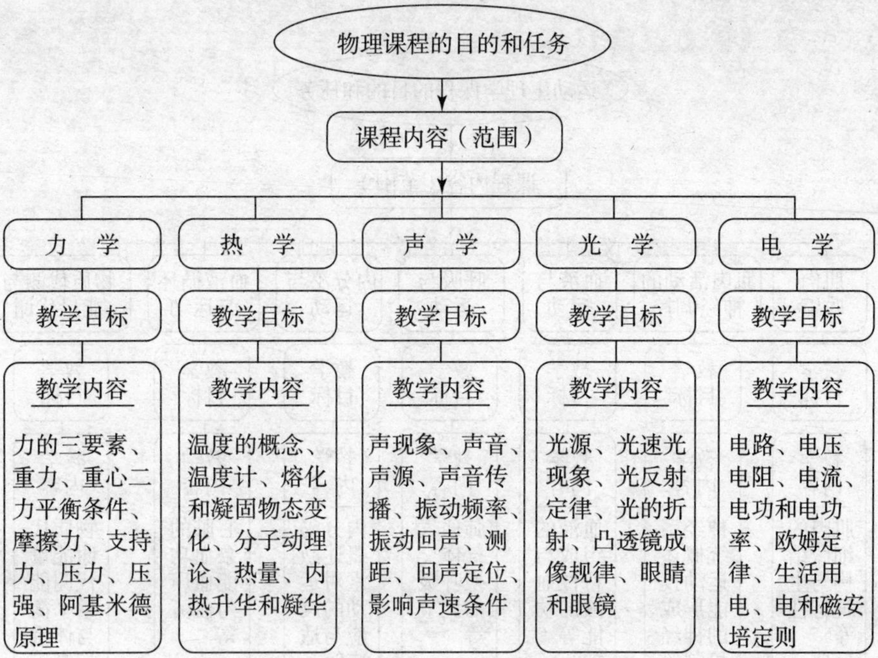

图 7-4　物理课程内容体系组织结构图

在确立课程内容和课程目标体系的基础上，提出了具体教学内容的选择原则（图 7-6）。

但是，《体育与健康课程标准》内容的组织结构和体系存在一些缺陷：

首先，运动参与、运动技能、身体健康、心理健康与社会适应的课程内容设置对于选择具体的教学内容就显得过于笼统和宽泛，除了运动技能之外，其余的三个方面很难判断和选择相应的教学内容。

其次，运动参与、身体健康、心理健康与社会适应过于抽象，选择教学内容时很难与确定的课程内容形成合理清晰的逻辑关系。

再次，运动参与、身体健康、心理健康与社会适应的概念内涵与外延均不明确，容易导致概念的误用。因为人们在正确表达概念时，首先要求明确概念的内涵与外延，如果课程内容不能明确它的内涵与外延，教师也就无法理解和正确选择具体的教学内容。

最后，“目标统领内容”所产生的问题在于，根据目标设置的“内容标准”是“目标的内容”，而不是“内容的标准”。也就是说，课程标准没

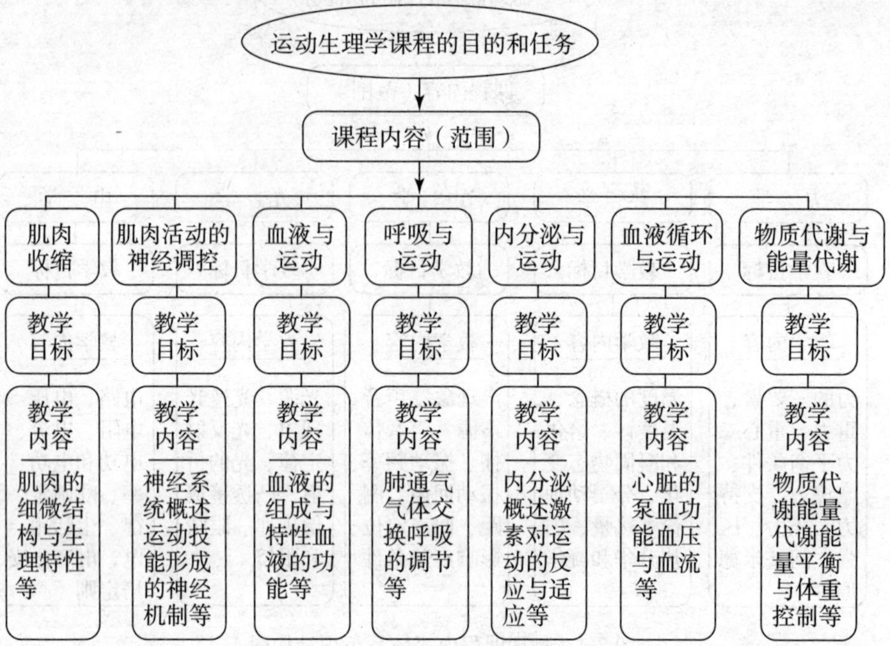

图 7-5　运动生理学课程内容体系组织结构图

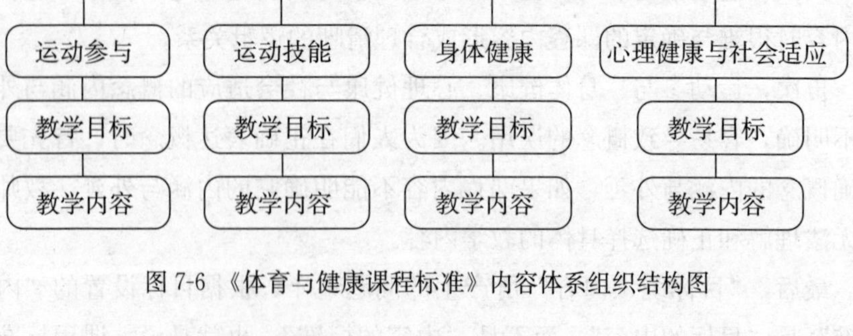

图 7-6《体育与健康课程标准》内容体系组织结构图

有规定某一水平（某一学段）的学生，应该学习什么具体的内容并应该达到怎样的标准，实际上避开了体育课程系统的选择教学内容的问题。

所以，在《体育与健康课程标准》的贯彻与推广过程中，教师不知道“教什么”或“怎样教”问题的产生也就不足为奇了。

体育教师在选择体育课程内容中能否对教材教学内容进行合理、科学的分类，是学校体育课程改革的关键，也是整个体育教育改革的瓶颈。

四、一体化体育课程内容体系的构建

体育不是汉语中的固有名词，是汉语的外来语。1902 年前后，一些在日本留学的中国学生从日本传来了体育这一术语。它的含义是发展身体的教育、建设身体的教育、完善身体的教育、增强体质的教育，与德育、智育二育并列，是教育不可分割的组成部分。因为它直接解决的是身体发展问题，所以世界各国各民族都从这个意义上重视体育。这种阐述说明了体育是完善人类身体的教育过程。体育教育过程的主要目标是完善人类的身体，配合德育、智育和美育的总目标培养全面发展的人。①

课程内容的选择具有理论性，这反映在这些选择有赖于历史和现实的事实和知识理论，但它也具有阶段性和个人性。这表现为对课程某一特定阶段的研究或某种学术倾向和偏向，或表现为政府、出版社及其某些学术群体的意志。

在对体育教育进行解释时，“体质教育”的观点；“运动技术教育”的观点；“快乐体育教育”的观点；“发展身体教育”的观点等都有可能被采用。如果我们从“身体教育”的角度对体育课程内容下定义的话，那么剩下的问题就是确定什么样的课程内容领域和范围以及选择哪些特定的教学内容了。

本书作者在查阅大量的国内外文献资料、前人研究的有关成果和对我国课程及学校体育研究的专家进行访谈的基础上，根据多年的课程研究和教学实践体验，提出了我国大中小学一体化体育课程的内容体系（图 7-7)。

---

① 于文谦. 现代体育方法学［M］. 辽宁：辽宁师范大学出版社，2004.

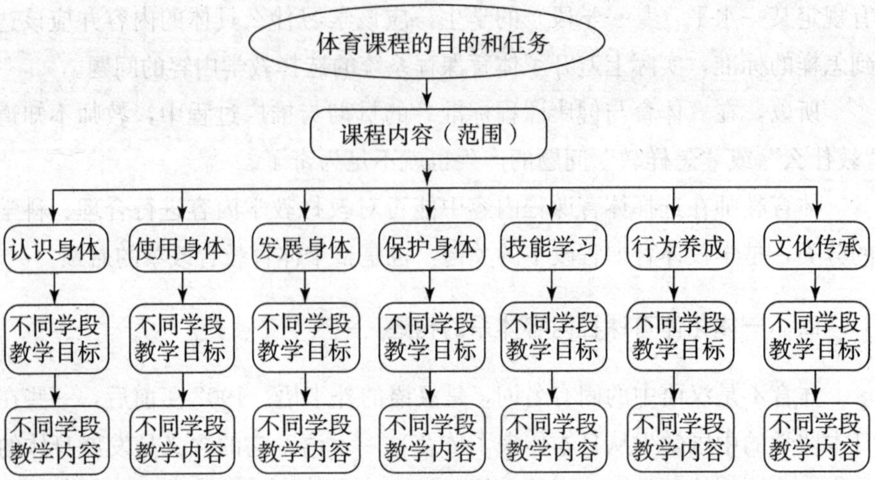

图 7-7　一体化体育课程内容体系组织结构图

五、一体化体育课程内容的诠释

一体化体育课程内容体系是根据不同学段学生身心发展的水平、人体动作形成和发展的规律以及运动技能形成的规律等来由浅入深地在七个学习方面选择适宜的课程内容。

（一）认识身体

人体科学知识反映了人类对自身认识的集体智慧。学习人体科学知识不但被认为对于体育与健康教育至关重要，而且也被认为是受过现代体育教育人的重要特征之一。所以，人体科学知识已成为体育课程设计者和决策者最普遍使用的课程基本内容。

身体既是局部之大成，也是一个超越局部的整体，没有身体，生命就仿佛缺少了一个存在的地方。生命其实不是一个抽象的字眼，它的实体就是身体，而从这个身体出发，才有了自我、思想、技能以及文化和文明。健身是体育之业，体育是健身的教育，因此体育的本质只能是“身体的教育”。进行身体教育首先我们必须认识自己的身体，了解身体的结构、身体形态、身体机能；身体生长发育的特点及规律、身体活动对身体器官、系统的影响和作用、身体在不同运动状态下的供能形式和能量来源、增加或降低体重的科学方法等，这些知识的学习和掌握是身体教育的基础，也是学习其他体育教育方面的基础。

认识身体课程内容的目的是激发探索身体奥妙的兴趣，引导学生关心身体；掌握身体变化的机理，引导学生科学地锻炼身体；发现维护健康的方法，引导学生关爱身体；理解生命的价值意义，引导学生珍惜身体。

（二）使用身体

在远古时期，人类就是依靠肢体来获得食物、维系生命和繁衍后代。二十一世纪的今天，学习和掌握如何使用自己的身体依然具有十分重要的意义。

生命与危险始终伴随而行。在日常生活中，危险无时无刻都伴随我们而行，不管我们怎样努力都逃不过这无情的事实，危险绝不会消失。危险无处不在，而我们有时并非无处可逃，我们可以学着去正确地应对和控制危险，并把它所造成的危害减到最小。

对教育的解释无论是广义还是狭义，教育的本质都离不开身心发展这四个字。而在一个人的身心发展过程中，如何自我保护和自我救援，应当是必须获得的一种技巧，也是健康身心所必备的技能。

人的手脚，不只是使用工具或走路，在某种情况下，也是直接应对自然环境的一套“工具”，如何有效用好这套与生俱来的工具，使其在特殊环境下，改变自己的命运。使用身体课程内容就是要给学生提供和发展身体的基本活动、控制身体、躯干与肢体协同配合完成动作、身体对物体的控制、提高应对突发事件、保证安全和规避风险等的内容和能力。鼓励学生学习基本的生存技能，获得社会技巧和经验，为目前和未来的生活做好充分的准备。

（三）发展身体

身体教育必须以身体培育和发展为中心。在人与运动这一对体育的基本要素中，运动只是手段，发展身体才是目的。运动只是为了强化人体这一生命活动的物质基础，体质的增强才是体育的基本功能和必然结果。根据学生身心发展的规律和特点，发展和提高学生的身体运动素质和身体健康素质来实现体育教育的身体发展目标。发展身体课程内容主要给学生安排提高学生身体各器官系统功能、练习的手段和方法以及身体素质的评价原理及方法的内容，身体运动素质和身体健康素质的发展内容要根据学生的年龄来选择和安排，二者绝不能偏颇。

（四）保护身体

身体教育又是一个培育、完善和养护人体的过程，既包括有形的成分，如养生手段、保护身体的技能、处理损伤的方法等，又包括诸多无形成分，如保护身体的知识、如何利用自然力手段和合理的膳食营养维护健康等。保护身体课程内容主要给学生传授生命和健康的价值、自然环境对健康的影响和作用、现代生活方式导致的疾病与预防、运动损伤的预防与处置、户外运动的知识和技能等。另外，对运动中自我保护技能的培养也是提高学生体育能力的一个重要方面，是落实素质教育的一个重要内容，是学生终身体育的一个护身法宝。培养学生运动自我保护能力可有效避免运动伤害事故，使学生终身受益。保护身体课程内容不仅要向学生传授相关的理论知识，更重要的是让学生学习和掌握保护身体的技能和能力。

（五）技能学习

身体活动是体育课程的本质特征，这也是与其他学科课程内容的最大差异所在。体育课程内容主要是由体育运动和身体练习所构成，它们都与身体实践活动紧密相关。使用身体课程内容解决的是躯干、肢体的基本活动能力的问题，而这些基本活动的组合及熟练地运用就形成了运动的基本技能；在身体对物体控制的前提下运用运动的基本技能就构成了不同的体育运动项目。因此，运动技能的学习和掌握对培养学生的运动兴趣与习惯、延长持续运动的时间、坚持终身的体育活动都具有十分重要的意义和作用。运动技能是一种习得能力，以此为基础的行为的结果表现为身体运动的迅速、精确、力量或连贯等方面。技能学习课程内容主要给学生传授大众比较普及的、学生喜爱的、健身价值高的、以个体锻炼为主的、与学校设施条件相适应的、能够终身参与和获益的体育运动技能。

（六）行为养成

体育属于教育的一个组成部分。教育的目的是培养人，体育的目的应该服从于教育的目的。作为教育组成部分的体育，归根结底应该承担“健身育人”的责任。因此，完善人格、遵守社会行为规范、学会理解、尊重他人、培养良好的生活方式和生活习惯、形成集体主义观念等都应成为体育课程必须传授的内容。行为养成课程内容主要给学生传授与培养社会行为规范、理解与尊重他人的行为标准、集体主义精神和互助合作的意识、运动与心理健康的知识、健康生活习惯和生活方式的培养、积极从事体育锻炼的意识和行为、自己抵制烟、酒、毒和不正当的性行为的意识和行为等。

（七）文化传承

体育文化传承问题迫在眉睫，我国中小学体育文化传承内容不仅既要继承、弘扬中华优秀民族传统体育文化，还要借鉴、吸收国外优秀的体育文化。目前中小学体育文化传承存在以下两个方面的问题：一是，我国小学阶段体育教学内容中没有体育文化传承相关内容；中学阶段体育文化传承内容主要涉及奥林匹克知识、兴奋剂、传统养生理论等知识，忽视了体育道德、体育行为、观赛和参赛礼仪等知识。我国中小学体育文化传承内容缺乏整体、系统的规划，传承内容缺少衔接和层次性。二是，我国目前的中小学体育教学内容偏重知识的传授和动作技能的传授，忽视了教学中体育文化的传承，体育文化传承的涉及范围和涵盖面窄。①

学校体育在传承和传播体育文化、满足人们健康和文化的需要方面都起着重要的作用。文化传承课程内容主要给学生传授体育在人类及社会发展中的作用、体育在国际交往中的作用、体育是人类生活的组成部分、体育对推进人的社会化进程中的作用、奥林匹克精神与文化、传统体育是中国文化及中华文明的组成部分等课程内容。

六、一体化体育课程内容的构成要素

一体化体育课程内容体系的构建部分地说是一种价值选择，它应是建立在为实现既定课程目标基础上理性和逻辑思考的结果。一体化体育课程内容体系应产生对课程目标的整体影响和作用，体现理论对实践的指导作用和实践对理论价值的验证和理解。应在充分分析不同学段学生生长发育、生理、心理、认知和情感等特点的基础上，对不同学段的课程内容进行分层次的合理安排，使大中小学的体育教学内容实现纵向与横向、知识

① 常璐艳. 我国中小学体育教学内容体系构建研究［D］. 河南大学硕士学位论文. 2012.

与技能、身体运动素质与身体健康素质等紧密联系和有序地衔接。一体化体育课程内容体系涉及以下四个构成要素：

（1）知识性内容：英国教育家斯宾塞指出："要建立一个合理的课程"首先要"决定何者为我们所不知"，"要求生活合于健康之规律，必须先知健康之规律为何物；要求生活之能合理，必须先掌握这种知识"。一体化体育课程的目的就是要使学生经常锻炼，追求健康、终身锻炼，终身追求健康。因此，知识性内容的选择要以课程目标为依据，以全面实现课程目标为准绳，为其他课程内容及终身体育的实践活动提供理论指导，为正确的体育意识和态度的形成创造条件。

（2）技能性内容：技能学习在一体化体育课程内容体系中起着重要的作用。终身体育的意识、态度、习惯和能力的培养，健康水平的提高，成功与满足的情感体验都离不开体育实践活动。体育技能是体育活动的基础，是体育知识转化为体育能力起中介作用的桥梁和纽带。技能性内容的选择要有利于促进学生的健康和发展，有利于指导终身体育锻炼。技能的学习与掌握要为学生今天与未来增强体质、增进健康服务；为学生今天与将来的体育实践服务；为将其转化为未来工作和社会生活的能力服务。

（3）素质性内容：素质性内容的安排必须根据不同学段学生身心发展的实际情况和发展水平，考虑不同学段学生身心发展的特点，突出各学段素质性内容的特点。

小学低年级应以发展学生身体基本活动的能力为主，提高他们控制、支配和运用身体的能力。小学高年级和初中年级应以发展学生身体运动素质为主、身体健康素质为辅，重点发展和培养学生的身体运动素质，为学习和掌握运动技能创造条件。高中年级应以发展学生身体健康素质为主、身体运动素质为辅。身体运动素质的发展应结合学生所选择的运动项目来进行，提高学生的专项运动素质。大学各年级以发展和保持身体健康素质为主，进一步引导学生关心和自主发展他们的身体健康素质并形成自主评价身体健康素质的能力。

（4）操作性内容：操作性内容指的是学生应用所学的知识进行实际操作的学习内容。操作性内容包括：自我健康状况的测量与评价、自我生物反馈信息的分析与判断、运动损伤的急救与处理、在一定条件下的生存与自救、在有限的空间、时间里或在无序的环境中选择适宜的锻炼方式和手段、制定科学可行的锻炼计划、根据自己的健康状况开具运动处方、在软件或其他媒体的指导下自学自练、自编自创、自组自判等学习内容。

一体化体育课程内容体系的构建其基本任务就是通过不同学段的学习使我们的学生成为接受过系统体育教育的成年人；一体化体育课程其目的就是要将今天的学生培养成为未来具有体育道德、知识和意识、养成体育习惯、积极参加体育活动和适应社会的成年人。

七、一体化体育课程内容体系的特点

1. 内容突出了“健康第一”“以人为本”“全面发展”的指导思想；

2. 内容针对性强、涉及面广，突出学科基础、注重身体教育，强调行为养成和文化传承，同时考虑到学生的现实和未来生活等方面；

3. 技能学习是强身健体的手段和媒介而不是目的，一体化体育课程内容体系使技能学习回归到它在课程内容中应有的位置；

4. 课程内容分类明确具体，便于教师认识、理解和目的明确地选择教学内容，具有明确的目的性、针对性和可操作性；

5. 课程内容的分类有利于由浅入深地在不同学段编排教学内容，使大中小学的体育教学内容相互衔接成为可能；

6. 构建起我国自己的大中小学一体化的体育课程内容体系。

第八章　体育课程内容一体化构建与国内外课程内容比较

本书的根本目的就是构建中国自己的大中小学相互衔接的、一体化的体育课程内容体系。一体化体育课程内容体系涉及认识身体、使用身体、发展身体、保护身体、技能学习、行为养成和文化传承七个学习方面进行由浅入深地选择适合不同学段学习的课程内容。

本章的目的就是将我们构建的大中小学相互衔接的体育课程内容一体化的七个学习类目与我国的义务教育“体育与健康课程标准”和美国的“国家体育课程标准”进行同意度或一致性比较，试图检验大中小学相互衔接的体育课程内容一体化在构建课程内容的体系方面的科学性、全面性和包容性。

第一节　一体化课程内容与体育与健康课程标准教学内容比较

一体化课程内容与体育与健康课程标准教学内容的归类统计表明，一体化课程内容分类涵盖了体育与健康课程标准教学内容的全部，说明一体化课程内容分类具有很强的科学性、学科性、实用性和包容性（表 8-1）。

认识身体必须与学生的认知发展规律相适应，是一个由浅入深、循序渐进的递进过程。在体育与健康课程标准中认识身体的教学内容较少，而且仅在 1～2 和 5～6 年级学段中出现，其他学段缺失，使认识身体知识传授的广度和深度受到限制，影响了认识身体知识学习的系统性、连续性和全面性。

使用身体、保护身体和行为养成与学生的现实生活和未来社会都有直接的影响和积极的意义。体育与健康课程标准中的这些教学内容相比显得不够充实和饱满，需要增加和补充。

表 8-1　体育课程内容一体化分类与体育与健康课程标准教学内容归类统计表

体育课程内容一体化分类	学段划分	体育与健康课程标准涉及教学内容
认识身体	1～2 年级	1. 知道正确的身体姿态 2. 识别正确身体姿态的能力
	3～4 年级	
	5～6 年级	1. 初步了解人体运动系统 2. 初步掌握青春期的生长发育特点与保健知识 3. 正确认识和对待身体条件和运动能力的差异
	初中年级	
使用身体	1～2 年级	1. 做出基本身体活动动作
	3～4 年级	2. 乐于参加新的体育活动、体育游戏和比赛
	5～6 年级	3. 感受多种体育活动和比赛的乐趣
	初中年级	
发展身体	1～2 年级	1. 发展户外运动能力 2. 体验体育活动对情绪的积极影响 3. 在体育活动中适应新的合作环境 4. 体验运动过程并初步了解一些运动现象 5. 积极、愉快地上体育与健康课和参加课外体育活动 6. 初步发展柔韧性、灵敏性和平衡能力
	3～4 年级	1. 改善体形和身体姿态 2. 发展柔韧性、灵敏性、速度和力量 3. 积极参加多种体育活动 4. 了解体能的构成
	5～6 年级	1. 提高灵敏性、力量、速度和心肺耐力
	初中年级	1. 在运动项目练习中提高灵敏性、速度、力量、心肺耐力和健身能力

续表

体育课程内容一体化分类	学段划分	体育与健康课程标准涉及教学内容
保护身体	1～2 年级	1. 初步了解安全运动以及日常生活中有关安全避险的知识和方法 2. 初步了解个人卫生保健知识和方法 3. 了解所学保健知识的程度以及日常的个人卫生行为表现
	3～4 年级	1. 重视体育活动和日常生活中的安全问题 2. 基本掌握体育活动、比赛和日常生活中的安全常识 3. 表现出主动规避运动伤害和危险的意识与行为 4. 了解个人卫生保健知识和方法 5. 了解近视眼预防、食品卫生、主要营养素的作用等有关知识 6. 初步了解疾病预防知识
	5～6 年级	1. 认识到适当的体育活动是一种有效的积极性休息方式，并付诸实践 2. 初步掌握运动损伤及常见意外伤害的预防与简易处理方法 3. 了解卫生防病的知识和方法 4. 了解食品安全与健康的关系 5. 学会通过体育活动进行积极性休息
	初中年级	1. 提高安全运动的能力 2. 将安全运动的意识迁移到日常生活中 3. 了解生活方式与健康的关系 4. 基本掌握卫生防病的知识和方法 5. 基本掌握青春期保健知识
技能学习	1～2 年级	1. 知道所学运动项目或体育游戏的名称或动作术语 2. 能够描述所学项目名称或动作术语 3. 教师或学生做出一些动作，让学生尝试说出动作的名称或术语 4. 体验运动过程并初步了解一些运动现象 5. 让学生在运动体验中描述力量大小、方向变化、速度快慢等运动现象 6. 学习基本的身体活动方法和体育游戏 7. 学习不同的体育活动方法 8. 初步学会常见的球类游戏 9. 学习一些体操类活动的基本动作 10. 学习一些游泳或冰雪类活动的基本动作 11. 学习一些武术类活动的基本动作 12. 学习一些其他简单的民族民间传统体育活动项目的基本动作

续表

体育课程内容一体化分类	学段划分	体育与健康课程标准涉及教学内容
技能学习	3～4 年级	1. 完成多种基本身体体验运动过程并了解动作名称的含义 2. 提高基本身体活动和完成体育游戏的能力 3. 活动动作 4. 初步掌握多种体育活动方法 5. 初步掌握几项球类活动的基本方法 6. 初步掌握一些体操类活动的基本动作 7. 初步掌握一些游泳或冰雪类活动的基本动作 8. 初步掌握一些武术类活动的基本动作 9. 初步掌握一些其他简单的民族民间传统体育活动的基本动作 10. 完成所学动作的协调性和数量
	5～6 年级	1. 学会体育学习和锻炼 2. 掌握有一定难度的基本身体活动方法 3. 基本掌握运动项目的技术动作组合 4. 基本掌握一些球类运动项目的技术动作组合 5. 基本掌握一些体操类运动项目的简单技术动作组合 6. 基本掌握一些游泳或冰雪类运动项目的基本技术 7. 基本掌握一些简单的武术套路 8. 基本掌握一些其他有一定难度的民族民间传统体育活动项目的基本技术
	初中年级	1. 简要分析体育比赛中的现象与问题 2. 提高体育学习和锻炼的能力 3. 基本掌握科学锻炼身体的基本知识和方法 4. 基本形成自主、合作和探究学习与锻炼的能力 5. 基本掌握并运用运动技术 6. 基本掌握并运用一些田径类运动项目的技术 7. 基本掌握并运用一些球类运动项目的技术和简单战术 8. 基本掌握并运用一些体操类运动项目的技术 9. 基本掌握并运用一些游泳或冰雪类运动项目的技术 10. 基本掌握并运用一些武术类运动项目的 1～2 组技术动作组合 11. 基本掌握并运用一些其他较复杂的民族民间传统体育活动项目的技术

续表

体育课程内容一体化分类	学段划分	体育与健康课程标准涉及教学内容
行为养成	1～2 年级	1. 注意保持正确的身体姿态 2. 在日常生活和运动中注意保持正确的身体姿态 3. 努力完成当前的学习任务 4. 在体育活动中爱护和帮助同学
	3～4 年级	1. 注意保持良好的体形，矫正不正确的身体姿态 2. 坚持完成有一定困难的体育活动 3. 在体育活动中保持积极稳定的情绪 4. 在体育活动中乐于交流与合作 5. 遵守运动规则并初步自我规范体育行为
	5～6 年级	1. 保持良好的身体姿态 2. 在体育活动中表现出克服困难的意志品质 3. 在体育活动中注意调节自己的情绪 4. 在团队体育活动中能较好地履行自己的职责 5. 形成良好的体育道德意识和行为 6. 在体育活动中尊重相对较弱者
	初中年级	1. 初步形成体育锻炼的习惯 2. 初步形成积极的体育态度 3. 具有坚毅果断的决策能力 4. 积极应对挫折和失败并保持稳定情绪 5. 树立集体荣誉感 6. 形成良好的体育道德行为并迁移到日常生活中
文化传承	1～2 年级	1. 观看体育比赛
	3～4 年级	1. 学习奥林匹克运动的相关知识
	5～6 年级	1. 丰富奥林匹克运动的知识 2. 了解运动项目的知识
	初中年级	1. 简要分析现代体育与奥运会发展过程中所发生的一些重要事件与问题

第二节　一体化课程内容与美国国家课程标准教学内容比较

一体化课程内容与美国国家课程标准教学内容的归类统计表明，一体化课程内容分类涵盖了美国国家课程标准教学内容的全部，说明一体化课程内容分类具有很强的科学性、学科性、实用性和包容性（表 8-2）。

美国国家课程标准教学内容中认识身体的教学内容较多，而且与学生的认知发展规律相适应，由浅入深、循序渐进的安排在不同的学段中，扩大了认识身体知识传授的广度和深度，表现出认识身体知识学习的系统性、连续性和全面性。

美国国家课程标准教学内容中使用身体的教学内容在小学阶段给予了较大的关注，而且对发展学生基本的身体活动能力均有比较详细的描述和要求。

美国国家课程标准教学内容中发展身体的内容不仅强调身体健康素质的提高，而且还涉及对活动内容的正确选择、活动的计划、活动的记录，以及对未来身体素质的发展和保持的自我设计等内容，充分体现了终身体育的教学理念。

美国国家课程标准教学内容中保护身体、技能学习和文化传承方面的教学内容要求得比较具体和详细，便于教师理解和操作。

美国国家课程标准教学内容中行为养成的教学内容最值得我们学习和借鉴。对行为养成教学内容描述和要求中出现的冲突、规则、遵从、服从、合作、分享、礼让、礼貌、承担、责任、考虑他人、友谊、挑战、成功、失败、祝贺、力所能及、检讨、责怪、情感表达、负责任、决定、勇敢、莽撞、团队、贡献、理解他人、风度、凝聚力、庆祝、包容、交流、礼节、心态、种族、伦理、冲动、贡献、调解、成就等词语就足以说明对行为养成教育方面的重视程度。养成良好的行为习惯对学生的现实生活和未来社会都有直接的影响和积极的意义。

表 8-2　体育课程内容一体化分类与美国国家课程标准教学内容归类统计表

体育课程内容一体化分类	学段划分	美国国家课程标准教学内容
认识身体	1～2 年级	1. 认识到身体活动对个人身体的益处 2. 感受到参加身体活动的效果 3. 知道高强度（如持续一定强度的跑或导致剧烈呼吸和出汗的跳绳） 4. 知道中等强度（如导致能增强呼吸频率和稍微出汗的间歇游戏或活动） 5. 知道低强度（如偶尔的游戏或活动，以至于观察不到身体变化） 6. 知道无益的活动（如站着） 7. 能够表达参加身体活动的感觉 8. 正确指出与健康相关的活动 9. 正确了解在中等至剧烈的活动中发生的几种生理变化 10. 认识到参加运动后的感觉 11. 认识到由于不同身体活动所产生的身体变化 12. 正确指出哪些是剧烈的运动 13. 剧烈运动时伴随快速心跳 14. 休息时伴随心跳减慢 15. 知道其他可以促使心脏跳得更快的身体活动 16. 认识到锻炼对减轻紧张的价值
	3～4 年级	1. 准确指出体能的每一个组成部分 2. 正确了解适于发展体能每一部分的练习 3. 正确了解适于发展体能每一部分的活动 4. 正确了解哪些活动对健康相关的不同体能组成部分的作用 5. 针对体能的每一组成部分，至少提供两项活动 6. 将活动与对应的体能组成相联系 7. 描述经常适当地参加体育活动对健康的益处
	5～6 年级	1. 正确指出最影响所选择动作表现的与健康相关的体能和动作体能 2. 正确指出参加所选择的活动可能增强的体能 3. 准确记录活动前、中、后的心率 4. 保存剧烈身体活动前、中和之后的心率记录 5. 准确指出对发展心肺体能最有价值的活动 6. 演示包括与健康相关体能的每一部分 7. 了解适宜的准备活动和放松活动的方法以及使用的原因 8. 解释参加多样活动的益处

续表

体育课程内容一体化分类	学段划分	美国国家课程标准教学内容
认识身体	初中年级	1. 在练习中和休息时，准确测得脉搏 2. 理解对所选择练习产生的生理反应（如心率增强、呼吸沉重、出汗等） 3. 正确区分身体对不同练习强度产生的反应 4. 准确获知最大心率、休息心率和心率储备 5. 决定合理地发展心血管功能的练习区间 6. 为了确定最需要改善的体能组成部分，能够正确解释来自体能测试结果的个人信息 7. 列举经常参加身体活动可获得的长期的生理、心理和文化上的益处 8. 展示对积极生活方式价值的理解
	高中年级	1. 为发展个人的体能计划，描述并展示一些基本生理原理的显著作用 2. 分析和评价个人体能状况 3. 分析并比较来自多样的身体活动对健康和体能的益处 4. 分析所选择的身体活动的益处 5. 准确评价自己现在的体能水平；建立现实挑战性的目标；设计一个计划来达到确定的目标；准确评价所达到目标的情况 6. 理解与应用体能相关的生理原则 7. 表现出对保持或改进目前体能水平所需要的行为、知识和技能的理解 8. 解释超量恢复原则，并设计一份适于这条原则的个人体能的计划
使用身体	1～2 年级	1. 能够以多种运动形式（或非运动形式）前行或侧行，并根据信号快速改变方向 2. 能够在移动时进行明显的动作快慢变化 3. 用正确的姿势行走和跑步 4. 连续地侧滚翻 5. 抛球并在球反弹两次之前接住 6. 平稳、持续地助跑踢固定的球 7. 使用身体不同部位支撑并保持短时静止

续表

体育课程内容一体化分类	学段划分	美国国家课程标准教学内容
使用身体	1～2年级	8. 能展示指定的位移动作的要点 9. 正确做出教师喊出的位移动作 10. 对多种提示做出正确反应 11. 展示多种的位移动作 12. 手指经肩部在体后接触 13. 直行或侧行的走、跑、单脚跳及连续垫步跳，并根据信号快速改变方向 14. 理解并应用物体间的多种关系（如上下、前后、旁边、穿过） 15. 理解并运用缓冲落地的技术（屈腿） 16. 选择适宜的身体部位、技术和动作概念展示动作 17. 充分活动每一个关节 18. 在练习基本动作时，能应用动作概念 19. 识别滚动的要领 20. 示范合适的滚动动作 21. 展示追逐、避让和躲闪他人的技能 22. 与音乐合拍的位移动作 23. 用身体的不同部位，对称或不对称地示范短暂的静态平衡 24. 示范几次所选择的技术要点 25. 展示3种不同的位移动作 26. 展示每一种正确的位移动作 27. 展示每一个动作的正确形式 28. 示范连续和平稳的动作 29. 应用空间认知和动作控制的概念，在一个大的团队中采用不同方式的跑、单脚跳和连续垫步，而不碰撞他人或摔倒 30. 了解并示范正确的走、跑、单脚跳和连续垫步的主要特征 31. 在得到反馈后，调整动作以取得成功 32. 列举适当数量的身体活动 33. 准确地列举个人所从事的身体活动 34. 从事攀爬、悬挂以及短暂手支撑的活动 35. 成功完成俯卧直体抬上体 36. 正确指出参与攀爬、悬垂和手支撑等活动的身体部位 37. 能在坐姿时伸直腿用手触脚

续表

体育课程内容一体化分类	学段划分	美国国家课程标准教学内容
使用身体	3～4 年级	1. 熟练使用投、接和踢的技术 2. 在不同物体上保持平衡（平衡木、大型专门物体、滑冰鞋等） 3. 使用身体不同部位支撑并保持短时静止 4. 在多种活动中，能做支撑、引体和控制身体 5. 展示一个平衡动作、滚翻动作以及一个移动动作 6. 伸展身体，快速或慢速地由脚至手的转移重量（如前手翻、手倒立、侧手翻等）
	5～6 年级	1. 组合包括所有需要的部分；准备姿势、平衡、重心移动、滚翻、落地（结束姿势） 2. 选择可以准确表现的平衡和重心转移动作（如与个人体操能力相符的技术） 3. 在平衡中保持静止 4. 组合设计具体创造性 5. 动作间的转换平稳
	初中年级	
	高中年级	
发展身体	1～2 年级	1. 确定合适的肌肉力量和耐力的目标 2. 坚持参加剧烈的活动超过 10 分钟 3. 参与的水平足以增强呼吸和排汗 4. 在持续运动时表现出明显的疲劳现象 5. 以连续的动作传接一个物体 6. 在体育课上或在游乐场进行追逐或躲闪、移动活动时，能够坚持更长的时间 7. 在体育课外，参加广泛多样的位移、非位移以及物体操作的活动
	3～4 年级	1. 参加合适的活动，来增强肌肉力量 2. 在一段特定时间内或活动中，坚持持续的有氧运动 3. 为了增强体能，经常参加身体活动

续表

体育课程内容一体化分类	学段划分	美国国家课程标准教学内容
发展身体	3～4年级	4. 准确记录校外参加的活动；知道每一活动与发展体能相适合的部分；家长在记录上签字 5. 准确指出哪个技术或体能组成部分需要改进 6. 选择合适的方法，进行技术或体能的练习 7. 对确认的某一技术或体能部分，进行至少5分钟的练习 8. 至少指出经常参加的一种运动（正式或非正式的均可） 9. 选择个人感兴趣并有意义的活动 10. 了解社区并参加更多的正式体育活动的机会
	5～6年级	1. 参加校外有组织地增强体能身体活动 2. 参加至少20分钟的靶心率的身体活动 3. 正确进行运动，以改进和保持肌肉力量和耐力、柔韧性、心肺功能以及合理的身体成分 4. 在身体教育课外，参加一种以上的中等强度至剧烈的身体活动 5. 每周至少参加三次20分钟的剧烈活动 6. 每一个学生都积极参与练习（活动）的展示 7. 身体活动和体能部分准确对应 8. 建立与个人相符的体能目标 9. 选择合适的活动以改进所需的体能 10. 有规律地参加个人体能练习计划 11. 指出几项自己喜欢的活动 12. 了解尽量多的各类身体活动
	初中年级	1. 了解所选身体活动需要的动作体能 2. 准确评价个体动作体能状况 3. 正确了解需要发展的动作体能 4. 坚持记录中等和剧烈强度的身体活动 5. 正确示范多种力量练习技术 6. 设计一个周期力量练习的计划，以达到体能目标 7. 参加校外增强体能的身体活动（如体操俱乐部、社区赞助的青年竞技运动等） 8. 参加在一定心率区间的、持续至少20分钟的身体活动 9. 在学年中至少完成三个连续七天的、周期的记录

续表

体育课程内容一体化分类	学段划分	美国国家课程标准教学内容
发展身体	初中年级	10. 准确记录关于活动类型、期间、频率和参加的剧烈程度；在记录中包括校内外的活动
		11. 示范对基本练习原则的理解，如频率、剧烈程度、练习时间和方法
		12. 学生们参加 FITNESSGRAM（体能软件）的体能测试，并达到相应年龄和性别的要求
		13. 选择合适的活动，来改善所需要的体能组成部分的状况
		14. 合理地应用练习和素质训练的原则
		15. 指出两项新的活动；按照安排的一定时间，参加这项活动
	高中年级	1. 对所选择的活动，开发一个合理的素质练习计划
		2. 参加可在社区内进行的增强健康的活动；应用公关和公民资格的知识和技能，来促进社区对活动项目的开展
		3. 有规律地参加增进健康的身体活动
		4. 感觉到参加某些活动对个人的益处，并予以反应
		5. 每周至少参加三次合适的、增进健康的活动
		6. 了解并解决限制或妨碍参加活动的问题
		7. 讨论至少两个合理的练习原则来增强柔韧性、肌肉力量和耐力以及心肺系统的耐力
		8. 提供适于该年龄段的练习，来增强体能的不同部分
		9. 提供对体能以及各部分的正确解释
		10. 在练习之后的测量中，肌肉力量和耐力得以改进（例如，可以用于肌肉力量和耐力的不同的 RM 举重、60 秒仰卧起坐、变通的引体向上、俯卧撑等）
		11. 展示合理应用选择力量练习的原则
		12. 评价个人体能状况的心肺耐力、肌肉力量和耐力、柔韧性和身体成分
		13. 设计并执行一个个人体能计划
		14. 参加多样的合理增进体能的身体活动
		15. 在一段时间后，达到个人体能目标
		16. 检测与健康相关体能的练习以及其他行为
		17. 保持健康生活方式所需的、适宜的心肺功能、肌肉力量和耐力、柔韧性以及身体成分的水平

续表

体育课程内容一体化分类	学段划分	美国国家课程标准教学内容
发展身体	高中年级	18. 使用体能评价的结果，来指导对身体活动计划的调整 19. 学生参加 FITNESSGRAM（体能软件）体能测试，并达到相应年龄和性别的要求 20. 阐述毕业后以及毕业十年后所希望的可行的身体活动 21. 正确指出在高中毕业后，所可能面对的有规律锻炼的障碍 22. 以十二年级学生应有的水平，来有逻辑地组织并书写报告
保护身体	1～2 年级	1. 安全使用器材，在不用时把器材收起来放好
	3～4 年级	1. 当有机会时，用合适的方法，安全地摆放体操器械
	5～6 年级	1. 在自我设计的活动中能够体现安全的概念 2. 指出安全活动所需要的要点 3. 建立规则和程序以强调活动中可能的安全问题
	初中年级	1. 在参加户外活动中，表现出基本的技能和安全程序 2. 在活动中展示安全参与活动的能力 3. 根据个人和他人的安全做出适宜的决定 4. 以对自身安全的行为参与活动 5. 以对他人安全负责的行为参与活动 6. 通过比较指出更能减轻紧张的活动
	高中年级	1. 在所有身体活动场合遵从安全练习的要求、规则、程序和礼节 2. 了解几条为安全参与而设计的规则和程序 3. 解释为什么以及如何使参与安全 4. 通过与他人的交流来消除可能的冲突 5. 为自己的技能练习创造一个安全的环境
技能学习	1～2 年级	1. 正确了解每项运动的投入和产生的益处 2. 了解正确投掷动作的四个特征 3. 正确标识拍球动作中所用的手的部位 4. 知道拍球的要领 5. 知道为成功表现动作所需要的动作要领 6. 知道接球的要领 7. 应用合适的反馈来改进动作表现 8. 用棒连续击球

续表

体育课程内容一体化分类	学段划分	美国国家课程标准教学内容
技能学习	3～4 年级	1. 篮球运球并能将球传给一个移动着的接球人 2. 传接篮球时动作连贯 3. 把篮球传到移动队员的前面（接球的人不必停下来） 4. 接篮球学生切入接球 5. 培养并熟练掌握一套体操动作，动作衔接平稳 6. 培养并熟练掌握一系列自创的舞蹈动作，并使之成为一套可重复的组合 7. 用正确技术跳高（远）和落地 8. 准确签订同学所做的一个投球动作的要领并提供反馈 9. 用垒球棒连贯地击打轻轻投来的球，以展示正确的握棒动作 10. 知道适当地练习会改进动作表现 11. 展示一个清楚的开始和结束动作 12. 展示动作间的平稳转换 13. 应用动作要领，与一个同伴有成效地练习上手投远 14. 正确分析所取得的练习成绩 15. 学生确实按照提示，尝试着去改进动作表现 16. 学生集中练习教师提示的要点，直到这部分表现不再出现问题 17. 结合下手投球和接球技术设计游戏；在对游戏的描述中指明所需要的动作技术和要领；准确描述在不同条件下动作要领是如何变化的 18. 确认在动作表现中同伴呈现或遗漏的要领；给同伴建议合适的练习方法
	5～6 年级	1. 投掷不同的物体，表现出准确性和力量（如篮球、橄榄球、飞盘） 2. 用手或脚运球防止对手抢球 3. 设计并表演体操和舞蹈的组合动作，包括移动、滚动、平衡和重心的流畅转移组合以及在方向、速度和程序上的变化 4. 用击球动作，连续地打一个物体 5. 在球拍类活动中，将球打到远离对手的地方 6. 当防守队员抢球时传球，当防守队员后退时控球

续表

体育课程内容一体化分类	学段划分	美国国家课程标准教学内容
技能学习	5～6年级	7. 把球准确地传到接球队员的适当位置 8. 接球队员跑动到防守队员的空位，以创造传球机会 9. 两个队员进行连续运球和传接球 10. 认识到不同投掷技术的差异 11. 对照比较为达到不同目的所需要投掷的不同物体 12. 分析个体投掷技术的准确性 13. 正确示范动作 14. 对照比较动作的不同 15. 良好地组织和有趣地表演 16. 组合在长度上与音乐一致 17. 在组合中表现出速度的变化 18. 观察、分析和改正个人动作中的错误 19. 了解基本的动作练习和素质练习的原则，以改进动作表现 20. 准确描述正确击球的动作要领 21. 准确评价自己动作表现的同一性 22. 准确指出开放或封闭动作的可能的语言提示 23. 根据两个技术间的不同，选择合适的练习内容 24. 正确指出三个进攻和防守战术 25. 知道所有的基本战术 26. 正确指出个人在运用投掷要领上的情况 27. 当运用投掷的原理时，知道投掷不同物体时的异同 28. 选择合适的练习，来改进对所选择活动的学习和表现 29. 挑选合适难度的技术 30. 遵守所选择技术的要求 31. 合理使用练习时间
	初中年级	1. 在变通后的个体和团队竞技运动中，运用基本的进攻和防守战术 2. 表演多种简单的乡村舞和四方舞 3. 球从网上通过的次数；传、垫球的组合次数；发球的成功次数 4. 正确了解技术组成和动作形成 5. 选择合适的练习程序，以利于学会并掌握技术和动作形式 6. 表现出经常参加活动所需的知识的基本技术

续表

体育课程内容一体化分类	学段划分	美国国家课程标准教学内容
技能学习	初中年级	7. 使用AAHPERD的篮球技术测验，来评价定点快速投球、传球、控制运球和防守动作（《男女生篮球技能测试手册》） 8. 解说并展示网球双打中的一些比赛战术 9. 解说自由泳出发动作的要领 10. 观看一场拥有出色运动员参加的排球比赛，描述其发球、传球和扣球成功的要领 11. 描述专项运动的训练原则和素质训练的原则 12. 安排学生观察一个变通了的网球游戏，并对两个不同的进攻战术和一个防守战术的使用进行积分 13. 能正确分析这项运动，以决定技术的组成和动作形式 14. 选择合适的练习程序，以利于学会和掌握这项运动的技术动作 15. 应用活动中获得的信息来调整练习程序，以改进技术表现 16. 适当记录对表现的反映，以对“教师”和“学生”的学习过程进行评价 17. 对所选择的活动或运动，了解其技术要素和动作形式 18. 选择合适的练习程度以学习和掌握这项活动的技术和动作形式
	高中年级	1. 展示多样的熟练游泳姿势 2. 能够使用不同的球杆来打一局高尔夫 3. 能够展示多种社交舞蹈 4. 在与对手的网球比赛中，可以在网上击球往返几个来回 5. 在排球运动中可以使用所有的基本技术和战术 6. 熟悉三种不同的运动形式 7. 运动中的动作表现熟练 8. 设计合适的练习，以改善同伴的动作表现 9. 准确确认同伴动作表现的长短处 10. 教师进行美国红十字会水平四的游泳技术考试。描述合理的练习程序，以改进这项活动的技战术 11. 连续三节课，请技术好的同学观察、评价和指导差生的技术练习，并评价技术差的学生在动作表现上的进步

续表

体育课程内容一体化分类	学段划分	美国国家课程标准教学内容
技能学习	高中年级	12. 能够流畅、有节奏地表现多种舞蹈形式（如民间舞、乡村舞、社交和创造性舞蹈） 13. 应用生物力学的概念和原理，来分析和改进自己和他人的动作表现 14. 设计一个体操套路 15. 在运用一些生物力学原理对动作解释后，予以实践 16. 准确确定所选择活动的技术组成 17. 合理发展这个动作的套路、技术和比赛 18. 开发的练习计划，合理运用来自不同的资源 19. 正确记录练习和表现，并合理应用于成绩评价 20. 准确确认活动中所需要的技、战术 21. 准确确认个人动作的好的和差的方面 22. 准确确认这项活动所需要的动作要领 23. 描述合理的练习程序，以改进这项活动的技战术 24. 提供设立个人目标的依据 25. 为达到个人活动目标应包括的适当经历 26. 在计划中，将目标与发展技能和体能结合起来 27. 在参加网球比赛时，能够以某种程度的稳定性，使用所有的基本技术、规则和战术 28. 通过红十字会中级游泳水平的要求 29. 能够在大约 12 米以外射箭，10 箭有 9 箭射中目标 30. 灵巧并熟练地操纵皮划艇通过激流 31. 在与水平相近的对手进行壁球比赛时，成功应用高级防守和进攻的击球技术 32. 在空手道中居于黑带的动作水平 33. 提供的证据包括两种不同的动作活动形式 34. 其中一种活动形式中的能力达到熟练水平 35. 以一种有效的方式在面谈中与运动员交流收集到的信息 36. 熟练掌握某一些运动的所有基本技能并具有在合适的情景中稳定运用这些技能的能力 37. 示范对某一运动的规则和战术的理解，并能够合理运用 38. 展示几个体操动作 39. 应用生物力学的原理对动作予以解释

续表

体育课程内容一体化分类	学段划分	美国国家课程标准教学内容
技能学习	高中年级	40. 针对某一项活动，设计一份长期的个人改善计划，并解释影响改进效果的身体、情感和认知因素 41. 在展示动作时，应用内在和外在的信息改进动作 42. 针对某一专门的活动（竞技运动），应用生理原则的知识 43. 识别出色的动作表现 44. 了解指导专项活动的相关科学原则 45. 正确了解指导所选择活动的心理学因素 46. 应用于专项运动相关的心理学因素 47. 选择一位优秀的运动员，通过面谈获得相应的信息 48. 正确评价这位运动员提供信息的准确性，并补充相关可靠的信息
行为养成	1～2 年级	1. 在公共空间中，找到足够进行练习的个人空间 2. 在上课时能够在个人空间内练习，或者能够返回个人空间练习 3. 运动时意识到他人的存在以及公共空间中可供使用的空间 4. 知道参加室内外活动场地的规则 5. 能够在一个小组的环境中活动，并不与他人发生冲突 6. 对教师要求集中注意力的信号做出反应 7. 当违反规则时，被提示后对此做出反应 8. 在全班集体性活动中，遵从指示 9. 对喜欢和不喜欢运动的某些方面进行交流 10. 要轮流使用一件器材 11. 能够把运动馆内的规则转化为“室外活动场地的规则” 12. 遵守在班级中建立的规章制度 13. 服从指导，有错就改 14. 能对有疑问的行为做出解释，并形成所期望的行为 15. 可以用语言或非语言进行表达对身体活动积极良好的感觉 16. 享受独自和与他人参与活动的乐趣 17. 坚持参加短时间的中等至剧烈的身体活动 18. 在日志中描述成功和失败的感觉 19. 以教师在讲解之后和活动开始之前的等待时间为依据，看学生是否迅速参加集体活动

续表

体育课程内容一体化分类	学段划分	美国国家课程标准教学内容
行为养成	1～2年级	20. 在小组活动中，表现出与他人的合作行为 21. 喜欢独自参加活动以及与他人一起参加活动 22. 微笑以及用语言或非语言的表达快乐 23. 指出几项喜欢的活动 24. 在描述活动时，情绪高涨 25. 举手来分享对身体活动的感觉 26. 在决定路线和位移动作时与他人合作 27. 愿意完成身体教育的课外作业 28. 每周至少锻炼三次 29. 每天至少锻炼 10 分钟 30. 参加需要全身心投入的活动 31. 与他人分享器材 32. 按照教师的要求练习指定动作，直到教师要求结束该练习 33. 看或听到结束的信号后马上停止练习 34. 在全班集体性练习后，诚实地报告结果 35. 依次使用场地器材，礼让同学 36. 在练习时，互相观察彼此的技能表现并相互帮助 37. 希望尝试新的活动 38. 准确解释所选择或指定的规则 39. 完成作业时付出了很多的努力 40. 通过有礼貌的语言和轮换来辅助同伴练习 41. 对练习的结果勇于承担个人责任 42. 在身体活动环境中考虑到他人 43. 表现出社会可接受的解决冲突方式的要点 44. 正确指出有合作和分享的事例 45. 提供可以使游戏和活动更合作的方法 46. 展示对个人行为的了解，以及这些行为在过去事例中与合作和分享相关的作用 47. 引证合作和分享的例子 48. 确认可以包括所有学生参与的方法 49. 认识到在游戏中所培育出的新的友谊 50. 接受来自身体活动的挑战、成功和失败的感觉

续表

体育课程内容一体化分类	学段划分	美国国家课程标准教学内容
行为养成	3～4年级	1. 为了培养健康的生活方式，经常参加活动 2. 选择一项目标适合的活动；准确确定个人需要完成的目标；定期记录接近目标的成效；显示随时间变化所取得的不断进步；在月末，达到自己制定的目标 3. 愿意把他们所写的文件夹和喜爱的活动与班级同学分享 4. 解释选择某一活动作为他们所喜爱活动的原因 5. 与班里的其他人分享感受 6. 对其他人的成功表示祝贺 7. 在完成任务后表现出个人的满足感 8. 通过记录评议，理解对个人和小组的成功 9. 作为小组的一员努力做好力所能及的事情 10. 艺术作品表现快乐的活动 11. 庆祝自己和他人的成功和成绩 12. 认真承担各自的角色，教其他同学一项活动或技术动作 13. 设计个人感兴趣的游戏、体操和舞蹈系列 14. 接受教师对个人违反规则的处理，而不对他人表露出负面的反应 15. 自我检讨出现的问题，而不责怪他人 16. 课中与教学相关的活动时间应占90％ 17. 在开始的信号发出后，小组迅速地组织好并开始练习；小组的每一成员，练习每一个动作的时间大致相同；每一小组的成员互相帮助改进动作技术 18. 作为参加体育活动的结果，体验积极向上的感觉 19. 积极努力地学习 20. 在所安排的时间内，成员集中注意进行练习 21. 确定所选择活动的合适的安全练习、规则等 22. 认识到活动间的异同 23. 通过口头和非口头的行为，表示对他人技术和能力的接受 24. 按要求完成任务 25. 表现出对身体残障人的异同的理解 26. 认识到每一个参加者的长处

续表

体育课程内容一体化分类	学段划分	美国国家课程标准教学内容
行为养成	5～6 年级	1. 为了个人爱好和好处，选择在家锻炼 2. 根据个人兴趣和能力，在校内外参加游戏、比赛、舞蹈和户外活动 3. 了解并参与在家附近的不同种类的身体活动 4. 结合社区提供的信息，完成这个图表；多种信息可以包括在图示中，如活动的类型、提供方及其地址和电话，参加的费用、特别需要的器材、登记日期和开放的时间。依照每一活动提供的情况，在图表中提供准确的信息；很好地编制和展现图表 5. 通过舞蹈交流观点和感受 6. 确定与颜色相关的情感表达 7. 按时完成日志 8. 提出对改善日常生活方式的想法。选择合适的目标；编写合适的计划；达到目标 9. 将个人感受联系到其他的活动情景中 10. 接受他人表达的感受并能够把个人感受与他人的感受联系起来 11. 很好地提交作业 12. 在实践中遵守规则和做出决定后的贯彻，能够做出负责任的决定 13. 对于教师提供的联系和改进动作的机会，能够合理使用时间 14. 能够提供对游戏或活动的改进建议 15. 在小组活动中，不需要教师近距离的监督 16. 挑选一个可以有成效地一起工作的同伴 17. 能够区分勇敢和莽撞的行为 18. 大多数人能够表现出下列适当的小组交往行为：倾听、集中注意力工作、帮助他人、提出变通的解决问题的方法、接触冲突、容纳并支持小组的所有成员 19. 了解使小组运作良好的几个关键要点 20. 知道自己和他人的共同情感经历 21. 最充分地利用练习机会 22. 在冒险活动中，与他人合作和交流

续表

体育课程内容一体化分类	学段划分	美国国家课程标准教学内容
行为养成	5～6年级	23. 渴望练习而不愿结束 24. 要努力表现出“做得对” 25. 能够寻找相似和不同技术水平的人与其共同练习，并表现出尊重 26. 安排每一个人在各自最擅长的位置，以利于组织 27. 个人参与，而不是代替所有的人的活动 28. 认识到自己的长处和短处 29. 愿意用自己的技能来帮助他人 30. 理解、认识并口头或书面表达：每一个人都能够为团队做贡献 31. 了解在身体活动中包容那些缺乏能力的人的策略 32. 了解在身体活动中缺乏能力的人所面对的挑战 33. 认识到通过游戏、比赛和舞蹈可以了解和理解自己和他人 34. 描述通过身体和动作来交流想法和感受的情况
	初中年级	1. 确认正面和负面的同伴影响 2. 在游戏和活动的规则内活动 3. 当面对行为选择时，分析可能产生的后果 4. 在解决个人冲突时，考虑到他人的权利和感受 5. 用非对抗的方式处理与他人的冲突 6. 找到积极的方式来行使独立的权利 7. 协调“从属于”一个共同团体的愿望与正在增长的独立意识的感知 8. 接受有争议的正式决定 9. 在活动中，表现出合适的自我控制和良好的运动员风度 10. 表现出对同队队员或对手的良好行为（如语言反馈、非语言反馈、当一个学生摔倒时予以帮助、尽可能展示最高水平的技能） 11. 准确记录那些关于运动员风度的积极或消极的行为例子 12. 经过一段时间，增加积极的运动员风度的行为数量、减少消极的运动员风度的行为数量 13. 对于指出的行为，提供合适的范例 14. 认识到锻炼何时或是否曾减轻紧张 15. 选择合适的替代行为

续表

体育课程内容一体化分类	学段划分	美国国家课程标准教学内容
行为养成	初中年级	16. 确定的目标之间是相关的，并且对于个人是适当的 17. 思考如何为自己和他人创造积极正面的经历 18. 展示一个工整准确的记录 19. 根据唤起的积极和消极的感觉，确定合适的经历 20. 展示一份工整准确的报告 21. 完成对所有选择人的面谈 22. 在面谈的基础上，准备一份适宜的文章 23. 展示合理的综合信息和结论 24. 知道喜欢参与身体活动的原因 25. 整个任务反映出团队的凝聚力、热情和创造性 26. 在个体交往中，关注他人的感受 27. 尊重自己和他人在生理和表现上的局限 28. 指出良好的和不良的庆祝行为 29. 对这两个运动员行为的比较，提供有力的证据 30. 认识到这些运动员对他人行为可能产生的影响 31. 指出拒绝行为的例子 32. 列举可以最大化包容的行为（如改变活动的规则） 33. 在参加身体活动时，感到满足 34. 欣赏美的和具有创作性的表现 35. 乐于学习新的活动 36. 在喜欢的活动中，增强技能（如学习策略、更有挑战性的技术） 37. 了解团体和个人竞技运动在社会性上的不同 38. 表现出具有良好美学表演的知识 39. 认识到舞蹈者在表演中是如何与观众交流的 40. 注意到舞蹈者在跳舞时是如何自我表现的
	高中年级	1. 表现出适当的礼节、交流的方法、爱护器械以及安全的活动中 2. 接受角色责任以及裁判的决定 3. 理解对其他运动员的感受 4. 确认个人有利和不利于形成健康生活方式的行为 5. 根据个人兴趣、意义和完成情况来寻找并选择身体活动

续表

体育课程内容一体化分类	学段划分	美国国家课程标准教学内容
行为养成	高中年级	6. 了解通过身体活动来与他人分享和学习的机会 7. 根据个人兴趣、意义和完成情况，来寻找并选择身体活动 8. 根据个人兴趣、能力和可能的成功，来分析身体活动 9. 对来自有规律地参加身体活动的个人益处的感觉，进行了解和反应 10. 对同伴给予的压力能够独立解决 11. 以合适的方法解决争端 12. 与参与活动的其他目的联系起来，保持良好的胜负心态 13. 滑向一个垒位的动作不伤及防守队员 14. 选择一项活动是因为自己喜欢，而不是因为所有的同伴都已经参与 15. 认识到与朋友交流为这个经历所带来的积极作用 16. 对语言攻击，选择离开 17. 在比赛中，承认对手的好的表现 18. 在冲突情景中，采取行动前，倾听各方面的意见 19. 认识到舞蹈的形式，来表达一首诗或文章的主题。将书面的作品以动作形式演绎出来 20. 正确评价实现个人目标所取得的成绩 21. 了解影响他们成就的可能因素 22. 接受对成就水平所应承担的个人责任 23. 确定一个参加者卷入的冲突；正确分析导致问题的原因；建议有意义的、可能的解决办法 24. 提供在经历中所表现出的关于成功、挑战和快乐的证据 25. 表现出对情感的认知，并在日志上表述出来 26. 发现感觉没有融入的学生，并尽最大努力以某种方式来帮助他们参与 27. 不参与拒绝行为 28. 应用游戏与其他人交流 29. 了解导致快乐和自我表现的参加因素 30. 为一个团队的成功做出有意义的贡献 31. 了解因为快乐和挑战等原因而参加运动 32. 指出参加运动的积极的作用要远远大于消极的影响 33. 指出参加身体活动的几项益处

续表

体育课程内容一体化分类	学段划分	美国国家课程标准教学内容
行为养成	高中年级	34. 有规律地参加身体活动，以达到并保持个人身体活动的目标 35. 愿意参加游戏、竞技运动、舞蹈、户外活动以及其他身体活动，来达到个人目标并保持健康 36. 了解年龄、性别、种族、伦理、社会经济状况和文化对身体活动的爱好和参与方式的影响 37. 理解个性、表现方式和活动的爱好随着一生的变化方式 38. 具有保持并改进有关身体活动的知识、体能和动作技能的能力 39. 坚持写日志超过三个月 40. 描述条件并进行可行的、全面的建议 41. 表达对个人活动爱好的感悟 42. 准确描述活动方式； 43. 订制个人的活动目标并为实现目标而锻炼 44. 鼓励其他人在所有的身体活动中应用合适的礼节 45. 用适宜的个人反应来控制易冲动的情景 46. 在活动中扮演支持者的角色 47. 与同伴轮流使用一件器材 48. 为对手和喜爱的队的出色表现鼓掌 49. 承担一个活动的领头人的角色、支持者的角色、被动跟随者的角色 50. 通过平衡领头人和被动跟随者之间的关系，来实现团队目标做贡献 51. 独立工作 52. 有效地投入高水平的工作 53. 表现出负责的行为，而不打扰他人 54. 准确描述导致调解的事件 55. 认识到导致争议的可能的原因 56. 提出合适的建议，以达到可能的积极的结果 57. 在解决争议中，理解调解人的重要性 58. 从参加身体活动中获得真实的快乐 59. 愿意参加比赛或身体活动 60. 指出不同的、可以为参加者提供快乐的活动 61. 确认活动令人愉悦的方面

续表

体育课程内容一体化分类	学段划分	美国国家课程标准教学内容
行为养成	高中年级	62. 设计一个均衡的活动计划 63. 了解快乐、成功和挑战的感觉是由于参加身体活动而引起的 64. 了解在参加的活动中可能的消极感觉 65. 有规律地参加活动 66. 准确记录参加的情况 67. 乐于与他人分享活动 68. 提前预料在这项活动上要花费的时间 69. 欣赏从这个经历中获得的社会交往 70. 清楚地表达教和参与所选择的活动的个人感觉 71. 认识到“小弟弟或妹妹”对经历的反应 72. 准确列举和分组活动；合理地指出活动间的异同；指出活动分组的共同之处 73. 正确分析与性别相关的活动方式，坚持准确记录饮食情况 74. 准确计算所吃食物的营养价值 75. 合理进行食物分析的自我评价 76. 应用食物分析，来准确评价个人的饮食习惯 77. 通过积极正面地交流，来保持同伴的动力
文化传承	1～2 年级	1. 在挑选同伴时不考虑个体差异（如种族、性别、身体残障等）
	3～4 年级	1. 表现出对自身的文化（种族）起源的了解 2. 描述所选择的活动与进行练习的环境是如何相关的（如气候、地理、历史传统等） 3. 寻找所选择的活动和今天流行的活动间的异同 4. 对来自不同背景的人表示出尊重，以及对不同文化对多样的游戏、舞蹈和体育活动的显著贡献表现出尊重 5. 愿意学习来自其他国家的游戏、舞蹈和活动 6. 了解来自不同国家的舞蹈之间异同的原因
	5～6 年级	1. 知道通过游戏、比赛和舞蹈等身体活动，可以了解和理解其他来自相似或不同背景的人 2. 在体育活动环境中，通过语言和非语言的行为，与不同种族、性别和伦理观点人的合作

续表

体育课程内容一体化分类	学段划分	美国国家课程标准教学内容
文化传承	5～6 年级	3. 指出几个所选择的游戏在原来国家和美国之间在玩法上的异同 4. 描述来自所选国家和美国在文化上对这个游戏的影响
	初中年级	1. 展示竞技运动和舞蹈对美国文化影响的理解 2. 知道由这些竞技运动“英雄”所带来的文化变化 3. 请学生了解在学校、社区或州中处于劣势的少数种族的人口数量 4. 要求学生学会来自这些种族的一个本国的游戏或舞蹈（看同学们是否可以根据其活动、音乐、服装等，猜出它是来自哪个国家） 5. 提供关注那些不同性别、文化、种族和身体能力的人的证据
	高中年级	1. 在自己的表现中，认识到公平竞争、诚实和道德行为的成分 2. 对规则的重要性表现出接受，并遵守它们 3. 讨论游戏、竞技运动和舞蹈在某一群体文化中的历史作用 4. 享受与不同背景的人在身体活动中交往和合作的满足 5. 认识到文化价值变化的作用，促进了女性参加竞技运动 6. 举例说明，法律对增进女性参与机会的价值 7. 从不同的文化中选择几个流行的游戏 8. 在大多数多种族学校中，进行这些游戏 9. 理解玩耍和游戏是文化的一部分，并能够向其他人解释 10. 认识到年龄、性别、种族、伦理、社会经济状况和文化对参加身体活动的爱好和参与的影响 11. 表现出愿意体验其他文化的竞技运动和活动 12. 发展策略，在身体活动中，包容不同背景和能力的人 13. 了解与讨论的年龄相关的影响因素；注意到这些因素是如何影响竞技运动和活动的参与者的 14. 选择一项对于缺乏能力的人适合的活动；表达对参与者的不同技术水平和背景的感触 15. 了解地理位置作为背景对列举的因素的重要性 16. 收集一个综合的吉祥物列表 17. 准确指出有问题的吉祥物以及哪个团体可能产生侵犯性 18. 为指出的吉祥物的侵犯性找出合理的原因 19. 明确表达每一项选择的活动对多文化认知的贡献

第三节　中国“体育与健康课程标准”与美国“国家体育课程标准”比较

我国“体育与健康课程标准”与美国的“国家体育课程标准”相比有不少区别。两者的区别是：中国的义务教育“体育与健康课程标准”描述的比较模糊、笼统、抽象和隐晦，具有认知的复杂性和实践的模糊性；美国的“国家体育课程标准”描述的比较清晰、具体和明确，具有认知的简易性和实践的操作性。

我国“体育与健康课程标准”与美国的“国家体育课程标准”相比，在使用身体、发展身体和行为养成方面涉及的领域较窄，内容较少，还有丰富、补充、拓展的空间。

我国“体育与健康课程标准”与美国的“国家体育课程标准”相比教学内容的广度和深度都略显不足，其原因来自“体育与健康课程标准”课程内容的分类。“体育与健康课程标准”课程内容分类不仅模糊，而且较少，导致有些必要的或重要的教学内容找不到进入课程内容的空间和位置。

通过国内外课程内容与一体化的体育课程内容体系包容度的归类统计分析，我们认为一体化体育课程内容体系涉及的认识身体、使用身体、发展身体、保护身体、技能学习、行为养成和文化传承七个学习方面能够比较全面、系统地完成体育教育的任务，实现体育课程的目标，是培养接受过系统体育教育的人的一种正确选择。

第九章　体育课程内容一体化的组织与编排

人类已跨入知识经济的新世纪，在充满竞争挑战的新世纪里，拥有大批高素质的人才是一个国家可持续发展的优势。健康的体质是思想道德素质和科学文化素质的物质基础，是高素质人才成才的物质基础，“健康第一”是新世纪合格人才和提高人类生活质量的新理念。

体育课程内容是体育教育的载体，它是根据体育课程的目标、体育课程的内在规律以及学生和社会的需要来确定的。体育课程内容体系的构建必须在这三个方面的基础上，充分考虑体育课程各个学段的目标、学生的身心特点、课程内容的纵横联系以及教学时数、教学条件等各方面的因素，使课程内容的知识和技能体系和促进学生主体社会化所需的素质结构的形成结合起来。

比较统一而又有较大约束力的教学大纲及其课程内容曾经在我国体育教学中发挥重要作用，现在应该还具有重要的指导作用。不然，构建起来的课程就是一种松散的、无秩序的和理性不足的课程，而这样的课程是支撑不起课程的持续发展的。

因此，体育课程应该有计划的编制好基本的课程内容，不可一味考虑随意性与个性而忽视计划性与共性。总之，共性的课程内容应该反映在教学计划上，个性课程内容主要反映在课堂上，而课堂的教学内容实质是源于计划而又不同于计划的内容。这样，才能使计划有所变，而变化有所依，“青出于蓝而胜于蓝”。①

体育课程内容一体化的构建是一个复杂的系统工程，我们既要认真总结我们传统的课程内容体系，也要参考国外的成功经验，根据时代发展和

---

① 包国勇等. 浙江省义务教育体育（与健康）必学内容参考书的实践研究［J］. 体育教学，2011，(6).

学生需求的实际，大胆地吸收和扬弃，从理论到实践探索构建我国自己的、科学的体育课程内容体系。

第一节　体育课程内容一体化体系的整体构建

体育课程一体化可以看作为一个完整的系统。体育课程一体化是由不同学段中各个部分有机地构成的，具有一定功能的整体，各个学段互相关联，缺一不可，否则整个系统就不能有效地实现既定的课程目标。因此，体育课程内容系统要符合下列整体要求：

首先，不同学段课程内容的组成部分是匹配的、相容的和可以衔接的；课程内容具有可传授的顺序结构；学生要有可接受的学习能力和认知水平等；

其次，不同学段课程内容的组成部分的结合应当是最佳组合，在教学手段和方法等各项措施的互相促进作用下，实现不同学段教学内容的互相衔接，互相补充，强化教学内容的系统性、整体性和对体育教学全过程的控制。

系统的整体性可解释为，不同学段部分的优秀之和并不等于体育课程整体的优秀，只有不同学段各组成部分逻辑地统一、协调于系统的整体之中才能达到整体的最优。体育课程一体化的系统方法就是把不同学段的体育课程作为一个系统整体来进行设计和构建，使之成为具有最优功能的体育课程内容系统（图 9-1）。

体育课程内容一体化体系对课程内容进行了明确的分类，对体育课程内容的选择范围进行了清晰的界定，构建了一张清晰、理想的各学段选择教学内容的网络，其目的是要解决如下问题：

（1）解决对各学段体育教学内容选择的规定性问题；

（2）解决对各学段体育教学内容选择的约束性问题；

（3）解决各学段体育教学内容选择的规范性问题；

（4）解决各学段教学内容的衔接性问题；

（5）解决各学段教学内容的编排问题；

（6）解决各学段课程教材编写范围的界定问题；

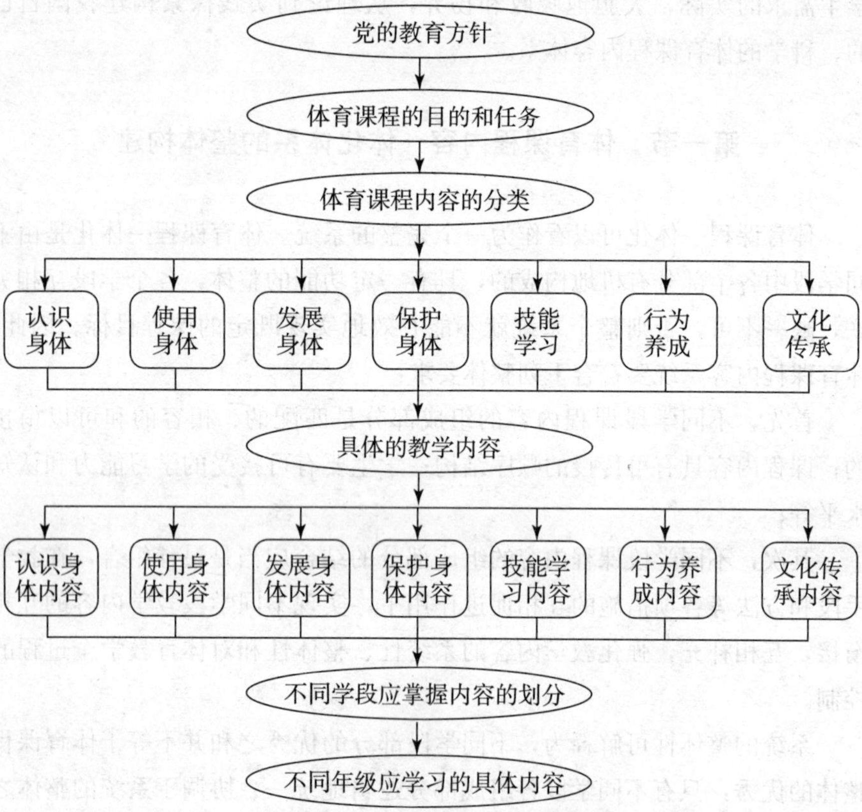

图 9-1 体育课程内容整体构建图

（7）解决各学段课程目标达成与否评价的标准问题；

（8）解决各学段体育课程质量评估标准的制定问题；

（9）解决培养系统接受体育教育的人的问题。

第二节 体育课程内容一体化体系的结构特征

体育课程内容体系的结构是指体育课程中特定的内容之间的功能组合。这个结构是学生提高身体基本活动能力、掌握体育知识、发展身体素质、维护身体健康、提高体育技术与技能、养成健康的行为与习惯、传承体育文化，实现体育课程目标的基础。它必须既能满足社会的需要，又能满足作为教学主体学生的需要。其中学生的需要是激发学生良好的学习动机，产生积极的学习行为的诱因。体育课程目标的达成是建立在相关课程内容共同作用，产生良好的综合效应的基础之上的。因此，课程内容的选择与组合是体育教学内容体系构建的关键。

一、课程内容结构的目的性

体育课程内容一体化体系的结构具有明显的主观目的性，当客观的需要和主观目的相一致时，构建的体育课程内容结构体系才是合理的。首先，在不同的学习阶段，学生对体育课程内容的需要是不一致的，体育课程的内容结构要与不同学习阶段的学生的需要相对应，体现出结构的层次性，因而需要我们在丰富的体育素材中认真遴选、合理组合，按照体育课程目标去确定体育课程内容结构。其次，体育课程内容的结构要有利于学生形成合理的认识结构、技术技能结构、能力结构和行为、文化结构。所以体育课程内容结构就要能给学生在这些方面能力的形成和掌握提供一张理想的网络，这就是体育教学内容结构的目的性。

体育课程内容一体化体系涉及七个方面，即认识身体、使用身体、发展身体、保护身体、技能学习、行为养成和文化传承。体育课程内容体系涉及的每一方面旨在解决体育教育中特定的问题：

（1）认识身体解决身体教育和体育锻炼的认知问题；

（2）使用身体解决身体基本活动能力的问题；

（3）发展身体解决身体运动素质和身体健康素质的提高问题；

（4）保护身体解决维护身体和健康的可操作性问题；

（5）技能学习解决健身强体的“工具”性问题；

（6）行为养成解决健康和社会行为的选择和矫正问题；

（7）文化传承解决体育文化的认识和理解问题。

二、课程内容结构的联系性

体育课程内容一体化体系的结构具有显著的联系性。课程内容所包括的内容从横向看具有广泛性的特点，它涵盖了体育知识的学习、人体的基本活动能力的形成、使用身体基本能力的发展、身体运动素质和身体健康素质的发展与增进、维护身体和健康技能和方法的掌握与运用、强身健体手段和技能的学习与提高、社会行为规范和健康生活习惯和生活方式的养成、体育文化的认知、理解与掌握。上述这些内容的学习和掌握，涉及一个接受过系统体育教育的人应该或必须知晓、学习和掌握的系统的、相互联系的体育教育内容。

体育课程内容一体化体系的结构还具有显著的纵向复合性。课程内容体系所涉及的七个方面都需要随着学生年龄的增长或学段的递增而相应地增加教学内容的广度和深度，不断提高课程内容体系所涉及的七个方面在认知方面、身体基本活动能力方面、使用身体基本能力方面、身体运动素质和身体健康素质的发展与增进方面、维护身体和健康技能和方法的方面、强身健体手段和技能学习的方面、社会行为规范和健康生活习惯和生活方式的养成方面、体育文化的认知、理解与掌握方面循序渐进地学习和提高。充分体现体育教学内容结构的全面性、递进性、协同性和广博性。

三、课程内容结构的包容性

体育课程内容一体化体系的结构还具有显著的包容性。体育课程受地域、气候、场地设施等条件的影响和制约之大与其他课程是有所不同的。因此，在一体化体育课程内容体系的构建中已经充分考虑到体育课程的特点，特别是在使用身体、发展身体、技能学习的内容选择中具有很大的包容性。只要有利于人体的基本活动能力的形成，使用身体基本能力的发展的内容，在现有的教学条件下又具有可操作性的内容都可以作为使用身体的教学内容。同样，只要有利于学生身体运动素质和身体健康素质的发展与增进、强身健体手段和技能的学习与提高的内容，在现有的教学条件下又具有可操作性的内容都可以作为体育课程的教学内容。

四、课程内容结构的动态性

体育课程内容一体化体系的结构还具有显著的动态性。体育课程内容结构必须跟上体育科学的发展步伐，符合社会发展和大众的需求，课程内容结构的构建必须具有动态性。随着体育科学研究的不断深入，对人体的认识、新的体育锻炼方法与手段的产生、运动方式与运动行为对身心影响研究成果的取得等诸多方面，都会产生新的知识和理念，新的身体活动方式、新的提高人们身体健康与运动素质的手段与方法、新的运动技能，这些新的知识、技能、方法与手段等都可以从一体化体育课程内容体系的结构的不同方面中反映出来，融入体育教学内容体系结构之中。因此，一体化体育课程内容体系各方面所涉及的具体内容可以是动态的，而一体化体育课程内容体系的结构是不会轻易改变的，这就保证了一体化体育课程内容体系的相对稳定性和延续性。

五、课程内容结构的全面性

体育课程内容一体化体系的结构还具有显著的全面性。一体化体育课程内容体系涉及认识身体、使用身体、发展身体、保护身体、技能学习、行为养成和文化传承的七个方面，涵盖了接受过系统体育教育的人所应学习和掌握的基本内容。一体化体育课程内容体系的结构体现了知识的传授、适应生活和社会的人体基本活动能力的培养、身体素质的发展与提高、维护身体与健康的手段与方法的获得、运动技能的学习与掌握、社会行为规范与健康生活习惯和方式的养成以及体育文化的理解和传承，表现出体育教育认知、技能、身体发展与情感领域等的全面性。

第三节　体育教学内容一体化的组织与编排

体育教学内容的组织与编排是将选择出的体育教学内容合理地安排到不同学段、不同年级、不同学年、不同学期、不同课堂中去的过程，使其具有一定的系统性、整体性和力求教学内容在不同学段的相互衔接。

一、教学内容组织编排的三种主要观点

目前，教学内容组织编排较有影响力的三种主要观点如下：

1. 布鲁纳提出的螺旋式编排教学内容的主张。根据学生的智力发展水平，让学生尽早有机会在不同程度上接触和掌握某门学科的基本结构，以后随着学生在智力上的成熟，围绕基本结构不断加深内容深度，使学生对学科有更深刻和有意义的理解。

2. 加涅提出的直线编排教学内容的主张。他从学习层级论的观点出发，把教学内容转化为一系列习得能力目标，然后按照这些目标之间的心理学关系，即从较为简单的辨别技能的学习到复杂的问题解决技能的学习，把全部教学内容按照等级来排列。

3. 奥苏贝尔提出的渐进分化和综合贯通的原则。渐进分化是指“该学科的最一般和最概括的观念应首先呈现，然后按细节和具体性逐渐分化”；综合贯通是强调学科的整体性。

我国传统体育教学内容编排一直遵循着“直线式排列”和“螺旋式排列”或以及两者混合而成的“混合型排列”。强调依据教学内容的性质来选择体育教学内容的编排方式，对锻炼身体作用大的教学内容选择“螺旋式排列”；对知识性教学内容选择“直线式排列”。

上述体育教学内容编排的理论是建立在以学习和掌握运动技术为主的课程理念下产生的；是在通过有限的体育课堂教学时间内使学生熟练掌握运动技能的良好愿望下产生的，技术学不会就要再学，就要再安排这个内容，形成了教学内容的不断重复，导致了“大学生和小学生都在学蹲距式起跑和推铅球”、“从小学到大学前滚翻一滚到底”这种现象的恶性循环。

其他学科仅仅依靠在有限的课堂教学时间内学生就可以熟练掌握教学内容。事实上，学生为掌握其他学科的教学内容在课堂之外所花的时间是课堂教学时间的数倍。那么，我们有什么理由要求体育教学内容就必须在课堂上熟练掌握呢？关于“体育教学内容就是要重复”和“体育教学不能低级重复”这两个本不矛盾观点的无谓争论，也就是因为我们还不敢实事求是地回答上述问题所导致的。如果我们敢于承认和认同学生在有限的课堂教学时间内没有熟练掌握教学内容真正原因的话，也许体育教学内容编排的一些争议或纠结就可以得到缓解。

由于体育学科的种种特性，体育教学内容的组织及编排面对着许多逻辑上的问题，既不能完全像其他学科从易到难地编排，也很难在各个运动项目之间找到他们之间的相互关系。长期以来，我国对体育教学内容组织及编排的理论研究不够，仅有的“直线式排列”、“螺旋式排列”以及“混合型排列”的理论又不够严谨，造成了长期存在教学内容整体和总量上繁杂，具体教学中内容低级重复、少有进步等问题。

目前，《体育与健康课程标准》已经取代最集中反映体育课程内容组织及编排问题的《体育教学大纲》，体育课程内容的选择正朝着“开放”与“放开”的方向发展。但体育教学内容的组织及编排问题却依然存在，而且体育课程内容的选择越是“开放”和“放开”，教学内容组织及编排的问题就越显得突出和关键。①

二、教学内容组织编排的顺序

长期以来，我国各级学校体育课程之间的纵向和横向的联系不够紧密，产生了一些内耗。例如，大中小学体育课程的一些教学内容之间，既有不必要的重复，又有衔接不紧之处。教师在安排体育课或课外体育活动的内容时，往往是根据学校场地、器材以及教师的喜好、特长来进行，对学生的身心发展需要、教学素材的递进性和身体活动的特性与属性没有给予充分的考虑，这样做违背了教学内容编排原则，使教学内容缺乏科学性、递进性和系统性。

国家《体育与健康课程标准》的出台是我国体育教育史上一项重大的课程事件，的确可喜可贺。但同时，我们必须清醒地看到，《体育与健康课程标准》的制订并没有完全解决各学段体育课程内容一体化的问题。这样，各学段体育与健康课程的课程内容，在健康第一体育课程指导思想的大背景下，不必要的重复就不可避免地会再次发生，导致大中小学课程衔接不紧的问题会再次凸现，如关节挫伤的4步处理方法（停止运动、冷敷、加压包扎、抬高肢体）等教学内容有可能在大中小学的教学内容中再次重复出现。

编排教学内容的另一个问题就是要对不同教学内容的前后顺序做出决定。教学内容的安排不仅应该确保其连续性，即课与课之间、单元与单元之间、学期与学期之间、学段与学段之间，而且还应遵循循序渐进的基本原则。影响决定教学内容先后顺序的因素有：

第一，学生身心的生长发育水平或学生身心的发展水平是否已经具备了学习特定教学内容的条件，这是一个重要的影响因素。例如，生命的价值、能量代谢的学习和理解需要许多知识来支撑，对于正处于认知发展初

① 盖清华. 体育教学内容的合理分层与排列［J］. 基础教育课程，2008，(2).

期的儿童来说就显得过于抽象，故在小学阶段也不应安排这些教学内容。运动技能的学习和掌握需要身体具有高度的协调性，所以不应将此教学内容安排在小学低年级进行学习。有利于发展人体力量、速度、时间感觉、空间感觉等的教学内容，应安排在复杂动作技术和战术的教学内容之前等。

第二，学生的兴趣和学习动机。学生对特定教学内容或理论讲授所涉及话题的兴趣随着年龄和季节的变化而有所不同。教学内容的安排如果能与学生的兴趣点相吻合，将有利于激发学生的学习动机，提高教与学的效率。在学期教学内容的安排上，应将那些对学生具有吸引力的、有“魅力”的教学内容安排在前或贯穿于学期的不同阶段，这也是激发学生学习动机的一种策略。此外，教学比赛通常也被作为一种有效激发学生学习动机的策略。

第三，在课堂教学的基本任务展开之前，应对学生即将面临的学习任务进行理论阐述或技术动作的分析，通常称之为任务分析。事前的任务分析对学生理解学习内容，更好地完成学习任务都有非常积极的意义。

教学内容的纵向安排和横向安排是比较常用的两种方式。教学内容安排的纵向顺序是指教学内容的逐年衔接。教学内容的纵向安排一般采用两种方法：

一是线性安排，即学生完成一项学习任务后就转向另一新的学习内容，不重复旧的学习内容。

二是比较常用的螺旋形安排，即学习过的教学内容在下一学期或学年重新出现，但在内容的难度和要求上有所提高，这样的安排有时也许要重复数次，每次教学内容的难度都要加大，相关的理论知识都要扩充。采用螺旋方式安排教学内容时，需要注意的是每学年的教学内容安排要有利于知识的衔接，有利于动作技能的掌握与提高，谨防毫无目的的简单重复。

教学内容的横向安排指的是学期或学年教学内容安排的先后顺序。教学内容横向安排的常用方法为集合法和复合法。

集合法是指在连续的数周内安排相同的教学内容。

复合法是指每周或每周的每次课的教学内容都不同。采用复合法安排教学内容，它着重突出每次课学习的一个方面，强调教学内容的多样性和足够的刺激变化频率。由于复合安排法的特点与小学生身心发展的特点相吻合，所以常被小学采用。

三、学段的划分

根据有关教育心理和运动心理对学生身心发展的特点的研究和分段，小学至大学的体育学段一般可以分成：小学低年级、小学中年级、小学高年级、初中、高中和大学六个学段，也有学者将小学分成 1-3 年级和 4-6 年级两个学段的。但小学三年级的学生和刚入学的一年级学生、小学四年级的学生和已经进入发育期的六年级的学生在体育经验和身心发展方面还是具有很大的差别。① 所以本作者认为还是将小学分成三个学段比较合适。

四、教学内容的组织与编排方法

在组织教学内容时，我们必须认真研究各学段教学内容应该由哪些“部件”组成？每一“部件”又应该包括哪些“零件”？在不同学段教学内容的“部件”和“零件”的组合各有什么特点？怎样在不同的学段中合理有序地编排这些“部件”和“零件”才能做到不同学段教学内容的衔接，发挥体育教育的整体功能，才能使受教育者获得全面、完整、系统的体育教育。

第一步：对从小学一年级到大学体育课程要传授的七个方面的课程内容分别进行类别梳理和范围划分。然后对应不同课程内容类别、学段填写具体的教学内容。例如：在小学生使用身体课程内容的类别中，具体的教学内容为：移动、跳跃、悬垂、攀爬、翻滚、钻越、抛接、搬运、负重、支撑和平衡等（表 9-1）。

---

① 毛振明. 对体育课程整体设计（大中小学课程衔接）的研究 [J]. 北京体育大学学报，2002，25（5）.

表 9-1 体育课程内容一体化分类一览表

学段＼教学内容	认识身体	使用身体	发展身体	保护身体	技能学习	行为养成	文化传承
小学		移动、跳跃、悬垂、攀爬、翻滚、钻越、抛接、搬运负重、支撑、平衡等					
初中							
高中							
大学							

第二步：根据课程内容类别，按照一定的逻辑关系和难易程度，对具体的教学内容进行由浅入深、由易到难的分解选择并罗列填入表格中（表9-2、9-3）。例如，按照由易到难循序渐进的原则，小学生使用身体的平衡类教学内容依次包括：原地平衡、闭目平衡、移动平衡、一点平衡、多点平衡、器械平衡、支撑平衡和协作平衡等。

第三步：将已确定的教学内容由易到难地安排到不同的学段、不同年级，或不同学期中去。

例如：在编排教学内容时，从难度等级低的教学内容开始，不同的学段、不同年级，或不同学期的教学内容既有难度等级低的重复内容，又有高于上一难度的新授内容。重复内容的广度、深度以及练习的形式和方法应富有变化（表 9-4）。

表 9-2　小学生使用身体教学内容细目一览表

	移动	跳跃	悬垂	攀爬	翻滚	钻越	抛接	搬运	负重	支撑	平衡
A	换支点移动	水平跳	单臂悬垂	地面爬	前滚翻	静止物体钻越	地面接	平衡搬运	上肢负重	双臂支撑	原地平衡
B	倒退跑	单足跳	双臂悬垂	攀爬障碍	后滚翻	行进间钻越	空中接	负重搬运	下肢负重	单臂支撑	闭目平衡
C	弧线跑	垂直跳	屈臂悬垂	爬　绳	卧滚翻	攀爬钻越	抓物体	滚轮胎	躯干负重	前支撑	移动平衡
D	闭合走	跨越跳	悬垂移动	翻越障碍	侧手翻	跳跃钻越	物体接	合作搬运	自身负重	后支撑	一点平衡
E	协作移动	变向跳	协作悬垂	悬垂攀爬	斜面滚	俯卧钻越	身体接	速度搬运	负重他人	器械支撑	多点平衡
F	协作跑	综合跳	悬垂对抗	攀爬天梯	跳跃滚	合作钻研	变化接	灵敏搬运	负重移动	合作支撑	器械平衡
G	轮　滑	器械跳	悬垂搬运	攀爬软梯	合作滚	钻研游戏	移动接	协调搬运	合作负重	支撑移动	支撑平衡
H	骑自行车	组合跳	综合悬垂	攀爬组合	综合滚	综合钻越	综合接	综合搬运	综合负重	叠罗汉	协作平衡

表 9-3　发展身体教学内容细目一览表

	速度	力量	耐力	灵敏	柔韧	协调
A	短距慢速	下肢力量	短距有氧耐力	不规则线路走跑	肌肉的伸展性	上肢与物体
B	短距快速	上肢力量	短距无氧耐力	固定物体的躲闪	关节活动范围	下肢与物体
C	快慢交替	躯干力量	中距有氧耐力	移动物体的躲闪	上肢柔韧性	上下肢与物体
D	中距快速	力量速度	中距无氧耐力	对信号变速变向移动	下肢柔韧性	上下肢配合能力
E	长距慢速	力量耐力	长距有氧耐力	接、触不同方向高度的物体	躯干柔韧性	有节奏全身活动

表 9-4　小学生使用身体不同难度等级教学内容编排一览表

等　级	一年级	二年级	三年级	四年级	五年级	六年级
A	A					
B	B	B				
C	C	C	C			
D		D	D	D		
E			E	E	E	
F				F	F	F
G					G	G
H						H

五、教学内容组织与编排的基本原则与要求

我们对体育课程内容要传授的七个方面进行分类和具体化后，就可以根据不同的学段、不同年级学生的身心发展、认知、技能水平的特点，进行组织和编排教学内容。在进行上述工作之前应当考虑，所选择的教学内容是全体学生都必须学习的，还是学生对这些学习内容可以有选择的自主权。确定了这一原则后，教学内容的选择就有了比较明确的方向及需要具体考虑的教学资源和教学条件等问题。然而，对教学内容的选择所做出的决定必须与课程的理念相吻合，以有利于实现设定的课程目标为依据。在组织和编排教学内的这一环节中，需要参考以下原则和基本要求来进行：

1. 按不同学段学生身心发展的水平和实际程度来组织和编排教学内容。同一类教学内容出现在不同学段的时候，其中的教学内容（如某些身体基本活动、运动技术动作及动作组合）应该符合学生的身心发展特征。

2. 根据不同学段学生的认知发展的水平和思维特征编排教学内容。学生的认知发展有着阶段性特征，随着年龄与经验的变化而不断发展。如小学生处于感觉动作阶段，适合选用游戏类的、接近学生生活经验的教学内容。但在安排具体教学内容的时候，既要考虑年龄（生物成熟）方面的认知特征，还要考虑因经验而带来的成熟发展。

3. 按身体运动素质和身体健康素质发展的规律和敏感期组织和编排教学内容。身体发育、体能机能的发展以及动作的发展均存在着敏感期，在“敏感期”这个时段中，提供足够的环境刺激最有可能发展某一特定的身体素质。而且还可以有效避免动作发展及体能方面的延迟、缺陷、偏废、不熟练、不协调等，为体质强健、体能保证以及运动技能的学习夯实基础。

4. 遵循先基础后专项的原则编排教学内容。依照动作发展的金字塔理论，基本动作越扎实，越宽泛，越容易使学生在后期学习掌握更多更复杂的专门技术动作。

5. 按由简到繁的原则组织和编排教学内容。教学内容安排要体现从易到难，贴近学生的认知和身体发展水平，让学生走向教学目标而不是跑向教学目标。

6. 按全面发展的要求，在不同学段兼顾一体化体育课程要传授的七个方面的课程内容组织和编排教学内容。

7. 教学内容的安排要坚持循序渐进和温故而知新的原则，特别是运动技能的学习和掌握。

8. 教学内容的安排要坚持规定性与灵活性相结合的原则。因为同一学段学生身心发展的水平是相对的，而不是绝对的；各学校的教学条件也是不同的、社会的进步与发展、科学研究的新成果、社会对人的发展与要求也都会发生变化，因此教学内容本身也会随着方方面面的变化而改变，在教育领域中绝对统一的、一成不变的事物是不存在的。

9. 教学内容的安排要注重可置换原则。运动项目具有很强的可替代、可置换性，比如为了提高学生使用身体的能力，除了身体基本活动能力外，舞蹈、体操、跑酷、攀岩、爬树等都可以提高学生使用身体的能力；又如发展学生心肺器官的功能能力，可以采用耐久跑、越野跑，也可以用跳绳、长走、骑自行车等项目替代。同一教学内容进行纵向编排时，既需要挖掘本内容可以用哪些手段和方法又要考虑本校的实际情况，运动项目的可替代、可置换性给我们提供了灵活选择教学内容和科学使用教学手段和方法的可能。

第四节　技能教学内容的组织与编排

为了更好地陈述和解释体育课程技能教学内容组织与编排的技能和方法，突出技能学习内容组织与编排的特点，所以将它单独列为一节来进行阐述。

体育课程技能学习内容与其他课程内容不一样，技能学习课程内容分类下的各项教学内容之间没有比较清晰的由易到难、由简单到复杂的阶梯性结构，以及明显的从基础到提高的逻辑结构体系。它是由众多的相互平行的运动项目和身体练习组成，而且这些运动项目就增强体能、维护健康等方面还具有明显的可替代性的特点，如健身走从儿童到成年人甚至老年人都可以进行，游泳项目也是如此，这就为体育课程技能学习内容的组织与编排增加了困难和难度。

技能学习的内容很多，有体育游戏、竞技运动项目、休闲娱乐项目、民族传统项目、新兴体育项目等。我们在技能学习的课程内容中可以将上述项目按集体技能学习内容、个人技能学习内容和户外休闲技能学习内容进行分类（图 9-2）。小学和初中技能学习课程内容应以集体技能学习内容为主；高中和大学技能学习课程内容应以个人技能学习内容和户外休闲技能学习内容为主，为他们走向社会后的终生体育锻炼培养技能、适应便于锻炼的外部条件。

一、技能教学内容的分层与排列举例

（一）技能教学内容编排的循环周期

2008 年盖清华在基础教育课程杂志上发表的《体育教学内容的合理分层与排列》一文中，将体育教学内容的组织与编排放到层次的范畴内去考虑，提出了“精学类”“粗学类”“介绍类”和“锻炼类”四个层次的教学内容。由于体育运动项目具有的非阶梯性、可替代性，以及体育学习中不同运动技能的形成的阶段性特点，所以盖清华的这个分层理论对技能学习教学内容的组织与编排是非常有意义的。盖清华在文章中对体育教学内容

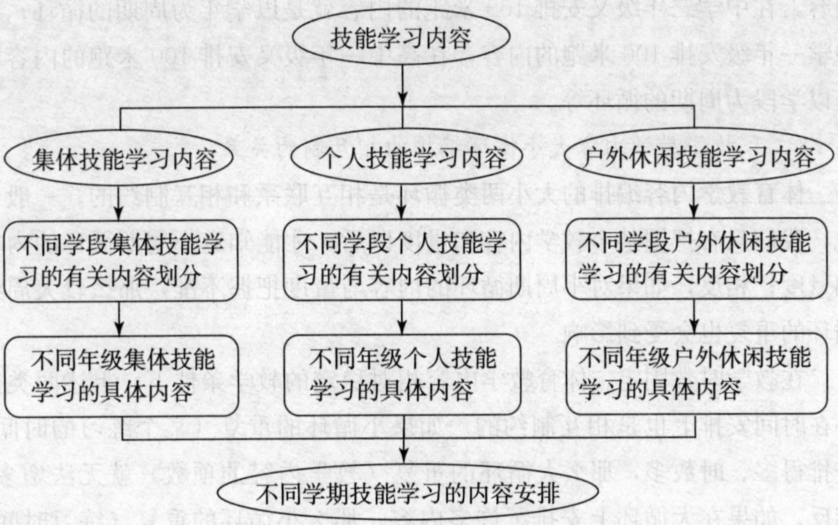

图 9-2　技能学习内容的分类

编排中的"循环周期"现象、小循环、大循环都做了明确的论述与界定。①

所谓教学内容编排中的循环周期是指同一教学内容在不同学段、学年等范围内的重复安排。这种循环有以课为周期的循环、以单元和学期为周期的循环（小循环）、以学年为周期的循环、以学段为周期的循环（大循环）等。

小循环是指学生对运动技术的掌握是靠不同周期循环的合理安排和相互作用而实现的。较小周期的循环可以有效地帮助学生掌握局部性的知识和技能，短时间内的重复可以使学生尽快地通过泛化、分化和自动化的三个阶段去掌握运动技术。

大循环是指可以在更大的范围内使学生发展某一方面的运动技能，并使之相互连接起来，同时还具有温故而知新和再次享受某个项目乐趣的作用。

例如，上节课有 100 米跑的内容，下节课还有 100 米跑的内容就是以课为周期的循环；在上学期安排 100 米跑的内容，在下学期还安排 100 米跑的内容就是以单元和学期为周期的循环；在中学一年级安排 100 米跑的

① 盖清华. 体育教学内容的合理分层与排列 [J]. 基础教育课程，2008，(2).

内容，在中学二年级又安排100米跑的内容就是以学年为周期的循环；在中学一年级安排100米跑的内容，在高中一年级又安排100米跑的内容就是以学段为周期的循环等。

（二）技能教学内容大小循环编排的相互制约关系

体育教学内容编排的大小两类循环是相互联系和相互制约的。一般来说，我们只有把握某个教学内容和量度以后，才能知道小周期循环的内容和量度；相反，如果对小周期循环的内容与量度把握不准，那么较大周期循环的重复也会受到影响。

在教学时数固定、体育教学内容相对稳定的教学条件下，上述两类循环在时间安排上也是相互制约的。如果小循环的重复（某个练习的时间）安排得多、时数多，那么大循环的重复（教学内容的项数）就无法增多；相反，如果在大循环上安排了许多内容，那么小循环的重复（练习时间）就会变少，学生就很可能学不会动作，体育教学就会变成“蜻蜓点水”。

（三）技能教学内容排列方式和“循环周期”之间的关系

当我们搞清楚体育教学内容编排的“循环周期”，关于教学内容的编排方式也就有了新的思路。因为教学内容编排方式和“循环周期”之间有着密切的关系。

如果我们以小周期循环的多与少为纵轴，以大周期循环的多与少为横轴相交画一个象限图，可以看到技能教学内容可分为四种不同功能和形态的层次，“精学类”即“粗学类”“介绍类”和“锻炼类”四个层次（图9-3）。①

（四）四类教学内容编排的目的与要求

1.“精学类”教学内容

精学类教学内容的目的是通过多年甚至是十二年的系统学习来满足学生掌握运动技能、体味运动文化的需求，让学生体验运动的乐趣和感受技能学习不断进步的成功感，从而使学生热爱体育，完成技能学习的课程目标。所以，精学类教学内容要采用超大单元安排教学，做到“多餐多吃”，切实提高学生的运动技能。

---

① 盖清华. 体育教学内容的合理分层与排列［J］. 基础教育课程，2008，(2).

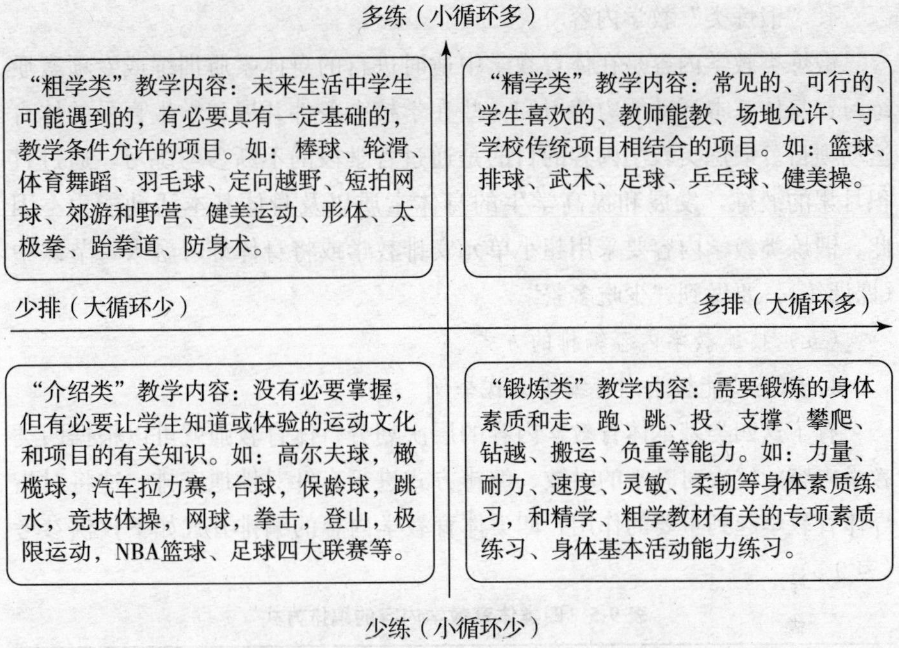

图 9-3　四层次技能学习教学内容编排图

2.“简学类”教学内容

简学类教学内容的目的是通过一定时间的学习，学生初步掌握运动项目的基本要领，使学生掌握多种运动技能并体验运动的多样性，体会运动文化的博大精深，满足学生对掌握多种运动技能和体验运动多样性的需求，在多种运动中体会集体合作和公平竞争以及积极进取、克服困难等感受。简学类教学内容对引起兴趣、奠定基础，增加选择、拓宽运动途径都有积极的意义。所以，简学类教学内容要采用大单元安排教学，做到一次“吃饱”。

3.“介绍类”教学内容

介绍类教学内容的目的是向学生全面介绍体育运动文化和体育项目知识或对某些体育项目的体验性学习。介绍类教学内容适用于进行多媒体教学，使学生从理性的层面深刻地认识运动的实质，进而贴近体育，热爱体育，实现文化传承。因此，介绍类课程内容要采用小单元安排教学，做到一次“品尝”。

4."锻炼类"教学内容

锻炼类教学内容是在体育教学中适时进行的身体素质训练或专项素质练习、身体基本活动能力练习和一些在学校有条件开展和学生喜爱的体育运动项目。锻炼类教学内容的目的是通过各学段的不断参与练习，通过日积月累的锻炼，发展和提高学生的身体素质以及身体基本活动能力。因此，锻炼类教学内容要采用超小单元安排教学或将身体练习融入每节课中（课课练），要做到"少吃多餐"。

（五）技能教学内容编排的方式

1.四类技能教学内容编排方式举例

有了这四类基本体育教学内容的层次划分，体育教师就可以根据四类教学内容的层次对教学的时数、编排方式进行有针对性地安排，这将对指导体育教学起到重要的作用。四类体育教学内容的编排方式如下仅供参考（表9-5）。

表9-5　四类体育教学内容的编排方式

	精学类教材	简学类教材	介绍类教材	锻炼类教材
在各年级排列	多排	少排	少排	多排
单元规模	超大单元	大单元	小单元	超小单元
单位教材的学时	15-30学时	7-10学时	1-2学时	5-10分钟/学时
全年安排教材数	1-2项	2-3项	3-4项	多项
全年所用学时数	30学时	20学时	5学时	约合5学时

注：上述编排方式举例是按每学年60个有效学时计算

2.大中小学篮球教学内容的编排方式举例

无论是小学篮球的教学内容，还是高校篮球的教学内容，都要从学生的实际出发，深入了解学生现有的发展水平，探索学生的"最近发展区"，为学生铺平台阶，采用衔接教学方式，将学生潜在的水平转化为新的现有的水平。

一项运动技能学习任务可分解为一系列的从属动作技能（或步骤），例如篮球运动的移动技能可分解为基本姿势、起动、变向跑、变速跑、横滑步、转身、急停、后撤步、攻击步等，这些就是构成篮球运动移动技能学习任务的从属技能。根据运动技能学习的特点，对运动技能的学习任务不仅要分解为实现目标所需掌握的各项从属动作技能，还有揭示它们之间的联系、还要列出这些从属动作技能相应的名称。

因此，运动技能学习课程内容的编排，首先要将教学内容的运动技术构成要素细目由易到难、由简到繁地列入表中，表 9-6 列举了篮球运动技术教学内容细目一览表。

表 9-6　篮球运动技术教学内容细目一览表

	移动	运球	传接球	投篮	突破	防守	战术
A	基本姿势	高运球	双手近距离胸前传接球	原地模仿投篮	原地模仿突破	防守无球队员	传切配合
B	起动	低运球	双手远距离胸前传接球	原地单手投篮	原地持球交叉步突破	防守有球队员	掩护配合
C	变向跑	运球移动	单手近距离肩上传接球	原地双手投篮	运球变速突破	防守篮下队员	挡拆配合
D	变速跑	运球起动	单手远距离肩上传接球	单手低手投篮	运球变向突破	防守外围队员	挤过配合
E	横滑步	运球急停	左右手单手胸前传接球	接传球投篮	运球后转身突破	防守换人	换防配合
F	转身	变向运球	反弹传接球	运球投篮	同伴掩护下突破	联防防守	关门配合
G	急停	无防守运球	无防守传接球	急停投篮		紧逼防守	
H	后撤步	有防守运球	有防守传接球	3 秒区内投篮		夹击防守	
I	攻击步	背后运球	移动中传接球	3 分线外投篮		混合防守	

其次，再将篮球技能学习的从属动作技能学习内容分别编排到不同学段的教学中去。

在做上述工作之前要对学生的起点能力进行分析，分析的内容包括下述三方面：

(1) 对预备技能的分析：即了解学习者是否具备了新的学习所必须掌握的知识或技能。

(2) 对目标技能的分析：即了解学习者是否已经掌握或部分掌握了教学目标中要求学会的知识或技能。

(3) 对学习者对所学内容的态度的分析，如是否对将要学习的内容存在偏见或误解。

根据对学生起点能力的分析结果，将从属动作技能安排到不同课堂中进行学习。下面以跳跃项目教学内容为例加以说明（表 9-7）。

表 9-7 跳跃项目教学内容的安排

难度	教学内容	教学目标
1	上肢动作轨迹形成	学生能够在原地有节奏的做出不同方向的上肢运动、动作舒展、协调、有力量，并表现出合理的用力顺序和良好的运动轨迹
2	上、下肢配合	学生在不同类型的双脚跳活动中，上肢能协调的配合下肢，做到动作舒展大方
3	单、双脚起跳技术	在各种跳跃练习中，起跳时能合理利用地面和身体的推动力，并表现出一定的高度
4	腾空技术	在各种跳跃腾空动作中，身体的无支撑部分（手臂、肩、摆动腿）能合理有效地做出平衡动作
5	选择一个跳跃运动项目	选择一个适合自己的跳跃项目进行练习，并能表现出一定的成绩

跳跃运动项目只是技能学习内容体系的一项内容，其他的技能学习内容也可以参考这种做法安排教学内容。

下表为大中小学篮球教学内容的编排方法，教学内容分为：基础性教学内容用 B（Basic）表示；发展性教学内容用 D（Developmental）表示；提高性教学内容用 I（Improve）表示。①

基础性教学内容应该多安排学时，并进行多次重复的学习；发展性教

① 朱建国. 大、中、小学篮球教学内容一体化的衔接研究 [J]. 哈尔滨体育学院学报，2010，28 (6).

学内容需要根据学生掌握篮球技能的实际情况安排内容，也可以在实施分层教学时进行教学内容的安排；提高性教学内容是针对部分学有余力的学生选用的教学内容（见表 9-8、9-9、9-10、9-11、9-12、9-13、9-14、9-15）。

表 9-8　大中小学篮球教学内容分层示例——移动

	基本姿势	起动	变向跑	变速跑	横滑步	转身	急停	后撤步	攻击步
小学	B	B	B	B	B	B	B	B	B
初中	B	B	B	B	B	B	B	D	I
高中	B	B	B	B	B	B	B	B	D
大学	B	B	B	B	B	B	B	B	B

表 9-9　大中小学篮球教学内容分层示例——运球技术

	高低运球	运球急停急起	变向	背后运球
小学	B	B	B	B
初中	B	D	I	I
高中	B	B	D	I
大学	B	B	D	D

表 9-10　大中小学篮球教学内容分层示例——传接球

	双手胸前传球	单手肩上传球	反弹传球	双手接球
小学	B	无	B	无
初中	B	B	D	B
高中	B	B	B	B
大学	B	B	B	B

表 9-11　大中小学篮球教学内容分层示例——投篮

	原地单手肩上投篮	原地双手胸前投篮（女）	行进间单手低手投篮
小学	无	无	B
初中	B	B	I
高中	B	B	D
大学	B	B	B

表 9-12　大中小学篮球教学内容分层示例——持球突破

	原地持球交叉步突破
小学	无
初中	I
高中	I
大学	D

表 9-13　大中小学篮球教学内容分层示例——防守对手

	防守有球队员	防守无球队员
小学	无	无
初中	B	D
高中	B	B
大学	B	B

表 9-14　大中小学篮球教学内容分层示例——战术基础配合

	传切配合	掩护	挤过	换防	关门
小学	无	无	无	无	无
初中	D	D	I	I	I
高中	B	D	D	D	I
大学	B	B	D	B	D

表 9-15　大中小学篮球教学内容分层示例——快攻战术

	快攻推进	结束阶段二攻一配合
小学	无	无
初中	I	I
高中	I	I
大学	B	D

大、中、小学篮球教学内容一体化遵循了现代教育的有效教学原则，充分体现了以人为本的教学指导思想，可以最大限度地提高篮球教学质量，提高学生对篮球的学习兴趣和学习效果。在构建教学内容一体化过程中应充分考虑学生的年龄、性别、能力特点，对篮球教学内容进行细化、

比较、组合，充分考虑学生年龄的差异性，编制出适合不同学段学生特点、大、中、小学篮球技能学习相互衔接的篮球教学内容体系。

3. 大中小学足球教学内容分层编排方式举例①

王崇喜等认为，大中小学足球课程应将足球学科知识技能中筛选并运用到教学中的有关素材构成互相联系、互相衔接的一个整体内容体系，应对大中小学足球教学内容进行分层编排，从而构成的一个完整的足球教学内容体系（见表 9-16）。

表 9-16 即大中小学足球教学内容分层示例表（以足球基本技术教学为例，其他部分作了删节），表中以★表示基础性内容，这是各个学段足球教学应该主要学习的内容，应该多安排学时，并应该多次重复学习；◆表示发展性内容，可以根据学生掌握足球技能的实际情况选用的教材，也可以在实施分层教学时安排；■表示提高性教学内容，这是针对部分学有余力的学生选用的教学内容。

根据表 9-16 设计的各学段足球技术教学和战术教学内容，体育教师即可以根据本校的具体情况选用和设计各个学段的教学内容。

表 9-17 举例中分析了小学 3—4 年级各项足球教学内容。它是根据表 8-15 提供的小学足球教学内容，分别对足球技战术、身体素质、心理品质和社会适应能力方面的基础性、发展性和提高性内容进行了筛选与确定，从而为制定各学期的教学大纲与教学进度提供了依据。

在小学技能学习教学内容的选择和整合中应坚持注重趣味性原则、初中要遵循基础性原则、高中要遵循提高性原则、大学应注重能力培养和实战锻炼的原则。

---

① 王崇喜等. 大中小学足球教学内容衔接问题研究［J］. 成都体育学院学报，2007，33（3）.

表 9-16　大中小学足球教学内容分层示例足球技术教学和战术教学内容

	颠球							控球						
	脚背正面	脚内侧	脚外侧	大腿	肩部	头部	多部位组合	脚背内侧拨球	脚背外侧拨球	身前、后拖球	侧身拖球	脚背内侧扣球	脚背外侧扣球	脚背（尖）挑球
小学	★	★	◆	◆	■	■	■	★	◆	◆	★	◆	■	■
初中	★	★	★	◆	◆	◆	■	★	★	★	★	★	■	■
高中	★	★	★	★	◆	◆	■	★	★	★	★	★	★	■
大学	★	★	★	★	★	★	◆	★	★	★	★	★	★	★
	运球			运球突破				传球				头顶球		
	脚背内侧	脚背外侧	脚背正面	强行突破	变速变向	假动作	人球分过	脚内侧	脚背正面	脚背内侧	脚背外侧	原地	跳起	移动中
小学	★	◆	■	◆	★	■	■	★	■	◆	■	★	◆	■
初中	★	★	◆	◆	★	◆	■	★	◆	★	■	★	★	■
高中	★	★	★	★	★	◆	■	★	★	★	◆	★	★	◆
大学	★	★	★	★	★	★	■	★	★	★	★	★	★	★
	接球						射门							
	脚内侧接球	脚背正面接球	脚掌接球	脚背外侧接球	胸部接球	大腿接球	脚背内侧射门	脚背外侧射门	脚背正面射门	头球射门	运球假动作射门			
小学	★	◆	■	◆	■	■	◆	◆	★	■	■			
初中	★	★	◆	★	■	◆	★	◆	★	◆	■			
高中	★	★	★	★	◆	★	★	★	★	★	◆			
大学	★	★	★	★	★	★	★	★	★	★	★			

表 9-17　水平二（小学 3—4 年级）足球教学内容分层示例

水平二（小学 3-4 年级）	足球技战术教学内容		
基础性	颠球：脚背正面、脚内侧	控球：脚背内侧拨球、侧身拖球	运球：脚背内侧
	运球突破：变速、变向	传球：脚内侧	头顶球：原地
	接球：脚内侧	射门：脚背正面	
	比赛规则：比赛基本规则	个人进攻（防守）战术方法射门、（抢球）	
发展性	颠球：脚外侧、大腿	控球：脚背外侧扣球、脚背外侧拨球	运球：脚背外侧
	运球突破：强行突破	传球：脚背内侧	头顶球：跳起
	接球：脚背正面、脚外侧	射门：脚背内侧、头球	
	阵型知识：阵型发展史	个人进攻（防守）战术方法传球、跑位、（断球、盯人）	
提高性	颠球：肩部、头部、多部位	控球：侧身拖球、脚背外侧扣球、脚背（尖）挑球	
	运球：脚背正面	运球突破：假动作	传球：脚背正面、脚背外侧
	头顶球：移动中局部进攻（防守）	接球：胸部、大腿	射门：脚背外侧
	战术方法：传切、保护	结合比赛战术运用：5 人制小比赛	
	足球教学相关身体素质	足球教学相关心理品质和社会适应能力	
基础性	柔韧性、灵敏性	吃苦耐劳、勇敢拼搏、自信心	
发展性	反应速度、动作速度、一般耐力	关爱他人、团结协作、胜不骄败不馁	
提高性	跑动速度、速度耐力、力量	责任意识、沉着冷静	

二、学年和学期教学内容的组织与编排①

（一）学年教学内容的组织与编排

杭州市求是教育集团根据浙江省对小学体育课程基础性的要求，结合本校的实际情况，在课程的具体实施过程中，采取了水平拓展、纵向提升的策略。水平拓展：即提高体育课程内容的广度，对于省编教材中不涉及的项目，如乒乓球、羽毛球，踢毽子等，他们给予补充，让学生能够学习和掌握更多的体育项目。纵向提升：即提高运动项目的要求，对于省编教材中涉及的项目，根据学校实际情况，适当提高项目要求，让学生能够学习得更深入。

杭州市求是教育集团对体育课程学年和学期课程内容的组织与编排也很有特色，将不同的教学内容编排到不同学年、不同学期中去，而且注意并实现了教学内容纵向和横向的紧密衔接，比较符合大中小学体育课程内容一体化课程内容的组织编排思想，故转引至此，供大家学习和参考（见表 9-18）。

（二）学期教学内容的组织与编排

学期教学计划是根据学生、教师、场地气候等诸多情况，将一个学期的教学内容，按教学时数、周次、课次，科学系统的排列到每一次课中的过程。学期教学计划（教学进度表），是顺利完成教学任务不可缺少的计划文件，是体育教师进行教学的主要依据。

杭州市求是教育集团在编制学期课程内容教学进度表时，采用省编内容为主教材，校编内容为辅教材相结合的方法编制学期课程内容（见表 9-19）

① 包国勇等. 浙江省义务教育体育（与健康）必学内容参考书的实践研究 [J]. 体育教学，2011（6）.

表 9-18　杭州市求是教育集团体育学科学习内容总表

年级		田径			体操		球类			校本教材	
		走和跑	跳跃	投掷	滚翻平衡	单双杠	小篮球	小足球	手球	项目拓展	素质提升
一年级	上册	直线走	单双脚水平方向的跳跃	多种方式持轻物投掷	纵叉。左右滚动 坐位体前屈		自抛自接 原地拍球	踩球	球性熟悉	足球：盘带球　运球 乒乓球：握拍、颠球	技巧：各种形式和姿势的滚翻
	下册	30米直线跑	单双脚垂直方向的跳跃	轻物掷远、投准	纵叉、前滚翻、各种方式的攀登和爬越		原地运球	拉球	球性熟悉	乡土：并脚快速跳过低障碍物、跳绳	柔韧素质：立位体前屈、后仰成桥
二年级	上册	50米直线跑	多个方向的跳跃	原地正面投掷轻物	前滚翻。"桥"	四肢悬垂	直线运球	拨球	纸手球投远	乡土：跳过长绳	力量：小哑铃素质练习、轻物掷远
	下册	快速跑	各个方向的跳跃	原地侧面投掷轻物	不同姿势的前滚翻 连续前滚翻	四肢悬垂	直线运球	行进间拨球	纸手球投准	球类：羽毛球颠球、发球	柔韧素质：纵叉、横叉、立位体前屈
三年级	上册	定时跑	向高、向远的跳跃	原地侧面投掷轻物	后滚翻、跳上成蹲立，各种姿势跳下	屈腿悬垂摆动	双手胸前传接球	脚内侧踢球	原地手球抛接	乡土：单踢毽、花跳绳	力量练习：实心球掷远
	下册	曲线跑（一）	向高、向远的跳跃	上步侧向投掷	跪跳起后滚翻	屈腿悬垂摆动	双手胸前传接球	脚内侧传接球	移动手球抛接	乡土：武术拳、掌、勾、马步等	力量耐力：推小车悬垂爬云梯

续表

年级		田径			体操		球类			校本教材	
		走和跑	跳跃	投掷	滚翻平衡	单双杠	小篮球	小足球	手球	项目拓展	素质提升
四年级	上册	曲线跑（二）	连续跳跃 立定跳远	上步侧向投掷	侧手翻。跳上成跪撑、跪跳下		双手头上传接球	脚背外侧运球	射门技术	球类：羽毛球接发球、	体能：校园越野跑、追逐跑、限时跑
	下册	接力跑	连续跳跃	双手前掷实心球	侧手翻	跳上成支撑，推手跳下	运传组合	正脚背踢球	传接球技术	乡土：双人节奏跳绳一带一跳绳	力量耐力：头手倒立、投掷实心球
五年级	上册	定时跑	蹲距式跳远	双手头上向前抛实心球	肩肘倒立 山羊分腿腾跃	单挂膝摆动	原地双手胸前投篮	排球自垫球	运球、射门组合练习	球类：运球投篮组合练习	腿部力量：行进间高抬腿、蛙跳
	下册	曲线跑	蹲距式跳远	助跑侧向投掷垒球	肩肘倒立 山羊分腿腾跃	单挂膝摆动	原地双手胸前投篮	排球垫球	脚步移动技术	乡土：少年拳第一套全套	腰腹力量：俯卧起坐、两头起、背起
六年级	上册	计时跑	跨越式跳高	双手后抛实心球	山羊跳上成蹲撑——挺身跳下	单杠跳上成支撑—前翻下	篮球组合技术	排球垫球	技战术教学比赛	足球：行进间运球配合	上肢力量：推小车、跪卧撑、俯卧撑
	下册	快速跑	跨越式跳高	原地侧向向前推实心球	自选 4 个动作进行组合。山羊跳上成蹲撑——挺身跳下	单杠跳上成支撑——前翻下	运球、传球、投篮组合技术	排球两人连续对垫	技战术配合教学比赛	足球：运传配合射门 乡土：滚铁环	力量：攀爬练习 灵敏：原地跳转 360 度

备注：队列队形、基本体操、体育与保健知识未呈现

表 9-19　学期课程内容安排表

教学内容	教学单元	总课时	总课次	教学内容计划表								
				1	2	3	4	5	6	7	8	9
省编教学参考教材32	走和跑	7	14	√			√			√		
	跳跃	5	10				※					※
	投掷	4	8	※				√				
	基本体操	3	6		√	※						
	技巧	3	8									
	篮球	4	8						√	※		√
	足	4	8			√						
	技巧	4	8					※			※	
校本教材16	技能提升	5	10		※							
	素质提升	4	8						※		√	
	手球	7	14									
备注	“√”为主教材；　“※”为辅教材											

第五节　不同学段体育课程实施的注意事项

前面讨论了大中小学体育课程内容一体化体系的整体构建、体育课程内容一体化的组织与编排、课程内容组织与编排的基本原则与要求以及技能学习课程内容的组织与编排等内容，但是，除了上述提及的逐项内容以外，成功教学还受很多因素的影响。因为本书讨论的主要是课程和教学内容，所以下面仅对影响成功教学的部分因素进行简单的提示和说明，如果你想进一步了解成功教学的“秘方”请在其他的著作中查阅。

一、小学体育课程实施的注意事项

(一) 小学低年级学生应着重安排形式多样的游戏活动内容，在游戏中学习，在游戏中发展，这样不仅能够提高学生的身体素质，更重要的是要培养孩子热爱体育活动。少年儿童具有好动的天性，教师的责任和努力应使这种天性保持下去，要纠正和避免学生产生体育课程就是完成学习任务的这一错误概念。

（二）小学高年级体育课程要注意发展学生的身体运动素质，但同时要加大身体基本活动能力的发展与培养。其原因一是他们正处在一些身体运动素质发展的敏感期；二是一些基本的身体活动技能在成年后是很难学习和掌握的，这些基本活动技能的学习必须在小学或初中阶段完成。一个感到自己具有良好身体活动能力的人，才能在体育活动中获得乐趣，才愿意主动参加体育活动，并从中获得身心两方面的益处。小学高年级培养学生的体育智能是多方面的，它犹如交给学生一把打开强身健体大门的钥匙，使他们从小就喜欢热爱体育运动、主动积极地参加体育运动，养成运动的习惯并把它保持终身。不要用练习作为惩罚的手段。惩罚也许能解决一时的问题，但它不能帮助实现终身的健康目标。惩罚只能“教”会孩子不喜欢体育运动、仇视体育运动。

（三）不应妨碍或阻止学生上体育课。除体育课外，其他学科都没有学生身体活动的内容，特别是其他课任教师不应因为学生在其他课上有什么错误而用体育课的时间来加以纠正或作为一种惩罚手段来影响体育课。

（四）不应进行过多的各种素质的测验。素质的获得只是我们长期课程目标中的一项，太多的测试会影响正常的体育教学活动。遗传对身体运动素质或身体健康素质都有一定的影响，获得锻炼效果也需要有足够长的时间才能使它们逐步提高。因此，在教师对测试结果给予反馈或解释测试结果时一定要全面、科学，使测试真正成为一种激励的手段。

（五）应对那些体能差、超重或肥胖的学生给予特殊的关注。教师应努力创造适合他们发展的学习环境和条件，使他们的身体素质也得到提高。这样做并不意味教师要忽视体能好的学生，有研究表明这些体能好的学生在课外很会找机会去锻炼，而体能差、超重或肥胖的学生却恰恰相反，所以教师必须对他们给予特殊的关注和帮助。

（六）在教学中一定不要损伤学生的自尊。大多数学生对体育活动感到有能力、有自信，当教师表扬他们做得好时就进一步地强化了他们的自信心。到高年级后，许多学生开始意识到他们不是最好的或感到体育活动的能力不如其他同学，自信心便开始下降。所以，教师应做最大的努力帮助全体学生都从思想上感到“我能行”，让全体学生都意识到体育活动与我一生的健康有关。

（七）给学生提供多种多样的活动内容。教师应注意小学生的活动兴趣，不要过多在意他们的运动技能。如果运动技能非要评价的话，一定要减小它们在评价中所占的比例。

（八）学生身体测试应强调它的宣传功能、教育功能和反馈功能。教师的反馈应使学生和家长都清楚地明白测试结果与学生身体生长发育的真实含义。如果有奖励应对测试有进步者都给予奖励，而不只是奖励测试优秀的尖子。

二、中学体育课程实施的注意事项

中学生已经形成了一定的生活习惯和方式，包括体育活动的爱好和活动项目并对一些体育活动表现出一些特定的能力。这时学生的遗传特性开始显露出来，使体育教育变得困难了。这时教学中注意学生的个体差异就显得尤为重要。下面是一些教学建议供中学教师参考。

（一）教学中尽可能地不伤害学生的自尊心。教师要特别注意那些体质弱、能力差的学生被欺负。当他们感到能力不如别的同学而又得不到教师的帮助时，容易放弃体育活动，自尊心和自信心都会受到伤害。

（二）中学生开始在意他们的身体外貌。当体育课对他们的服装、装饰物有一定的要求和限制而又与他们的想法和喜好相违背时，往往容易引起他们对体育课的反感。因此，教师应充分考虑学生的这一特点，做好课前的准备工作，尽量使教学环境干净、整洁，在不影响学习的条件下，尽可能地满足学生对外表的要求。

（三）尽可能地为学生提供多的活动项目供学生选择，尊重学生的选择权，有条件地满足学生的需要。有条件指的是学生的要求必须与体育课程的目标保持一致。这就需要教师处理好学生的“想要”和课程目标的“需要”之间的关系。完全从学生的兴趣、爱好出发，完全按照学生的兴趣、爱好安排教学内容的做法是错误的。

（四）中学体育课程内容的安排应增加与健康和终身体育有关的理论

知识内容，这是培养学生对体育形成积极的态度、树立正确价值观和获得解决实际问题能力的基础，同时也是使学生成为积极的体育消费者和增加我国体育人口的一条途径。

（五）在上好体育课的基础上，应把课外活动作为“第二课堂”，积极组织学生开展内容丰富、形式多样的课外体育活动，使学生有更多的机会将课上学到的理论知识用于实践，发挥理论的指导作用，实现知和行的统一。

（六）完善学校的体育设施建设、增加体育器材和设备，创造优美、整洁、安全的教学环境，为学生提供良好便捷的上课和活动条件。

（七）通过上课教会学生自我测量身体健康素质和评价健康状况的方法，学会对生物反馈信息的分析、判断和解释并能够对自己测试中所获得的生物反馈信息进行正确地分析、解释和说明。鼓励学生能够对自己的健康状况进行定期的测量与评价并能够根据评价的结果设定下一步的锻炼目标。

三、大学体育课程实施的注意事项

大学生的生活习惯和生活方式已经基本形成，包括对体育活动的态度、价值观、爱好和喜欢活动的运动项目等。他们对是否参加体育活动的态度更加明显，有些大学生对一些体育活动表现出一定的能力，经常积极主动地参加体育活动；另一些大学生由于身体形态、身体机能或运动能力较差、还没有养成运动习惯等原因已经开始准备告别运动场。大学阶段学生的遗传特性已经显露无遗，大学生形态、机能、生理、心理的变化使体育教育变得更加困难了。这时除了在教学中要注意学生的个体差异外，更重要的是要通过体育与健康知识的教育，体育价值观的教育，促进学生积极健康的生活方式和健康生活行为和习惯的内化，实现学校体育和终身体育的衔接。下面是一些教学建议供大学教师参考。

（一）体育课程所追求的教学目标应从短期目标向长期目标转变。这就要求教师如何通过教学能够把外在的东西内化于学生的身心，使其形成一种基本的、稳定的、内在的个性心理品质，并能使其保持终身。

（二）体育课程的中心应从单纯的技能教学转移到扩展学生体育与健

康的知识、培养健康的生活习惯和生活方式、提高学生对健康行为的选择意识和决定能力上来。

（三）体育课程应提供指导学生有价值的终身体育锻炼的理论知识。学习知识、提高认识、明确价值是体育意识、态度形成和发展的重要因素。

（四）体育课程不是选拔适合教育的受教育者，而应是创造适合每一个学生的体育与健康教育。在同一课堂教学条件下，使每一个学生都得到最大发展是不可能的，但是教师应为每一个学生创造适宜发展的环境和学习条件是可以做到的。

（五）注重体育实践课学习的过程而不是学习的结果。实践部分的教学、参加体育锻炼或体育活动应着重活动过程本身，有体育活动过程健康的结果就会伴随而来。

（六）选用适宜的教学内容。为学生提供多种可终身进行的体育活动内容供学生选择、突出发展身体健康素质的教学内容、增大个人活动项目的比例、通过改造使竞技运动项目教材化。教学内容应包括知识性内容、技能性内容和操作性内容。

（七）实践教学内容应采取合理的教学方式。充分注意学生个体发展的差异性、创造适宜每个学生发展的教学方式、练习的形式。运动量的确定要有利于学生获得积极、成功的情感体验、耐力练习要定距不定时或定时不定距，给学生选择和控制练习强度的自主权、创造提高学生学习动机的条件。

（八）提供积极的正反馈。教师提供的反馈应让学生感受到练习的价值、进步的程度、殷切的期望和成功的喜悦。积极的正反馈可刺激学生产生积极的学习态度。

（九）大学体育课程要对知识、技能、操作内容、课外活动和身体健康素质的状况进行综合的评价，上课的出勤率也应作为综合评价的一项内容，因为没有活动的过程就不会有增进健康结果。

第十章　小学体育课程内容一体化及具体实施

第一节　小学1-2年级（水平一）体育教学内容及实施

一、认识身体

讲授：身体各个部位名称（头、颈、躯干、四肢）。

实践：学生能够说出身体各个部位名称。

讲授：身体各个部位的作用。活动对身体各个部位相互配合很重要，积极活动对身体各个部位健康有益。

实践：1. 组织学生进行有趣的游戏活动。

2. 讨论在游戏中身体哪些部位参与了活动。

讲授：肌肉是身体重要的组成部分。让学生知道肌肉参与所有的身体活动，身体活动可以强壮肌肉。

实践：让学生指出腿部肌肉、臂部肌肉、腹部肌肉等都在哪里？

讲授：心脏是一重要的肌肉组织。涉及的内容：心脏是一特殊的肌肉组织，它在不停地跳动；心脏在胸腔中；心脏的体积和拳头一样大；心脏是由特殊肌肉组成的一个强有力的泵，它在不停地向身体肌肉和身体的其他部位泵血；心脏随着身体的长大而逐渐长大。

实践：学生能够知晓心脏的位置并感知心脏的跳动。

讲授：心脏的作用。心脏不停地跳动并伴随我们一生，要爱护心脏。

实践：让学生在安静状态和运动后分别触摸自己的前胸心脏部位，看发生了什么变化，活动可以强壮心脏。

讲授：身体形态的测量。涉及的内容：身高、体重、身高标准体重及测量的要求和方法。

实践：测量学生的身高、体重和身高标准体重。

二、使用身体

讲授：正确的身体坐、立、行姿势。涉及的内容：从小养成正确的坐立行姿势，坐如“钟”，站如“松”，行如“风”；不良姿态对骨骼生长、身体形态、生长发育、视力、学习效率等产生的负面影响。

实践：学生在日常学习、运动和生活中互相提醒保持正确的身体姿态。

讲授：身体的头、颈、躯干、四肢都能够做什么动作。

实践：1. 让学生使用头、颈、躯干、四肢做出各种形式不同的原地或移动的动作。

2. 让学生用躯干、四肢做出各种形式不同的原地或移动的组合动作。

3. 让学生完成不同形式简单的跑动、跳跃、悬垂、攀爬、翻滚、钻越、抛接、支撑和平衡等动作。

4. 讨论在生活和游戏中我们是怎样使用身体的？教师提一项使用身体的活动，引导学生提出不同的使用身体活动。

三、发展身体

讲授：让学生知道活动对身体很重要，积极活动对身体健康有益；通过不同的方式进行活动的概念。涉及的内容：做游戏是一种有趣的活动方式；移动、游戏、工作和练习都是活动的方式；许多活动的方式都可以提高或保持身体素质；活动有时也是不容易的，要克服困难，还需要坚强的毅力和自信心。

讨论：在学生做完有趣的活动后，讨论还有哪些游戏也可以帮助我们获得健康的身体。

实践：让学生画他们参加过的最喜欢的游戏活动的图画，不评价画的优劣，贴在班级墙上的“健康之角”中。

讲授：体育活动对身体健康很重要，获得健康的身体素质就意味着心脏、骨骼和肌肉是健康强壮的。

讨论：让学生说出他们认为谁是健康强壮的人；讨论他是怎样变得健康强壮的；你认为健康强壮的人是经常参加体育锻炼，还是锻炼一段时间就可能使身体健康强壮；这些人在一二年级时参加了什么体育活动？

实践：让学生参加不同类型的游戏，在游戏中发展身体获得身心健康。

讲授：身体的柔韧性非常重要。肌肉应每天伸展可防止肌肉损伤，使人感觉舒服。少年儿童时期是发展身体柔韧性的最佳时期，身体的柔韧性好是健康的标志之一。

实践：1. 通过体操、游戏发展学生的柔韧性。

2. 通过设计完成一些与身体柔韧性有关的动作，让学生感受到身体柔韧性的作用及与其他同学的差距，鼓励学生积极发展身体的柔韧性。

四、保护身体

讲授：学生知晓身体超重或肥胖的危害。不喜欢运动、吃得太多、吃的食物中含脂肪或糖的量超过了身体的需要都容易成为小胖墩。身体超重或肥胖都是不健康的表现。

讨论：1. 身体肥胖是健康还是不健康？

2. 你想减肥吗？家长希望你减肥吗？

3. 多参加体育活动，吃饭时不要吃得太多、不吃零食、不喝糖分多的饮料就可以减轻体重。

讲授：人体容易受冷着凉的地方。

实践：督促学生保护身体免遭寒气损害。涉及的内容有：寒冷的天气里袜子、鞋子、帽子和围巾是否保温；衣裤对腰部的保护是否适宜；是否过多地吃冰棍、喝冷饮等。

五、技能学习

技能学习课程内容的特点是：种类多、形式多、对地域、环境、气候及教学条件有一定的要求，同时也是体育教师最为熟悉、最具有实践经验的课程内容。所以一一列举是不现实，也是没有必要的。

小学低年级学生应着重安排形式多样的游戏活动内容，在游戏中学习，在游戏中发展，这是一节体育课能否上成功的关键。教师如果能把教学内容结合到体育游戏中去完成是最理想的状况。要通过体育技能教学培养孩子热爱体育活动并努力使这种爱“玩”的天性保持下去。

（一）教学内容

教学要求：各校应根据本校实际选择技能学习教学内容，要根据儿童身心特点，引导他们在一定情境下，通过游戏和其他活动充分体验运动的乐趣，发展身体基本活动能力，养成锻炼习惯，为将来在某些项目上的进一步学习打下基础。

教学内容建议

队列队形	排队、解散、集合、看齐与转法、便步，齐步，跑步走、立定，简单的图形走
基本体操	徒手操
走	各种姿势的自然走、矫正姿势的各种走
跑	各种姿势起动的自然跑、较短距离的快速跑，迎面、往返接力跑，障碍跑，各种追逐跑、稍长距离的耐力跑，走与跑交替，自然地形跑
跳跃	各种方式的单双脚跳，跳上跳下、立定跳远，走几步和跑几步跳进沙坑、跳过各种小障碍，直跑屈腿跳高
投掷	用各种方法投掷轻物件、掷远、投准、地滚球、投、抛小实心球
滚翻	各种方向的滚动、各种方法的前滚翻和创新活动
攀爬	模仿动物的爬行、攀爬、爬越障碍
韵律活动	在音乐伴奏下进行韵律操练习、模仿动物形象的简单的舞蹈动作
游戏	有利于学生身心发展、提高身体活动基本能力、感受运动乐趣的各种游戏

（二）拓展类教学内容

教学要求：各类学校都应根据本校实际，从本建议提供的技能学习介绍类教学内容中选取教学内容。可以根据本校实际对内容进行选择或调整。通过学习丰富学生的体育知识和经验，进一步提高学生的体育素养。

教学内容建议

教学内容	1. 快乐的课间活动 2. 踢毽子 3. 打陀螺 4. 滚铁环 5. 跳竹竿 6. 芭啦芭啦舞 7. 独轮车

六、行为养成

讲授：健康的生活习惯对身体的健康成长非常重要。饮食、卫生、睡眠、做游戏等都是一种生活习惯，对健康非常重要。

实践活动：1. 问学生：为什么饭前便后要洗手？你做的怎样？

2. 问学生：你能按时睡觉和起床吗？你每天能保证 8 小时以上的睡眠吗？你做的怎样？

3. 问学生：你每天在学校或家里与小朋友一起做游戏吗？做游戏快乐吗？

讲授：饮食对身体健康很重要。不挑食、不偏食很重要，饮食习惯可影响人一生的健康。

实践：1. 问学生：你吃饭时挑食或偏食吗？你做的怎样？为什么？

2. 问学生：你喜欢喝牛奶吗？为什么？

3. 问学生：你喜欢吃零食吗？为什么？

讲授：不同的行为产生不同的结果。好的行为授表扬；坏的行为挨批评。良好的行为表现是家长的期望、同学的期望和班级的期望。

讨论：1. 什么是好的行为？列举自己班级或其他同学的好行为。

2. 什么是不好的行为？如不讲卫生、偏食挑食、打骂同学、不遵守纪律等。

讲授：不良的行为损害身心健康。不良的行为一旦形成就不容易改正，因此，要将不良的行为消灭在萌芽状态。

实践：1. 列出自己健康和不健康的行为，坚持健康行为，同学和老师都愿意帮助你改变不健康的行为。

七、文化传承

讲授：责任与义务。培养了学生的责任意识，在教学中紧紧扣住这些环节来渗透华夏传统文化。

实践：1. 在这些游戏活动中，让学生通过扮演一定的角色，承担一定的责任与义务，在相互帮助、共同合作的过程中，发扬团队精神，体验到不同角色的心情，反映了人与人之间的和谐关系，真正体验到成功和进步的喜悦。

2. 通过队列、队形练习磨炼自己的意志品质，培养学生的自我约束能力。

讲授：遵守纪律和集体主义精神。

实践：1. 对教师要求集中注意力的信号做出反应。

2. 当违反规则时，被提示后对此做出反应。

3. 在全班集体性活动中遵守指示。

讲授：相互礼让和宽以待人。

实践：1. 上课时能够在个人空间内练习。

2. 上课时不干扰他人练习的空间。

3. 按照室内外活动场地的规则进行活动。

4. 礼貌待人，不与他人发生冲突。

第二节　小学3-4年级（水平二）体育教学内容及实施

一、认识身体

讲授：骨的结构与功能。正常成人共有206块骨，其中头颅骨29块、躯干骨51块、上肢骨64块、下肢骨62块。骨的功能表现为：支持负重、运动杠杆、造血功能、保护功能。

实践：通过直观教具讲解骨的结构与功能。

讲授：心血管系统的一般结构。涉及的内容有：位置、大小、左心房、右心房、左心室、右心室、收缩和舒张的工作顺序、推动血液参加血液循环等。

实践：通过直观教具讲解心血管系统的一般结构。

讲授：身体六大关节的名称（肩、肘、腕、髋、膝、踝）及作用。活动是身体六大关节相互配合完成的，积极活动对身体六大关节强壮有益。你可以通过多种途径使六大关节变的强壮。

实践：1. 学生能够说出身体六大关节名称及作用。

2. 当学生做完有趣的游戏后，讨论在游戏中哪些关节参与了活动。

3. 让学生说出哪些活动对哪些关节的强壮有益。教师提一项活动，引导学生提不同的活动，大家对每一项活动进行举手表决对特定关节的强壮有益还是无益。

讲授：你可通过多种途径成为积极活动的人。身体移动、游戏、工作、学习都是活动的途径。

实践：1. 让学生说出自己在校内、校外体育活动的内容？它们为什么可以帮助你的心脏、肌肉、骨骼强壮？这些活动有什么乐趣？

2. 在学生运动或做游戏的间隙，教师引导学生一起讨论他们的心脏、肌肉和骨骼的简单结构、形态和机能等。

讲授：肌肉是身体的重要组成部分，你的身体是由 206 块肌肉组成，肌肉除了参与运动外，还起着保护身体内部的骨骼和器官的作用。

实践：1. 学生能够说出体表可以触摸到大肌肉群的名称和作用。

2. 为什么我们可以做蹲起动作、肢体弯曲动作和身体的各种活动？

3. 让学生自己画一些或找一些人体肌肉工作的图片或照片，并标出身体参与工作主要的肌肉名称，学生可以自己独立完成，也可以同家长一起完成。

讲授：心脏在运动时的变化，运动可以强壮心脏。涉及的内容有：当人体运动时，肌肉需要更多的氧和能量物质来保证运动；运动时心跳加快，血液可以从肺部提取氧气，从小肠获得营养物质供给肌肉运动时需要。

实践：给学生展示人体模型或图片，说明心脏、血液、氧气、肌肉在运动中的作用。

讲授：心脏是由肌肉组成的，它对你极为重要；心脏在胸腔中，它每时每刻都在不停地跳动；心脏和你的拳头差不多一样大。

实践：让学生感觉休息时和运动时的心跳快慢有何不同。

讲授：桡动脉和颈动脉测量的位置。在桡动脉测量心率时需用食指和中指，测量点在靠近腕关节的拇指一侧；在颈动脉测量心率需先将食指和中指置于喉结处，再将手指向颈部任意一侧稍微移动既可。

实践：学生能够在教师的指导下正确找到脉搏的位置。

讲授：如何自己测量脉搏？触压脉搏时不要用力太大，以便保证血液的畅通流动。为了准确地测量运动时的心率，必须在停止运动的5秒钟内进行测量，测量10秒钟心率再乘以6算出运动时1分钟的心率。

实践：1. 触压桡动脉和颈动脉测量自己的心率。

2. 让学生了解活动与心脏跳动的联系，测量自己活动时心率，休息或睡觉时的心率。

讲授：关心心脏要从小做起。

实践：1. 让学生握住双拳，教师提示不同的活动（看电视、休息、做游戏、跑步等），学生按教师提示的不同活动的内容，来做手指展和握的快慢动作。

2. 让学生握住双拳，按教师的快、慢节拍，分别做展指和握指动作，教师提问“手在不同节拍下运动有何不同感觉?”学生回答教师的提问。让学生理解心脏跳动时心肌也是会累的，身体活动可以锻炼心肌，过度运动也可以损害心肌。

3. 让学生在家里测量父母安静和运动时的脉搏情况，看看心脏跳动的变化。

二、使用身体

讲授：使用身体的基本内容。正确使用身体必须使身体的不同部位相互密切配合，让学生知道正确使用身体完成各种动作的方法，使学生的基本身体活动能力得到进一步地发展。

实践：学生能够正确使用身体，做出比较复杂的、不同方式的移动、跳跃、悬垂、攀爬、翻滚、钻越、抛接、搬运、负重、支撑和平衡等动作。

讨论：在日常生活中，当身体即将失去平衡时，我们应该怎么办？教师假设一种情景提出对应的策略，引导学生假设不同的情景，找到不同的对应的策略。

讲授：生命就是危险，危险无时无刻都伴随我们而行。危险来临我们有时并非无处可逃，我们可以学着去正确地应对和控制危险，并把它所造成的危害减到最小。一个会使用身体的人可以更好地保护自己以免受伤害。

实践：在预设情景的条件下，让学生根据身体姿势、动作模式、方向、速度、节奏、路线、频率、幅度、配合、场地、器材、任务等要素，创编各种形式的动作进行练习（如高处跳下的就势翻滚、徒手个人或与同伴协同运送“伤员”等）。

三、发展身体

（一）发展身体运动素质内容

讲授：积极参与体育活动对身体健康重要性的概念。涉及的内容有：活动对身体的好处；活动是一种良好的习惯；积极活动可以帮助你的外表、内心获得好的感受；积极活动可以帮助强健你的心脏、骨骼和肌肉；身体活动是提高身体素质的唯一途径；让学生知道该年龄段提高身体运动素质很重要；维护身体健康练习的时间非常重要；你的肌肉非常喜欢你每天运动；身体活动是一种良好的习惯等。

讨论：学生每天在学校、社区和家里都能做什么体育活动？

实践：1. 让学生画他经常参加的提高运动素质活动的图画，不评价画的优劣。

2. 让学生展示收藏的卡通运动图形，讨论这些卡通运动图形的运动名称，对提高身体运动素质有什么作用。

3. 教学生怎样利用废物制作一些简易的体育锻炼器材，在校内外锻炼时使用。

讨论：1. 画一幅运动的图画或观看体育比赛就参加了活动了吗？

2. 我们班级的同学中谁跑得快、跳得高？你要努力锻炼也可以赶上他。

3. 让学生描述自己最喜欢的体育活动场面，帮助他们成为积极参加体育活动的少年儿童。

讨论：教师提问，每个学生都要回答自己在做什么运动？为什么喜欢这项活动？从活动中感受到什么乐趣？

讲授：身体运动素质包括速度、力量、耐力、柔韧、协调、灵敏等要素及对运动的作用；经常参加体育活动是提高身体运动素质的唯一途径。让学生知道身体运动素质包括的诸要素；不同的身体活动可以提高不同的身体运动素质。

讨论：让学生举例说出不同的运动需要什么运动素质的参与。

实践：让学生进行不同形式、发展不同身体运动素质的活动。

讲授：速度素质包括哪些内容及主要特点。涉及的内容有：反应速度、动作速度与位移速度。

讨论：反应速度和动作速度在内部机制方面有何差异？

讲授：短距离跑有何意义？短距离跑可反映人体神经过程的灵活性、身体的协调性、关节和肌肉的柔韧性以及肌肉的力量和耐力，它可部分地反映你身体运动的综合素质。

讨论：一个身体不灵活、协调性和关节、肌肉柔韧性差、肌肉无力的人可以在50米跑的测试中取得好成绩吗？

（二）发展身体柔韧素质内容

讲授：身体的柔韧性是身体健康素质的要素之一。涉及的内容有：身体的柔韧性是非常重要的；你的肌肉每时每刻都在受到牵拉，肌肉和韧带的柔韧性好，可防止运动时肌肉或韧带被拉得过长而损伤；身体的柔韧性还表示你的肌肉和关节的活动幅度和灵活性；肌肉应每天伸展可防止肌肉损伤，使人感觉舒服；正确牵拉肌肉非常重要；肌肉拉紧稍微放松一点不易受伤；做牵拉肌肉练习时，不要来回摆振幅度过大以免损失肌肉。

实践：1. 通过体操、游戏发展学生的柔韧性；利用各种身体练习来发展学生肌肉和关节的柔韧性。

2. 学生能够正确、安全地进行身体柔韧性练习。

四、保护身体

讲授：身体成分的含意。体脂是身体重要的供能物质，它对维护人体正常的生理机能、保护身体器官、保持体温等都有十分重要的意义。体脂过多会引发一系列的非传染性疾病的发生。教学要点：你可以通过测量手段来了解自己的体脂含量。

讨论：1. 你家里有体重秤吗？你自己会测量体重吗？

2. 你的体重与同年龄组的标准体重有差距吗？你打算怎么办？

3. 体重是可以改变的，这需要你的努力和坚强意志的加盟。

4. 小时候身体肥胖对成年后的体型有什么影响？

讲授：保护身体不受寒，要避寒保温，保护好腰、脚和后背。

实践：督促学生保护好脚、后背和腰部不受寒；做游戏出汗后不要坐在阴凉的地上，要及时穿上衣裤保护关节不受寒。

五、技能学习

技能学习课程内容的特点是：种类多、形式多、对地域、环境、气候及教学条件有一定的要求，同时也是体育教师最为熟悉、最具有实践经验的课程内容。所以一一列举是不现实，也是没有必要的。

河南省按照《体育与健康课程标准》的水平分层，分别设计提供了四套课程内容，供各学校参考、选择使用。每套教学内容分成精学、简学、介绍和锻炼四种类型。作者认为，河南省的做法很有新意，故在这里进行部分引用。因为锻炼类教学内容在本书的课程内容分类中属于发展身体的范畴，故作者将其删除。

各学校可以从技能学习的课程内容中选取符合本校实际的内容进行教学，也可以对这些内容进行补充、调整或删减，还可以把精学、简学和介绍的内容进行交换使用。如提供的技能学习课程内容不适合本学校开展，学校可进一步拓展范围，选取符合本校实际的技能学习课程内容，开展技能学习的教学活动。

（一）精学类教学内容

教学要求：各校应根据本校实际选择技能学习教学内容，要根据儿童身心特点，引导他们在一定情境下，通过游戏和其他活动充分体验运动的乐趣，发展身体基本活动能力，养成锻炼习惯，为将来在某些项目上的进一步学习打下基础。

教学内容建议

小篮球	1. 各种感受球性的练习与游戏（如把玩、地滚、双人争球等等） 2. 在固定区域内移动中熟悉球性的游戏或比赛（如单、双人抛接球、拍球等等） 3. 培养控制球能力的各种游戏（曲线、直线运球、慢行中面对面抛接球等等） 4. 基本站姿、步法与相关游戏（如红绿灯） 5. 以双手胸前传接球为主的传接球游戏和以双手投篮为主的各种投篮游戏 6. 尝试性小篮球比赛，结合游戏和比赛介绍简单规则
小足球	1. 各种熟悉球性的练习 2. 各种方式的运球游戏（直线、曲线、障碍等） 3. 各种争球游戏（规定区域内争球） 4. 以脚内侧为主的踢球练习与游戏 5. 小场地简化规则的足球比赛 6. 结合游戏和比赛介绍简单规则
乒乓球	1. 球拍操、握拍方法、托球游戏 2. 对墙托球与相关游戏 3. 地面模拟练习与相关游戏 4. 正手发球和推挡球 5. 基本步法与游戏 6. 结合比赛介绍简单规则
韵律活动	1. 在音乐或音响伴奏下的原地和行进间基本部位练习 2. 身体基本姿态练习，简单动作组合练习 3. 发展学生节奏感的持轻器械韵律操 4. 每期学习 1～2 套韵律操

续表

武术	1. 基本功和基本动作，如各种压腿、踢腿、步型、造型等 2. 组合动作，如弹踢冲拳——马步架打等 3. 每学期一套武术操（手形与步型的变化） 4. 少年拳第一套或自编套路

（二）简学类教学内容

教学要求：各校应根据本校实际选择技能学习教学内容，要使学生通过游戏或其他活动对学习内容有基本了解和体验，了解基本的活动方法和规则要求，满足学生对体育运动求新、求异的需求。

教学内容建议

软式排球	1. 熟悉球性的练习与游戏 2. 各种移动和相关游戏 3. 在游戏中练习垫球、下手发球 4. 启蒙性教学比赛和游戏
舞蹈	1. 节奏练习与游戏 2. 简易舞步组合练习 3. 设置情境的舞蹈活动 4. 儿童集体舞
生活实用技能	1. 各种预备姿势、听各种信号的起动、追逐练习 2. 各种方式的滚动、滚翻 3. 各种跨过、越过、钻过、支撑腾越障碍物的练习 4. 运用情境、设置障碍的综合练习与比赛
跳绳	1. 短绳双摇跳、前后摇交叉跳、前摇侧摆变后摇跳等花式跳法 2. 长绳鱼贯跳、十字交叉跳、双绳对摇跳等花式跳法
板羽球	1. 握拍、发球 2. 正反手击球
轮滑运动	基本滑行与停止方法
其他	符合学生身心特点，具有锻炼价值，利于达成学习目标，能反映学校特色的各种运动项目

（三）介绍类教学内容

教学要求：各类学校都应根据本校实际，从本建议提供的技能学习介绍类教学内容中选取教学内容。可以根据本校实际对内容进行选择或调整。通过学习丰富学生的体育知识和经验，进一步提高学生的体育素养。

教学内容建议

教学内容	1. 各种形式的倒立 2. 支撑跳跃 3. 武术的主要内容，如拳术、器械、对练等 4. 踢毽子 5. 跳竹竿 6. 街舞 7. 芭啦芭啦舞 8. 独轮车 9. 各种形式的跳绳、跳山羊

六、行为养成

讲授：良好的行为习惯有益健康；体育活动对身体重要，积极参加体育活动是一种健康的生活习惯。

讨论：什么活动是一种对健康有益的习惯（如刷牙、梳头、休息、吃饭等），活动称之为习惯是每天都要发生的。

实践：让学生积极参加早操、课间操或大课间和课外体育活动，建立每日活动日志。

讲授：合理、平衡的膳食是维护身体健康的重要内容；科学合理的饮食是身体健康的重要因素；食物是身体的能量来源，牛奶及奶制品、面食、谷物、水果、蔬菜、肉、鱼都是每日应食用的食品。

实践：1. 让学生说出什么是有益健康和不益健康的饮食？

2. 让学生列出自己最喜欢吃的5种饮食。它们是健康饮食吗？

3. 检查自己的饮食习惯，有不利于健康的饮食习惯吗？打算怎样改正？

4. 让学生剪一些食物的图片，然后按食物的性质或主要成分对它们进行分类；再让学生利用图片组合自己科学的食谱或搭配科学的膳食结构。

5. 将不同食物的名称用在游戏中，使学生通过游戏进一步强化健康食品、不健康食品、食品的分类、科学膳食的组合等概念。

讲授：不良的行为必然产生不良的结果；健康行为促进身心健康；不健康的行为损害身心健康。

讨论：1. 眼睛近视、身体肥胖是由哪些不良行为引起的？

2. 你有哪些有利于身体健康的好行为？

3. 男人吸烟特有“风度”，你同意这种说法吗？不同意，为什么？

4. 吸烟是不健康的行为，你吸烟吗？你知道吸烟对身体的成长和发育有什么不良影响吗？

七、文化传承

讲授：仁爱原则。推崇人际和谐是民族道德精神的象征；讲礼仪、讲礼貌、讲礼让、严于律己，宽以待人。竞争意识和合作能力：竞争是体育运动的特征之一，在体育运动过程中，既有对自己运动能力的挑战，也有与他人的争胜；既有人与人之间的竞争，也有团体之间的合作。集体主义精神：热爱劳动、爱护公物是优良品德。

实践：1. 在体育活动中做到不笑话、不歧视个小、体弱、肥胖、完不成动作的同学。

2. 在游戏中体验竞争和合作的意识和能力。

3. 通过集体性的运动项目，培养学生的集体主义精神、合作精神、竞争意识和交往能力。

4. 通过课前整理场地、领取器材和课后收拾器材对学生进行华夏传统文化的渗透，培养学生热爱劳动、爱护公物的优良品德。

第三节 小学5-6年级（水平三）体育教学内容及实施

一、认识身体

讲授：血液的成分与功能。涉及的内容有：红细胞、白细胞、血小板血、血浆、正常血液酸碱度、运输氧气和二氧化碳、缓冲血液酸碱度的变化等。

实践：体检测出你的血红蛋白的多少？它意味着什么？

讲授：骨骼的生长发育。涉及的内容有：长骨、骨骺、营养、运动、阳光等。

实践：鼓励学生积极参加户外体育活动促进骨骼生长。

讲授：关节的结构和功能。骨与骨之间以结缔组织相连，构成骨连接，通称为关节。构成关节的主要结构为关节面，可减少相邻两关节之间的摩擦；关节囊，可分泌少量透明的滑液在关节面之间起润滑作用；关节腔为封闭腔隙，为负压，起着加固关节的作用。

实践：让学生查找引起关节损失的成因。

讲授：呼吸系统的一般结构与功能。涉及的内容有：鼻、咽、喉、气管、各级支气管、肺的位置、肺泡、薄壁囊状结构、气体交换的场所等。

实践：通过直观教具讲解呼吸系统的一般结构。

讲授：肺活量的测量。涉及的内容有：什么是肺活量、肺活量大小的意义、测量的要求和方法。

实践：学生测量自己的肺活量。

讲授：青少年的生长发育特点。涉及的内容有：运动系统、心血管系统、呼吸系统、消化、泌尿系统、神经系统、淋巴系统、生殖系统的特点。

讨论：如何根据青少年的生长发育特点来进行体育锻炼？

讲授：极点和第二次呼吸。涉及的内容有：什么是极点？什么是第二次呼吸？它们的生理机制和处置方法。

实践：学生在长跑运动中对“极点”不惧怕、不恐惧，敢于面对。

讲授：什么是体质？包括哪些范畴？体质是人体的质量，它是在遗传性和获得性基础上表现出来的人体形态结构、生理功能和心理因素的综合的、相对稳定的特征。

实践：在活动休息时问学生，你认为同学中谁的体质好，为什么？

讲授：什么是力量。涉及的内容有：最大力量（最大向心收缩力量、最大离心收缩力量和最大等长收缩力量）、快速力量和力量耐力（静力性力量耐力和动力性力量耐力）。

实践：通过实践活动让学生理解不同力量的区别。

讲授：肌肉是关节活动的动力来源，肌肉帮助你直立、移动、维持身体姿势，强壮的肌肉可以提高运动能力，保护关节免受损伤。

实践：学生能够说出身体主要肌肉群的作用。

讲授：活动是身体肌肉和关节相互配合完成的，积极活动对肌肉和关节强壮有益。肌肉在维持正确的身体姿势时起着重要作用，如果我们长期的坐姿不正确会对背部的肌肉和脊柱产生不良影响。

实践：1. 让学生作出正确和错误的坐姿和站姿。

2. 当学生完成某一特定动作后，讨论哪些肌肉参与了活动。

3. 当其他学生做引体向上和仰卧起坐时，让剩下的学生将手放到做练习学生的背部或腹部，感觉他们的同伴在做练习时肌肉做功的情况。

讲授：骨骼肌同心肌一样，你可以通过多种途径使肌肉变的强壮。有许多发展肌肉力量和耐力的方法。你只有积极参加活动、做游戏、做身体练习肌肉就会变得强壮而有耐力。

实践：1. 让学生说出哪些活动对哪些肌肉的强壮有益。教师提一项活动，引导学生提不同的活动，大家对每一项活动进行举手表决对特定肌肉的强壮有益还是无益。

2. 让学生回答，他们做什么活动便于发展肌肉的力量和耐力。

3. 什么测试方法可以测量臂部力量？怎样说明臂部有力？你知道还有什么方法可以测量腿部、腹部等肌肉力量？

讲授：你经常参加体育活动可使心脏变得强壮，你可以较长时间地运动；同其他肌肉一样，你经常运动心肌就有力量、有耐力，否则就虚弱。

有许多强壮心脏的方法。心脏希望你做游戏、跑步或跳绳等活动提高它的力量和耐力。

实践：让学生算一算账。在安静状态下，你的心跳每分钟减少了 10 次，它意味着什么？同以前真的不一样了吗？让我们来算一算你的心脏一年要节省跳动多少次：

10 次/分×60 分/小时＝600 次/小时

600 次/小时×24 小时/天＝14400 次/天

14400 次/天×365 天/年＝5256000 次/年

实践：1. 做猫捉老鼠的游戏可以帮助你的心脏提高力量和耐力吗？

2. 让学生列举出能增强心脏健康身体活动的例子。

3. 让学生画出他们各自最喜欢的提高心脏机能的运动，并解释图中他们在做什么活动。

讲授：心脏是由肌肉组织构成的重要器官，对你非常重要。心脏同你的身体同步增长；心脏是由特殊肌肉组织构成的“泵”。心脏是由特殊的肌肉组成，它每时每刻都在工作，所以要特别爱护它。

实践：1. 有条件可以向学生展示心脏模型，帮助学生了解心脏的构造和心音产生的原因。

2. 讲解心脏是怎样将血液“泵”向全身。

3. 同时完成一定的运动后学生测量自己或父母的心率，讨论为什么心率不同或为什么心率加快？

4. 教师找一个听诊器，让学生听他们自己的心音。

讲授：你的心脏喜欢你做走、跑、游戏、跳绳等活动，看电视、室内活动太多可使你的心脏耐力下降。

实践：提问学生，你们认为做什么活动可以帮助获得强壮的心脏。

讲授：体育锻炼对人体呼吸系统的影响。涉及的内容有：呼吸肌增强、胸围增大、呼吸深度加深、肺活量增大、呼吸频率缓畅等。

实践：学生测量自己的肺活量。

讲授：体育锻炼对人体运动系统的影响。涉及的内容有：加强骨细胞的新陈代谢、骨形态结构发生变化、避免造成骨的畸形发展；提高关节的稳定性、增加关节的灵活性和运动幅度、增加骨密度和关节面软骨的厚度；肌肉体积增加、肌纤维变粗、体积增大、弹性增加、肌肉活动的能力和耐力相应提高。

实践：通过测试找自己在骨骼、肌肉、关节等方面需要提高的地方。

讲授：测量与评价心脏功能的不同方法。

实践：通过《国家学生体质健康标准》测试，建立自己的体质健康档案，掌握自己心脏功能的变化情况。

讲授：身高标准体重的含义。身高标准体重是指身高与体重两者的比例应在的正常范围。

实践：1. 提问身高标准体重可以反映人体的围度、宽度和厚度以及人体的密度吗？

2. 提问身高标准体重能够评价人体形态发育水平和营养状况及身体匀称度吗？

讲授：体重过轻与肥胖一样，即不是健康的标准，也不是人体健美的象征，而是身心健康的大敌。体重过轻是一种疾病。“胖而不过优于瘦”是新的养生观。体重过轻既是一种症状，又是一种疾病，它对人体健康有着多方面的危害。

实践：1. 提问体重过轻的人容易引发哪些症状？

2. “千金难买老来瘦”这种说法对吗？

讲授：什么是营养？食物在体内经过消化、吸收、代谢，促进机体生长发育、益智健体、抗衰防病、益寿延年的综合过程称为营养。

实践：我们每天摄取了哪些营养？

讲授：女子生长发育与身体解剖特点。涉及的内容有：发育、体型、身体成分、运动器官特点等。

实践：你了解自己的身体吗？在体育运动中应该注意什么？

二、使用身体

讲授：会正确使用身体对适应环境和社会，应对突发事件，保护生命安全非常重要；学生能够说出应对突发事件如何使用身体；让学生知道正确地使用身体在应对突发事件的意义和作用；面对突出事件，正确有效地使用身体化险为夷。

讨论：面对洪水、火灾等突发事件，怎样使用身体来规避风险，挽救生命。

实践：1. 假设洪水来临，学生练习如何爬绳、树、杆等。

2. 教师列举生活中的实例或假设一种情景，提出使用身体规避风险的策略，引导学生假设不同的情景，找到不同的对应的策略。

3. 模拟躲避风险的情景，让学生练习不同使用身体的技能。

讲授：自我保护的基本原理，涉及的内容有利用改变人体本身的受力部位、受力方向和受力形式要素保护身体；利用改变身体姿势、改变身体重心、改变肌肉紧张度、减小摩擦力等动作来达到自我保护的目的。

实践：在体育教学中进行自我保护技能训练，通过滚动、滚翻、腾空、落地、下蹲、侧倒、抱头转体等动作练习，提高人与人或人与物相撞、腾空后的落地缓冲、腾空状态下顺势摔倒、快速保持肌肉紧张等自我保护能力。

三、发展身体

（一）发展身体运动素质内容

讲授：提高身体运动素质诸要素的方法；让学生知道发展和提高身体运动素质的目的和意义并积极投入；身体运动素质的发展对终身体育非常重要。

讨论：1. 为什么少年儿童是发展身体运动素质的理想时期？

2. 为什么你认为做游戏或积极活动对你有好处？如果你不活动或活动不足对你有什么影响？

3. 为什么成为“沙发上的土豆”不好？

讲授：你可以通过多种途径发展和提高自己的身体运动素质。

讨论：1. 教师提问让学生回答你认为“谁的肌肉最强壮”，讨论这个人是通过怎样的体育锻炼方式才获得如此的效果。

2. 让学生说出哪些运动方式对提高身体运动速度有益。教师提一项活动，引导学生提不同的活动，大家对每一项活动进行举手表决对提高身体运动速度有益还是无益（如跳绳、短跑、力量练习、游戏等）。

实践：让学生进行不同形式、发展不同身体运动素质的活动。

讲授：影响速度素质发展的因素。涉及的内容有：人体形态、神经活动过程的灵活性、力量发展水平和奔跑技术。

实践：1. 让学生进行不同形式发展速度素质的练习。

2. 让学生列出六种发展速度素质的练习方法和手段（如：高抬腿跑、后蹬跑、车轮跑、30 米行进间跑、顺风跑等），就有这些吗？

讲授：你可以通过多种途径成为积极活动的人。通过活动获得身体健康有许多有趣的方法。

讨论：身体移动、游戏和体育锻炼都是身体活动的方法？你每天是采用什么方法进行体育活动的？

实践：1. 让学生写出他们所参加的体育活动的名称并标出哪些活动是在家里、学校或社区可以进行的？

2. 让学生写出怎样才能感到体育活动的乐趣（同父母、朋友一起等）？

3. 让学生提出一些在家里同家人一起活动的方案。

4. 给学生布置一周一次的同家人一起活动的作业，包括做什么？做了多长时间？

讲授：什么是百分之十超负荷锻炼原则。百分之十原则是指导锻炼者即运用超负荷原则，又避免因过度运动而损伤的一种监控方法。其含义为：每周的运动强度或持续运动时间的增加不得超过前一周的 10%。例如，你每天持续跑步 20 分钟，下一周要超负荷练习，跑步的持续时间不应超过 22 分钟。

讨论：提高其他的运动素质或增加运动强度都应遵循 10%的原则吗？

（二）发展身体柔韧素质内容

讲授：青少年时期，肌肉韧带的弹性、伸展性具有较大的可塑性，在这一时期注意发展柔韧素质可以获得比较理想的效果。柔韧性的练习要持之以恒才能收到良好的锻炼效果；正确牵拉肌肉非常重要，要保持和提高身体的柔韧性需要不断的努力和经常不间断的练习。

讨论：1. 进行柔韧性练习应注意什么？

2. 做什么可使人的肌肉和关节活动灵活？

3. 谁的柔韧性好？

4. 你的柔韧性好意味着什么？什么运动项目的运动员具有特殊的柔韧性要求？为什么你这样认为？从事其他职业的人也需要柔韧性好吗？为什么？

实践：1. 让学生找一些柔韧性好的人体动作图片展示在“健康之角”。

2. 通过准备活动、体操、游戏发展学生的柔韧性。

四、保护身体

讲授：身体成分的概念、身体成分是身体健康素质的重要组成部分。身体成分与心肺循环系统的机能和肌肉的力量及耐力有密切的关系。去脂体重是身体去掉脂肪后的体重；解释“标准体重”和“理想体重”的含意；使学生理解身体成分对健康的影响和作用；详细讲解身体成分的含意。

讨论：1. 身体成分指的是什么？它与人体的健康有什么关系？

2. 什么是“标准体重”？什么是“理想体重”？它们各自的含意是什么？

3. 让学生通过测量知道自己的体重与标准体重的差距。

4. 你打算保持或控制体重吗？你准备怎样做？

讲授：脂肪对身体健康有正、反两方面的作用。

讨论：1. 脂肪对人体维持正常的生理机能有哪些作用？

2. 体脂过多对人体健康有哪些不利的影响？

3. 你通过什么途径可以增加或减少体内的脂肪？

讲授：身体成分对其他身体健康素质有影响。身体成分的比率直接影响着心肺循环系统的功能和肌肉的力量和耐力。

讨论：1. 体脂过多对心脏、肺脏、膝关节、踝关节有哪些不良影响？

2. 体脂过多对肌肉的力量和耐力有哪些不良影响？

讲授：体育锻炼的安全性原则。涉及的内容有：运动前一定要经过体检和医生的认可、做好充分的准备活动、饥饿或疲劳时应暂缓锻炼、锻炼结束做好整理、放松活动等。

讨论：在锻炼前我们应该做哪些工作或采取哪些措施来防范安全隐患？

讲授：在热环境中进行体育锻炼的注意事项。人体运动时，体内产热量都会大幅度增加，剧烈运动时比平时增加100倍以上，容易患热辐射疾病。

讨论：为什么体内体温升高会引起一系列的机能失调，对人体造成伤害？

讲授：冷环境体育锻炼有什么不利影响。冷环境可使肌肉的黏滞性增大、伸展性和弹性降低、工作能力下降、还容易引起运动损伤。

讨论：冷环境下进行体育活动需要注意什么？

讲授：女子月经期体育保健。

讨论：女子月经期必须停止体育活动，对吗？

讲授：运动时产生腹痛的原因。

讨论：运动时如何避免发生腹痛？如果发生怎样处置？

讲授：皮肤擦伤的处置。

讨论：皮肤擦伤后为防止感染我们需要或能够做什么？

讲授：水泡的处置。穿不平的袜子，穿过小过紧的鞋或硬底鞋都会造成脚起水泡。

讨论：如何对水泡进行正确的处置？

讲授：昆虫咬伤的处置。

讨论：被昆虫咬伤后如何处置？

讲授：鼻出血的处置。

讨论：鼻出血后如何处置？

讲授：自我保健。涉及的内容有：起居、休息、穿戴、搞好个人卫生，饭前洗手、饭后漱口、睡前洗脚、定时洗换衣服、床上用品、洗澡，注意皮肤和口腔卫生；保证室内适宜温度、湿度、空气流通、阳光充足；避免意外伤害，行动注意安全；根据身体需要安排好每天饮食、营养；常做户外体育活动，避免久坐；改掉不良生活习惯。

实践：让学生检查自己的自我保健状况。

讲授：什么是“电子计算机病”？这种疾病可称之为“计算机综合征”也可称之为“计算机职业病”，具体也叫作“反复紧张性损伤”。具体表现为眼疲劳的占83％，肩臂疲劳的占64％，头痛的占56％，食欲降低的占54％，另外还有自主神经失调和忧郁症等疾病。

讨论：经常操作电子产品为什么会患“颈肩腕综合征”？

五、技能学习

技能学习课程内容的特点是：种类多、形式多、对地域、环境、气候及教学条件有一定的要求，同时也是体育教师最为熟悉、最具有实践经验的课程内容。所以一一列举是不现实，也是没有必要的。

河南省按照《体育与健康课程标准》的水平分层，分别设计提供了四套课程内容，供各学校参考、选择使用。每套教学内容分成精学、简学、介绍和锻炼四种类型。作者认为，河南省的做法很有新意，故在这里进行部分引用。因为锻炼类教学内容在本书的课程内容分类中属于发展身体的范畴，故作者将其删除。

各学校可以从技能学习的课程内容中选取符合本校实际的内容进行教学，也可以对这些内容进行补充、调整或删减，还可以把精学、简学和介绍的内容进行交换使用。如提供的技能学习课程内容不适合本学校开展，学校可进一步拓展范围，选取符合本校实际的技能学习课程内容，开展技能学习的教学活动。

（一）精学类教材

教学要求：各校应根据本校实际选择教学内容，要指导学生通过游戏或比赛学习和掌握动作技能，鼓励学生在众人面前展示所学动作，要注意培养学生在集体活动中的协作精神和公平竞争意识，激发学生的运动兴趣。

教学内容建议

小篮球	1. 各种熟悉球性的练习和游戏 2. 在游戏中练习体前变向运球 3. 在三对二游戏或比赛中练习双手胸前传接球 4. 在游戏中学习双手胸前投篮 5. 基本技术动作组合与游戏 6. 简单的人盯人防守 7. 在游戏和简化规则的比赛中介绍有关规则和知识
小足球	1. 各种熟悉球性的练习 2. 各种障碍运球游戏 3. 结合游戏和比赛，学习运球和运球突破的动作方法 4. 结合游戏和比赛，学习基本的踢球方法（以脚内侧和脚背内侧为主） 5. 简单技术动作组合与游戏 6. 简化规则的小足球游戏和比赛
乒乓球	1. 各种熟悉球性的练习与游戏 2. 正手发上旋和下旋球 3. 接发球和推挡 4. 结合比赛介绍简单规则和知识
韵律操	1. 各种发展上下肢协调性的练习 2. 身体基本姿态练习 3. 在音乐或音响伴奏下进行以简单动作组合和发展节奏感为主要内容的练习 4. 每期学习 1—2 套韵律操
武术	1. 基本功和基本动作练习 2. 与拳术套路有关的组合动作 3. 体验不同风格武术的介绍性练习 4. 少年拳第二套或自编拳术套路

（二）简学类教材

教学要求：各校应根据本校实际选择教学内容，使学生了解所学内容的基础知识并能初步掌握其中的主要动作，激发学生对更多的体育运动产生兴趣，满足学生对多样运动的需求，为发展体育专长奠定基础。

教学内容建议

软式排球	1. 传、垫球及相关游戏 2. 下手发球及相关游戏 3. 简化规则的比赛和游戏
舞蹈	1. 以简单舞步为主要内容的练习 2. 舞蹈基本动作以及简单的儿童舞蹈动作组合 3. 学习 1—2 个小型集体舞 4. 根据主题自由组合动作的表现活动
羽毛球	1. 正手发球 2. 击高远球和平直球 3. 正手扣球介绍 4. 简化规则的比赛及游戏
跳跃	1. 急行跳高与相关游戏 2. 急行跳远与相关游戏 3. 简单的支撑跳跃动作 4. 学习测量跳远或跳高成绩
小垒球或垒球游戏	1. 投球、跑垒、触杀等基本方法 2. 比赛规则简介
毽球	1. 个人的各种踢球技术（脚内侧、脚外侧、脚背正面） 2. 各种触球技术 3. 规则介绍及比赛
轮滑	1. 站立和行走 2. 各种轮滑游戏
技巧运动	各种滚动、滚翻、手翻、平衡练习
独轮车	基本骑行方法
其他	符合学生身心特点，具有锻炼价值，利于达成学习目标，能反映学校特色的各种运动项目

（三）介绍类教材

教学要求：各类学校都应根据本校实际，从本建议提供的技能学习介绍类教学内容中选取教学内容。可以根据本校实际对内容进行选择或调整。通过学习丰富学生的体育知识和经验，进一步提高学生的体育素养。

教学内容建议

教学内容	1. 各种形式的跳跃练习，如立定跳远、跳高、急行跳远、跳高等 2. 利用单双杠等器械做移动、摆动、引体、举腿等练 3. 主要运动项目的术语 4. 主要运动项目的简单规则介绍 5. 各种发展速度、反应的游戏，如黄河长江、大渔网、冲过封锁线、打活动目标等 6. 各种发展平衡、协调能力的练习，如各种平衡动作；各种徒手操或持轻器械的体操 7. 各种形式的跳绳 8. 跑酷的基本动作

六、行为养成

讲授：真爱生命，关注健康。

讨论：你认为真爱生命关注健康应从哪些行为习惯开始？

讲授：我们体内也有一条“河”，“河床”是血管，“河水”是血液。我们体内的这条“河”也在遭受着污染，酒精、药物、过剩的胆固醇、甘油三酯、烟碱、焦油等都的罪魁祸首。污染所带来的最大恶果是河床淤积、狭窄甚至堵塞。治理污染的最佳手段就是从源头抓起。

讨论：污染我们体内这条“河”的物质有哪些？

讲授：健康行为。健康行为是指一切有利于提高身体健康素质、降低损害健康的危险因素的活动和习惯。健康行为包括：经常参加体育锻炼、摄取健康平衡的膳食、保持充足适宜的睡眠、对精神紧张和压力的放松和处理、安全的出行习惯、不吸烟、不吸毒、节制饮酒、不发生不正当的性行为等。

讨论：1. 哪些行为是健康行为？

2. 如何激发和保持运动行为？

讲授：食物是身体能量的来源，我们的成长需要合理的营养来帮助，营养缺乏或过剩对我们的健康成长都会带来不利的影响；摄取全面、均衡、适量的营养是我们一种健康的饮食习惯。

讨论：如果人们没有养成健康的饮食习惯会发生什么？

实践：让学生举例说明没有养成健康的饮食习惯会导致什么后果的发生。

讲授：正确识别什么是健康食品，什么是“垃圾”食品。

实践：让学生从报纸或杂志上剪一些“健康”食品和“垃圾”食品的图片，展示在“健康之角”。

讲授：行为和生活方式的形成。涉及的内容有：人的行为和生活方式受复杂的个人生理和心理及外部社会因素的影响，如人的神经活动、认识能力、兴趣、爱好、气质、性格等心理活动的特点、人与人之间的影响以及人所处的社会环境的影响等等。这些都是行为和生活方式发生的条件；积极健康的生活方式可促进人们的身体健康。

讨论：1. 什么是生活方式？什么是积极健康的生活方式？

2. 积极健康的生活方式有哪些短期效果？包括：精神、气质好、有充沛的精力和体力、能享受生活中更多的乐趣、能很好地应付精神压力、容易放松睡觉香、有获得积极调节自己生活能力的感觉和自我感觉良好等。

3. 积极健康的生活方式有哪些长期效果？包括：增强心肺功能、循环系统得到改善、帮助控制血压、降低血脂和血胆固醇、提供抵御疾病的能力、保持平衡、协调和灵敏、肌肉的和关节有力、灵活、屈伸自如、骨组织加强和能预防骨质疏松等。

讲授：吸烟对身体健康的不良影响。

讨论：吸烟对身体健康即时和长期的不良影响有哪些？

七、文化传承

讲授：体育教育与教育的关系。涉及的内容有：党的教育方针、目的、目标、两者的关系等。

讨论：体育教育在素质教育中的地位和作用。

讲授：中国传统体育文化。

讨论：怎样理解中国传统体育文化是人与自然相结合的产物？

讲授：历史上英雄人物的典型事例，如岳飞的“精忠报国”、霍元甲的“痛击洋人”等爱国主义精神，来激励同学们的爱国热情。

讨论：什么是武德？打架斗殴，以强欺弱是什么行为？

讲授：奥林匹克运动的发生和发展的过程。

讨论：古代奥林匹克运动和现代奥林匹克运动是在什么地方和时间开始的？

讲授：古希腊奥林匹克运动场及举办的赛事。

讨论：古希腊人为什么要举行奥林匹克运动会？

讲授：奥林匹克格言：更快、更高、更强。

讨论：奥林匹克格言对我们的学习有什么指导意义？

讲授：奥林匹克圣火和火炬。圣火的象征意义、仪式、采集、传递、点燃运动场塔上焰火等。

讨论：奥林匹克圣火有何象征意义？

第十一章　初中体育课程内容一体化及具体实施

第一节　认识身体

讲授：初中年级学生身体发育的特点。涉及内容：身高、体重、胸围的增长、男生增长幅度普遍大于女生、快速发育期的可塑性较大。

讨论：体育锻炼可以改变遗传对身体形态的影响吗？

讲授：骨骼肌的结构和生理特性。涉及的内容有：骨骼肌的数量、肌腹和肌腱、红肌和白肌、肌纤维具有收缩功能。

讨论：通过直观教具分辨骨骼肌的结构和生理特性。

讲授：体育运动对生长发育的影响。涉及内容：促进生长发育、发展潜能和可塑性大、积极地参加体育锻炼不仅能促进运动器官的发育，而且能全面增强大脑皮质和全身各系统、各器官的健康成长。

讨论：体育锻炼对身高的增长有何影响？

讲授：青春发育后的性别差异。涉及的内容：身体形态、运动系统、心血管系统、呼吸系统等。

讨论：青春发育后男女生运动能力方面有何明显差异？

讲授：体育锻炼对心血管形态功能的影响。涉及内容有：心脏运动性肥大、窦性心动过缓、心脏工作的“节省化”、血管弹性增加等。

讨论：心血管形态功能的改变对健康意味着什么？

讲授：蛋白质与运动。涉及的内容：体育运动与蛋白质代谢、不同性质运动蛋白质代谢的差异、蛋白质摄入不足或过多对蛋白质代谢的影响。

讨论：蛋白质在运动中扮演什么角色？

讲授：糖与运动。涉及的内容：糖是运动的主要能量来源，对人体运动能力有很大影响，运动时肌肉的摄糖量可为安静时的 20 倍以上，体内糖原贮量与运动能力成正比关系。

讨论：运动前和运动中是否需补充糖或如何补充糖？

讲授：脂肪与运动。

讨论：在什么状态下脂肪可以给运动中的人体供能？

讲授：什么是超量恢复。超量恢复现象并不是在恢复期始终存在，而是保持一段时间后又回到原有水平。

讨论：体育锻炼应如何运用超量恢复？

讲授：如何评价一个人的体质水平。涉及的内容：身体的发育水平，包括体格、体型体姿、营养状况和身体成分等方面；身体的功能水平，包括机体的新陈代谢状况和各器官、系统的效能等；身体的素质及运动能力水平，包括速度、力量、耐力、灵敏、柔韧、协调等，还有走、跑、跳、投、攀越等身体的基本活动能力；心理的发育水平，包括智力、情感、行为、感知觉、个性、性格、意志等；适应能力，包括对自然环境、社会环境、各种生活紧张事件的适应能力，对疾病和其他有碍健康的不良应激原的抵抗能力等。

讨论：你认为同学中谁的体质好，为什么？

讲授：营养素。涉及内容：包括蛋白质、脂类、碳水化合物（糖类）、维生素、矿物质（无机盐）和水等。

讨论：营养素在人体内都有哪些作用？

讲授：营养素缺乏与肥胖。涉及内容：常量元素钙和镁；微量元素铁和锌，人体缺乏这些元素会减慢体内脂肪的氧化过程。同样人体缺乏 V_{B6}、V_{B12} 和烟酸也会减慢体内脂肪的氧化过程。

讨论：运动减肥时，我们还应补充哪些维生素？

讲授：肌纤维类型与体脂消耗。涉及内容：快肌纤维和慢肌纤维，当肌肉收缩时，快肌纤维主要靠消耗葡萄糖来提供能量，慢肌纤维主要靠脂肪酸（脂肪的主要成分）作为能量来源。

讨论：我们体内的：肌纤维类型可以改变吗？

讲授：什么是牵张反射？牵张反射是指当肌肉被牵拉时，肌肉内的肌梭就受到刺激，将感觉冲动传入脊髓，可以引起被牵拉的肌肉发生反射性收缩，从而解除了被牵拉状态，这种反射叫作牵张反射。

讨论：了解牵张反射原理对体育实践活动有何意义？

讲授：肌肉快速或慢速收缩时供能系统是不同的，不同供能系统的发展对人体运动与健康都是有益的。肌肉运动的性质决定能量供应的来源。你可以通过多种途径发展不同的供能系统。

讨论：当学生完成某一特定运动后，讨论哪些供能系统参与了供能。

实践：让学生说出哪些运动对哪些供能系统的发展有益。教师提一项运动，引导学生提不同的运动，大家对每一项运动进行分析判断，找出正确答案。

讲授：心率可以告诉你心脏的工作强度。

实践：1. 你想知道安静状态下自己的心率每分钟是多少次，你可以测量 6 秒钟的脉搏乘以 10 算出每分钟的心搏频率。

2. 运动量较大的身体练习后，测量自己的心率每分钟是多少次。

3. 测量运动停止后第 5 分钟的脉搏，它应该基本恢复到你的安静脉搏。

讲授：在安静状态下，心率不应超过 100 次/分，在大强度体育活动中心率甚至可以超过 180 次/分以上。

实践：1. 让学生准确测量运动前、运动中、运动后的脉搏频率，讨论为什么运动中心率高，运动后心率逐渐降低。

2. 让学生凭借身体的感觉估计他在运动时 1 分钟的脉搏次数，然后再测量看看估计的准确程度，提高学生对运动强度的掌控能力。

讲授：血压及血压的测量。涉及的内容有：什么是血压、收缩压、舒张压、测量方法；血压与心脏搏动的力量、动脉血管的弹性、末梢血管的抵抗力和血液黏稠性有密切关系，它反映了心脏、血管的功能状况。

讨论：什么是青春性高血压？

讲授：维持肌肉正常工作的条件。

讨论：1. 肌肉怎样在运动中消耗氧和营养物质？为什么肌肉在运动中对氧和营养物质需求增加？为什么运动时心跳加快？

2. 解释氧气是怎样从空气中进入肺脏，再进入血液。运动时呼吸加快是因为肌肉需要更多的氧。

讲授：《国家学生体质健康标准》测试的理念与内容。测试的结果是可信的，每一项测试内容都反映了你身体健康素质的一个或多个要素，对测试结果的最终解释不应只是得了多少分，而应是对身体健康素质的现状分析。

讨论：根据测试结果你如何认识自己目前的身体状况？

讲授：运动处方。运动处方是根据个体的健康、体力状况以及心血管系统功能状态，用处方的形式规定适当的运动种类和运动负荷，并指出运动中的注意事项。它是指导人们有目的、有计划进行科学锻炼的一种方法。

实践：让学生根据《国家学生体质健康标准》测试的结果，制定自己的运动处方。

讲授：月经期局部和全身性的变化。涉及的内容有：中枢神经系统功能、能源物质、内环境、运动疲劳、突变学说等。

讨论：女子月经期体育锻炼应注意哪些问题。

第二节　使用身体

讲授：如何通过不同的练习来提高使用身体的能力；学生能够通过练习正确使用身体，发展使用身体的能力；根据学生的实际能力选择发展和提高学生使用身体的各种练习；你可以通过多种途径发展和提高使用身体能力。

讨论：1. 发展和提高使用身体能力的基础是什么？

2. 那些运动或竞赛需要把使用身体的能力提高的极致。

实践：学生通过体操、武术、舞蹈、滑板、跑酷、攀岩、拓展等运动发展使用身体的能力。

讲授：跑酷运动对人体的柔韧性、协调性、弹跳、力量等身体素质的发展有积极的作用；对如何使用身体、如何适应大自然、如何应对和处理生存危机、提高心理素质、增强身心对紧急情况的应变能力等都有着重要的作用。

实践：在日常生活的环境或校园中，利用墙、楼梯、栅栏、树木、壕沟、障碍物或辅助物等为运动的场所，进行跑、跳、攀爬、跨越、翻滚等跑酷基本动作的穿行练习。

第三节　发展身体

一、发展身体运动素质内容

讲授：体育锻炼的原则。涉及的内容有：自觉积极性原则、全面发展原则、经常性原则、循序渐进性原则、因人而异性原则和合理负荷原则。

讨论：遵循上述锻炼原则对育锻炼的效果有什么作用？

讲授：身体运动素质的获得可以使你终身受益。学生能够用正确的词语解释和描述身体运动素质，让学生知道获得良好的身体运动素质对学生很重要和发展和提高身体运动素质的目的和意义并积极投入其中。

讨论：1. 我们班级同学里谁的身体运动素质最棒？

2. 他做了什么运动或练习使他获得了这样良好的身体运动素质？你也希望像他一样吗？

3. 一个速度慢、力量弱、耐力差、柔韧性不好、不协调、灵敏度低的人，他能从事哪些运动？在运动中能够感受到乐趣吗？

讨论：为什么发展和提高身体运动素质重要？积极参加体育活动、发展和提高身体运动素质与终身体育三者之间有什么关系？

实践：让学生进行不同形式、发展不同身体运动素质的活动。

讲授：体育锻炼的方法。涉及的内容有：重复锻炼法、循环锻炼法、变换锻炼法和间歇锻炼法等。

实践：学生在实践中学习、感知和掌握不同的体育锻炼的方法。

讲授：设定锻炼目标的原则和内容。涉及的内容有：目标可行、明确具体、一次不要超过1—2项、不要定得过高、需要有一定的难度、定期检查评价目标达到的程度。

实践：让学生设定自己的锻炼目标和内容。

二、发展身体健康素质内容

讲授：什么是身体健康素质？身体健康素质重要性的概念。涉及的内容有：身体健康素质指身体的有氧耐力、肌肉的力量和耐力、关节和肌肉的柔韧性和适宜的体脂水平。保持身体健康素质是重要的。获得身体健康素质意味着你看上去气色很好、自我感觉也好，有充沛的精力去学习和娱乐。

讨论：1. 获得身体健康素质的意义？

2. 谁有良好的身体健康素质？为什么？

3. 瘦的人就具有身体健康素质吗？为什么？这种说法对吗？

实践：让学生选择一个他认为具有身体健康素质人的图片，展示给其他学生看，并解释为什么选择他？

讲授：为什么要强调身体健康素质？它与现代社会的发病类型有何关系？

讨论：非传染性疾病的成因及预防。

讲授：有氧代谢耐力可以帮助你保持健康状态和充沛的精力；有氧代谢耐力反映了你心肺器官的机能水平；如果你的心肺肌肉可以保持较长时间的运动，大约持续 20 分钟仍没有感到疲劳，你可能具有良好的有氧代谢耐力；没有良好的有氧代谢耐力，就没有良好的健康。

实践：1. 教师列出一些体育运动的名称，让学生指出哪些运动对提高有氧耐力有益或无益。

2. 让学生列出 4 项有氧耐力活动、4 项非有氧耐力活动，列出他们在过去的一周内在校内、校外所进行的有氧耐力活动。

讲授：有氧耐力对人体健康重要。有氧耐力表明你的肌肉、心脏可长时间地工作，体育活动可使你心脏强壮、有氧耐力增加；缺乏运动则相反。有氧耐力可使身体健康，使你保持旺盛的精力；没有良好的有氧耐力，就不会获得良好的身体健康素质。

讨论：1. 讨论为什么有氧代谢耐力在身体健康素质中占有重要地位？

2. 将自己的有氧耐力与班级或年级里较好的同学比较，使你不断地处于努力之中。

3. 如果一个人不能坚持较长时间的活动，短时间活动后就感到很疲劳，你认为他的有氧耐力好吗？如果你能坚持活动 30 分钟或 30 分钟以上，你认为自己的有氧耐力强吗？

实践：建立有氧活动站，有组织地为学生创造有氧练习的氛围和条件。

讲授：发展有氧耐力的方法有多种。以发展有氧耐力为目的的活动至少要持续 30 分钟以上，看电视、做室内游戏过多等可导致有氧耐力下降，如果你不保持积极的体育活动，有氧耐力将下降。

讨论：1. 让学生说出他做什么活动能够坚持 30 分钟以上，明确以发展有氧耐力为目的的运动活动时间至少要在 30 分钟以上。

2. 讨论哪些活动对有氧耐力有损害（看电视、玩游戏机、过多的室内活动等），明确有些活动对发展智力有益，但过多对身体健康不利。

3. 鼓励学生进行慢跑运动，它对发展有氧耐力有效。

4. 让学生回答你需要积极地活动吗？为什么？你打算怎样坚持积极地活动？

实践：让学生从报纸或杂志上找一些有氧活动的图片贴到教室的“健康之角”展示。

讲授：你可以通过多种途径成为积极活动的人。有许多有趣的途径可以使你活动，改善你的健康状况。

讨论：1. 在学校或校外有多少种有趣的方法可以使你进行身体活动？如跳绳、走、跑、登山、游泳、郊游等。

2. 在家中做家务、清扫院落、走路、上楼梯等都可保持活动增进健康。

3. 体育活动意味着必须参加竞技运动吗？如果你不想参加竞技运动，那你做什么可以使身体保持积极地活动？

实践：1. 列出你喜欢做的事，你认为做这些事会使你身体健康吗？

2. 列出你曾使用什么办法使活动变得更有趣？

3. 列出你在学校或校外喜欢做什么体育活动？

讲授：有氧耐力的测试有许多方法。台阶实验、1600 米走、12 分钟跑等方法都可以测试心脏、肺脏和肌肉的有氧代谢耐力，测试结果可告诉你是否需要加强或保持体育锻炼活动。

讨论：1. 怎样用台阶实验的测试结果说明你的有氧代谢耐力水平？

2. 鼓励学生在家或学校保持积极地从事体育活动，并按期积极参加《国家学生体质健康标准》测试，明确测试不仅是教师或体育课的事，自己应通过测试手段不断监测自己的心脏耐力水平，随时掌握它的变化情况。

三、发展身体力量素质内容

讲授：肌肉力量是学习运动技能所必需的物质基础，直接影响到身体成分和心血管系统机能的发展与提高；它可以帮助你享受更多的生活乐趣，还可以较好地应付日常生活中所出现的不可预测的突发事件、使你可以更加从容地面对社会，面对生活。

讨论：肌肉的力量和耐力对健康为什么很重要？

讲授：身体获得一定的肌力是重要的。涉及的内容有：结实的肌肉是强壮而健康的；肌肉的力量反映了你肌肉的强壮程度；肌肉强壮可使你感到身体形态美观、自我感觉良好；要成为具有身体健康素质的人，你就必须获得维护健康的肌肉力量；正确列举发展肌肉力量和耐力的例子。

实践：让学生列举出在学校、校外、在家里使用肌肉工作的两种活动，并列举出两种发展肌肉力量和耐力的活动。

讲授：人体获得肌肉力量非常重要。结实的肌肉是身体强壮健康的表现。

讨论：1. 谁的肌肉最强壮？

2. 健康的肌肉是强壮的，而不是松弛和虚弱的。

3. 肌肉力量的强弱程度影响着身体素质水平的高低。

实践：1. 让学生剪一些肌肉强壮的人的照片或图像展示在“健康之角”。

2. 让学生进行不同形式、发展不同部位肌肉力量的练习。

讲授：肌肉的力量与收缩速度的关系。

讨论：为什么在做推举力量练习中，杠铃在下落时速度要慢一些？

讲授：肌肉的耐力是重要的。涉及的内容有：肌肉的耐力决定了你在不感到特别疲劳的情况下，肌肉工作或做游戏时间的长短；要成为具有身体健康素质的人，你就必须获得良好的维护健康的肌肉力量；人体获得肌肉耐力非常重要，它决定了你持续工作或做游戏的时间。

讨论：1. 讨论多么强壮的肌肉可以帮助你持续运动30分钟以上？

2. 让学生提出什么活动可以持续运动从而发展肌肉的耐力？

实践：让学生进行发展肢体、躯干肌肉耐力的各种活动。

讲授：你可以通过多种途径和方法获得肌肉的力量和耐力。涉及的内容有：游戏、身体练习等活动只要使用肌肉就能够使它们增粗变强，获得肌肉力量；特定的身体练习可以使特定的肌肉或肌肉群强壮且有耐力；游泳、骑自行车、走步、踢足球等都可以增加腿部肌肉的力量和耐力；游泳、攀爬、俯卧撑、拔河等可以增加臂部的力量和耐力；你能够通过多种方法发展肌肉的力量和耐力。

讨论：1. 讨论做什么练习可以发展肌肉的力量和耐力？

2. 教师列出一些运动或练习名称，让学生从中指出哪些练习对发展肌肉的力量和耐力最为有效？

讲授：提高肌肉力量和耐力的原则。涉及的内容有：渐增阻力的原则、专门性原则、经常性原则。

讨论：你在进行力量练习时遵循了上述原则了吗？

讲授：如何发展肌肉的力量和耐力？

讨论：1. 每周进行力量练习的次数。

2. 每次练习的强度和组数。

3. 每次力量练习的时间。

4. 力量练习时的动作速度。

讲授：何谓RM（最大力量的重复次数）？力量练习的强度是用最大力量的重复次数（RM）来表示。如你使最大的力量只能将60公斤的重物举起1次，这一重量就称为1RM。

讨论：不同RM和组数的力量练习对肌肉的影响。

实践：让学生在练习中找出自己发展肌肉的绝对力量、发展肌肉的体积和发展肌肉的耐力适宜的重量和练习的组数和次数。

讲授：有很多方法可以测量你肌肉的力量和耐力，你可以选择切实可行的方法自测自己的肌肉力量；有许多不同的方法可以测量肌肉的力量和耐力。如：通过引体向上、仰卧起坐可以测量臂力和腹肌的力量。

实践：定期做一些身体各部位的肌肉力量测试，并将每次的测试结果做出条形图，以便检查自己的锻炼效果。

四、发展身体柔韧素质内容

讲授：柔韧性是身体健康素质的重要组成部分。它是指身体各个关节的活动幅度以及跨过关节的韧带、肌腱、肌肉、皮肤和其他组织的弹性和伸展能力。经常做伸展练习可以始终保持肌腱和韧带的弹性。

讨论：1. 为什么说柔韧性的好坏不仅会影响我们的学习和生活，还将对我们未来的生活质量产生影响?

2. 为什么扩大关节的活动范围即扩大了人体无痛区域的范围?

讲授：你可以通过多种途径提高自己身体不同部位肌肉的柔韧性，可每天牵拉肌肉，日积月累逐步提高；怎样选择正确的姿势牵拉肌肉可以发展不同部位肌肉的柔韧性而不易损伤肌肉。

实践：教给学生提高身体不同部位肌肉柔韧性的不同方法，并告诉学生不同练习的注意事项。

讲授：提高柔韧性有多种方法，应每天坚持练习逐步提高。

讨论：怎样养成发展身体柔韧性的习惯，早晨起床后、睡觉前或平常运动时。

实践：1. 让学生列举两个运动中明显需要柔韧素质的例子；解释柔韧性在这项运动中为什么重要?

2. 让学生列举出在运动和日常生活中身体柔韧性重要的例子。

讲授：使学生懂得柔韧素质是身体健康素质的重要内容之一。

讨论：1. 为什么柔韧性对肌肉和关节活动时的灵活性能够产生影响?如果肌肉失去柔韧性或柔韧性很差，人体会发生什么?

2. 为什么柔韧性是身体健康素质的要素之一?每人都需要提高柔韧性吗?每人都要具备像体操运动员一样的柔韧性吗?

讲授：有许多不同的测量柔韧性的方法。立位体前屈可测试腰部和股后肌群肌肉的柔韧性。

讨论：为什么要做柔韧性测试？不同的测试方法和结果说明了什么？

第四节　保护身体

讲授：自我保护的基本原理。自我保护是通过身体动作而完成的，自我保护的动作是根据运动力学与解剖学原理，在出现运动致伤的情况时，利用改变受力对象即人体本身的受力要素而完成的。涉及的内容有：受力的部位、受力的方向和受力的形式。

讨论：在日常生活中，哪些情况下需要自我保护？

讲授：自我保护的方法。涉及的内容有：改变身体姿势、改变身体重心和改变肌肉的紧张度等、通过顺势滚动、滚翻动作、将平面摩擦力转换为滚动摩擦力、落地缓冲、下蹲侧倒、紧握器械、改变握法、主动跳下、变换姿势、变换方向、抱头转体等。

实践：鼓励学生在日常生活中运用自我保护的方法。

讲授：运动损伤的成因。涉及的内容有：思想因素、准备活动不充分、运动技术上的缺点和错误、身体局部负担过重、身体的机能状况不良、违反体育运动的原则、动作粗野或违反规则、场地、设备等条件因素、不良的气候条件因素。

讨论：你在运动中如何避免运动损伤？

讲授：锻炼引起肌肉酸痛的成因及处置。

讨论：为什么运动后要做肌肉的静力牵张练习？

讲授：肌肉拉伤的成因、分类及处置。涉及的内容有：肌肉拉伤的原因、主动拉伤、被动拉伤、肌肉拉伤的预防。

讨论：运动时肌肉拉伤应该如何处置？

讲授：什么是软组织挫伤？软组织挫伤是指组织受撞击、捻挫等外力，而组织未裂开的损伤。

讨论：你在运动中软组织挫伤过吗？你是怎样处置的？

讲授：软组织挫伤的 RICE 处置步骤。

休息（Rest）——立即停止挫伤肢体的运动。

冷敷（Ice）——即刻用凉水、冰等对挫伤部位进行 10 分钟的冷敷。如果挫伤的比较严重，可以在 2—3 小时后再冷敷一次

加压包扎（Compress）——如果挫伤部位发生肿胀，应用海绵或棉花垫在挫伤部位周围，再用弹力绷带或普通绷带加压包扎 24-48 小时。

抬高肢体（Elevator）——将挫伤的肢体抬高，超过心脏的水平面为宜。

实践：鼓励学生应用软组织挫伤的 RICE 处置方法进行自救。

讲授：肌肉痉挛产生的原因及处置。肌肉痉挛是由于大量排汗、体内失水失盐严重、寒冷刺激或肌肉收缩失调造成。

讲授：重力性休克的概念。疾跑后突然停止而引起的晕厥称为重力性休克。当运动者突然终止运动时，肌肉的收缩作用骤然停止，使大量血液聚积在下肢，造成循环血量明显减少、血压下降、心跳加快而心脏搏出量减少，脑供血急剧减少而造成晕厥。

讨论：在运动中如何预防重力性休克的发生？

讨论：如果游泳时腿部肌肉发生痉挛应采取什么措施？

讲授：胫骨疲劳性骨膜炎产生的原因及处置。

讨论：胫骨疲劳性骨膜炎的位置及处置方法。

讲授：身体密度指数（BMI）的概念及意义；学生能够解释身体密度指数（BMI）的含义；你可以通过测量手段来了解自己身体密度指数(BMI)，它直接反映出你的体脂含量。

讨论：1. 你的体重与同年龄组的标准体重有差距吗？你打算怎么办？
2. 如何利用身高、体重比来检测自己的体脂含量？
3. 如何利用身体密度指数（BMI）的测量值来解释自己的身体成分状况。

讲授：身体成分是身体健康素质的重要组成部分。

讨论：1. 身体成分是否可以改变？改变身体成分需要科学合理的饮食、积极主动的体育锻炼和坚韧不拔的毅力。
2. 体脂过多是由于什么原因引起的？
3. 有效减肥的运动方式是什么？有氧代谢运动是“燃烧”体内脂肪的有效途径。

4. 通过有氧运动减肥，要想获得理想的效果运动时应该注意哪些要素？

5. 女性在月经初潮前身体脂肪有所增加是正常的生理反应吗？

讲授：体脂在身体内的含量随着年龄的增长会发生变化；你可以通过科学的饮食和积极的体育活动控制体脂，减轻体重。

讨论：1. 在各种媒体上你看到哪些人物后认为人体脂肪少一些好？你有必要效仿吗？为什么？

2. 人体需要脂肪吗？人体内的脂肪有哪些生理功能？人体缺少脂肪会发生什么？

3. 体脂含量怎样改变你的“生理年龄”和“心理年龄”？

4. 怎样通过科学的饮食和体育锻炼控制体脂水平，保持标准体重？

5. 学生如何关心自己的体脂？怎样或通过什么途径能获得有关自己体脂的信息？

讲授：运动前、后做好准备活动和整理活动是科学、安全的运动方式；应该聪明、安全地进行体育运动。从事体育运动的时间、地点、气候条件、大气环境的状况、自己的习惯、身体情况、准备活动和整理活动等都应该是考虑的因素。

讨论：1. 运动前、后做准备活动和整理活动的作用及重要性。

2. 体育运动并不是什么时间都可以进行，主要取决于自己的锻炼习惯、可以支配的时间、空气的清新程度、温度、湿度和接下来将要进行活动。

3. 你认为身体锻炼要“闻鸡起舞”对吗？

4. 由于各种原因每天规律的体育锻炼中间停了些日子，再开始就没有效果了吗？

讲授：过度疲劳的十大症状。

讨论：1. 感冒、头疼等病状增多是过度疲劳的反映吗？

2. 安静状态下的心率增加了 8～10 次说明过度疲劳了吗？

讲授：如何通过体育锻炼来增加体重？涉及的内容有；摄取的热量要小于所消耗的热量、去医院检查治疗、打破旧的代谢平衡、增加营养、尽量少食用咖啡、茶、可口可乐等含咖啡因的饮料和食物以及导致基础代谢增加的药物、保证休息，精神放松等。

讨论：为什么饮用咖啡、茶、可口可乐等会使体重下降？

讲授：紫外线和红外线对人体的影响。

讨论：1. 过度暴露在强烈的阳光下运动对人体的不良影响是什么？

2. 过量紫外线照射可引发什么疾病？

讲授：湿度对体育锻炼有什么不利影响。

讨论：湿度大为什么容易打破人体产热和散热的平衡？

讲授：疼痛的自我诊断。疼痛是很常见的异常症状，其性质可形容为：锐痛、钝痛、刺痛、灼痛、绞痛、胀痛、酸痛、闷痛、串痛、跳痛、放射痛等。

讨论：为什么对疼痛的初步自我判断非常重要。

讲授：合理的营养有助于提高学习效率。

讨论：不吃早饭对学习有影响吗？

讲授：运动中饮用水的方法。

讨论：运动中大量饮水对身体会带来什么不利影响？

讲授：国际认定的6种保健饮品是什么？绿茶、红葡萄酒、豆浆、酸奶、骨头汤、蘑菇汤。

讨论：经常饮用碳酸饮料对健康有什么影响？

讲授：食欲的自我诊断。涉及的内容有：食欲不佳、食欲快速减退、厌油腻等。

讨论：食欲的自我诊断有什么意义？

讲授：怎样提高自我保健能力。涉及的内容有：防病知识、抗衰老知识、体育锻炼、健身方法、养生手段等。

讨论：自我保健是否应到中年才开始？

讲授：睡眠的重要性。睡眠长短以自身感觉良好为标准。睡眠不足固然不好，但睡眠过量往往使脑子昏昏沉沉，有损身心健康，有碍于学习和工作。睡眠要按自己的生物钟养成习惯，要确保午睡和睡眠质量。

实践：计算睡眠效率值。计算公式为：睡眠效率值=(实际睡眠时间÷上床至起床的总时间）×100%，如果睡眠效率值在90%以上，说明睡眠良好；80％～90％为睡眠正常或偶尔失眠；70％～80％为一级睡眠障碍；60％～70％为二级睡眠障碍；…… 30％～40％为五级睡眠障碍。

讲授：什么是“网络综合症”？“网络综合症”（简称 IAD)，顾名思义，是玩互联网成瘾所致的症候群。初时是精神上的依赖，渴望上网“遨游”，嗣后可发展为躯体依赖，多表现为平时情绪低落、头昏眼花、双手颤抖、疲乏无力、食欲不振等等。

讨论：1. 如何防止“网络综合症”的发生？

2. 如何预防和矫正“网络综合症”？

讲授：阳光与健康。阳光中的紫外线有促进人体生成内啡呔（天然鸦片）的作用，它是日光浴使人感到舒适愉快的原因。紫外线还可将皮肤所含 7 脱氢胆固醇转化为维生素 D，对儿童骨骼生长和维持正常人体骨质结构起着重要作用。

讨论：在户外进行体育锻炼是否需要防晒？

讲授：中暑后的处置。

讨论：中暑后如何处置？

讲授：消除疲劳的途径和方法。涉及的内容有：整理活动、放松练习等；医学手段：如理疗中的水浴、气浴、按摩、吸氧等，营养及药物；心理学手段：如生物反馈，意念练习，气功等。

讨论：为什么说“没有疲劳就没有训练”？

讲授：初中生应具备的意志品质。涉及的内容有：自觉性、果断性、坚韧性和自制力。

讨论：意志品质对保护身体有什么作用？

讲授：健康与未来。涉及的内容有：未来社会对人的要求、健康身对未来的意义、生活方式与生活质量等。

讨论：生活水平与生活质量的区别与联系。

第五节 技能学习

技能学习课程内容的特点是：种类多、形式多、对地域、环境、气候及教学条件有一定的要求，同时也是体育教师最为熟悉、最具有实践经验的课程内容。所以一一列举是不现实，也是没有必要的。

河南省按照《体育与健康课程标准》的水平分层，分别设计提供了四套课程内容，供各学校参考、选择使用。每套教学内容分成精学、简学、介绍和锻炼四种类型。作者认为，河南省的做法很有新意，故在这里进行部分引用。因为锻炼类教学内容在本书的课程内容分类中属于发展身体的范畴，故作者将其删除。

各学校可以从技能学习的课程内容中选取符合本校实际的内容进行教学，也可以对这些内容进行补充、调整或删减，还可以把精学、简学和介绍的内容进行交换使用。如提供的技能学习课程内容不适合本学校开展，学校可进一步拓展范围，选取符合本校实际的技能学习课程内容，开展技能学习的教学活动。

一、精学类教学内容

教学要求：各校应根据本校实际选择教学内容，要安排足够的课时，使学生基本掌握所学动作技能，通过游戏和比赛培养学生运用所学技术的能力和自学自练的能力，鼓励学生在公众场合表演他们所学的动作，提高他们对所学项目的兴趣，使学生在一两个运动项目上有较高的兴趣和特长。

教学内容建议

篮球	1. 各种移动技术，如转身、滑步、侧身跑等 2. 原地或移动中单手肩上和胸前传球 3. 原地、跳起、行进间单手肩上投篮 4. 原地和行进间运球 5. 技术动作组合，如运球与传球、运球与投篮的组合等 6. 传切配合，二攻一，人盯人防守 7. 篮球游戏，规则介绍及比赛
排球	1. 准备姿势，移动 2. 正面双手垫球，正面和侧面下手发球 3. 正面双手传球，正面屈体扣球（降低网高），单人拦网 4. 排球游戏，中二三进攻战术，规则介绍及比赛

续表

足球	1. 各种熟悉球性的练习 2. 基本踢球方法（脚内侧、脚背内侧、脚背正面等） 3. 运球，停球，掷界外球，头顶球 4. 技术 5. 动作组合，如停球与运球、运球与射门等、二过一，一防二 6. 足球游戏，规则介绍及小场地比赛
体操	1. 体育课常用的队列及体操队形 2. 徒手操（广播操、健美操等）和轻器械体操（绳、球、棒等） 3. 技巧中的各种滚翻、平衡和倒立动作；负重搬运、爬绳爬杆、角力等 4. 单、双杠上的支撑、摆动、上法、下法等简单动作及组合 5. 山羊或跳箱的简单腾跃动作
舞蹈	1. 民族舞基本舞步和动作组合 2. 体育舞蹈中的简单动作及动作组合 3. 街舞 4. 跳竹竿 5. 每年一套成套动作或集体舞
武术	1. 基本功和基本动作 2. 动作组合，如武术操、五步拳等 3. 1—2 套拳术套路（自选或自编）和器械套路（自选或自编）

二、简学类教学内容

教学要求：各校应根据本校实际选择教学内容，通过学习此类教材，满足学生对多种体育活动的需求，使他们积累较丰富的体育知识和经验，掌握更多项目中最基本的运动技能，为将来运用这些技能自娱自乐、自我锻炼奠定良好基础。

教学内容建议

羽毛球	1. 反手发球 2. 各种击球（高远球、扣球等） 3. 规则介绍及比赛
乒乓球	1. 基本步法与发球方法 2. 推挡，正手攻球和搓球 3. 规则介绍及比赛
藤球	1. 个人的各种踢球技术（脚内侧、脚外侧、脚背正面） 2. 各种触球技术 3. 规则介绍及比赛
手球	1. 常用的传球和运球技术 2. 简单的射门方法 3. 规则介绍及比赛
游泳	1. 熟悉水性 2. 蛙泳
野外活动	1. 利用地形地貌的越野跑 2. 因地制宜设计小型定向越野 3. 野外活动与生存知识介绍
轮滑	1. 基本滑行和停止技术 2. 各种接力游戏
横向攀岩	1. 三点固定法、身体姿势、手脚动作 2. 在人工岩壁上练习横向攀岩
独轮车	在直线骑行的基础上练习曲线骑行和绕过障碍
其他	符合学生身心特点，具有锻炼价值，利于达成学习目标，能反映学校特色的各种运动项目

三、介绍类教学内容

教学要求：各类学校都应根据本校实际，从本建议提供的技能学习介绍类教学内容中选取教学内容。可以根据本校实际对内容进行选择或调整。通过学习丰富学生的体育知识和经验，进一步提高学生的体育素养。

教学内容建议

教学内容	1. 单杠 2. 双杠 3. 跑酷的基本动作 4. 短式网球 5. 韵律活动 6. 台球 7. 防卫技术 8. 极限运动（轮滑，滑雪等）

第六节　行为养成

讲授：培养性格健全人。

讨论：我们对自己、对他人和对社会的态度和行为方式是否合乎社会规范、要求、社会道德，并对现实社会具有良好的适应性。

讲授：有害的职业性行为对身体健康的影响。

讨论：检查自己的不良生活行为。涉及的内容有：缺乏体力活动、长时间静坐不动、进食不规律、作息时间易变、“开夜车”等。

讲授：健康的生活习惯体现在日常生活的方方面面；怎样理解健康的生活习惯。

讨论：你每天都出现在运动场就说明你有健康的生活习惯了吗？健康的生活习惯还包括哪些方面？

实践：让学生每周都反思一下本周的生活习惯；有不健康的生活习惯吗？什么生活习惯需要改变？能够改变它吗？通过什么方式来改变它呢？

讲授：每个人应该对自己的健康负责。改变不良的生活习惯不是一件轻而易举的事，但通过自己的努力是能够做到的。

实践：1. 让学生列出自己认为具有的良好生活习惯和不良的生活习惯。你打算通过什么方式来改变？同学、朋友、老师、家庭成员应怎样帮助你改变不良的生活习惯？

讲授：维护健康的知与行同样重要。

讨论：知和行在你身上是否实现了统一？如果不是，你有改变的设想和具体计划吗？

讲授：保持健康的身体姿态很重要，良好的身体姿态对你身心的发育和发展都有积极的意义；保持良好的身体姿态是一种习惯而且非常重要。良好的身体姿态对你身心的发育和发展都有积极的意义。

讨论：1. 什么样的身体姿态让你看上去舒服、感觉良好？你注意保持良好的身体姿态了吗？如果是，在哪些方面？

2. 良好的身体姿态对他人的心理会产生什么影响？让学生自己谈谈自己的看法和感受。

实践：督促学生无论在学校或是在家里，在坐姿、站立、行走是都要保持良好的身体姿态，以便养成良好的习惯。

讲授：不良行为和生活方式直接影响人们的健康。涉及的内容有：吸烟、酗酒、吸毒、不良的性行为等；不良行为直接损害人体的健康。

讨论：吸烟、酗酒、吸毒对人体健康和社会安定有什么危害？

实践：1. 让学生就上述不良行为写出自己的认识并展示在教室的“健康之角”。

2. 让学生自己检查有无不吃早餐、牺牲课外锻炼的时间写作业、熬夜等不健康的行为。

讲授：积极的生活方式不仅只是走进运动场，它还体现在日常生活中的方方面面。

讨论：1. 培养积极的生活方式你可以，在家里：打扫院落、做家务、买菜做饭、利用空闲或看电视的时候做一些屈体和伸展的练习。

2. 在学校：积极参加体育课和课外体育活动、利用课间主动活动、积极参加体育俱乐部的活动、参加校内的体育竞赛活动。

3. 长时间伏案后起来做一些伸展练习、与同学制定锻炼计划。在休息日出去散步、野餐、远足、去动物园、博物馆、天文馆、展览馆或做体育活动。

4. 在出行时距离不远以步代车、距离稍远以自行车代公共汽车或出租汽车、以爬楼梯代替坐电梯等。

讲授：酗酒与嗜酒对身体健康的不良影响。

讨论：酗酒与嗜酒对身体健康的不良影响有哪些?

讲授：有助于培养运动行为的策略。涉及的内容有：常与有运动习惯的同学在一起、选择多样的锻炼内、制定适合自己的锻炼计划、培养锻炼的兴趣爱好、掌握体育锻炼的技能、提高体育能力、有进步及时奖励自己。

讨论：鼓励学生如何按照上述策略培养自己的运动行为。

第七节　文化传承

讲授：体育文化的性质。涉及的内容有：体育文化是一种创造时空、具有亲和作用、超越意识、直观展示和竞争性质鲜明的文化。

讨论：体育文化对人格塑造有什么积极的作用?

讲授：体育文化的产生与发展。体育文化是人类在改造自身的过程中，由动物本能改变成自觉行为人性时，由原始的野性、进攻性通过劳动和游戏、教育以及合理的竞争方式逐步的形成了人类社会特有的文化现象。涉及的内容有：劳动起源论、军事起源论、游戏起源论、宗教起源论和教育起源论等。

讨论：体育文化对人类的发展有什么积极的影响和作用?

讲授：竞技体育是体育文化重要的组成部分。涉及的内容有：宗教体育文化、科学体育文化、艺术体育文化。

讨论：举例说明竞技与艺术相结合、形体美与心灵美相结合。

讲授：竞技体育的文化价值。

讨论：竞技体育文化有哪些价值?

讲授："推己及人，正己正人，成己成物"儒家"修身之道"的重要内容。

实践：在体育活动中端正自己的品行、关心同学、帮助他人、追求和谐。

讲授：什么是体育意识。体育意识是人们对体育这一社会现象及其功能、作用的认识和反映。涉及的内容有：健康意识、拼搏意识、创新意识、道德意识、法制意识和竞争意识。

讲授：什么是体育道德？体育道德应属于职业道德范畴。所谓体育道德，就是指运动员、教练员、裁判员、其他体育工作者及一切体育运动爱好者，在从事体育竞赛和参加体育活动时，理应遵循的行为规范和准则。

讲授：体育道德包括的内容。运动参与：是指运动者自身运在动过程中保持良好的运动技术规范和体育道德规范。运动观赏：是指在观看运动比赛过程中，观赏者所具有的良好的体育道德素质和审美素质。运动评价：对体育运动和体育赛事进行评价时，必须保持公正的态度并具有良好的专业素质。

讲授：体育道德修养。我们在观赏比赛时要为双方精彩的表演鼓掌叫好，为运动员那种不甘落后的拼搏精神叫好，不应起倒哄、吹口哨、鼓倒掌，更不能煽动或参与危害社会法制的聚众闹事。提高体育道德修养，不仅是观赏者的需要，也是社会的需要。观众道德修养的不断提高，不仅有助于净化社会环境，而且还能推动我国体育事业的发展。

讲授：体育与人的发展。涉及的内容有：增强体质、技能获得、品格塑造、丰富生活和社会价值。

讲授：武术是我国具有独特民族风格的体育项目，是中华民族宝贵的文化遗产。

讨论：你对武术文化有哪些了解？

讲授：奥林匹克运动常识。涉及的内容有：奥林匹克标志、《奥林匹克圣歌》、奥运会会歌歌词、奥运会誓词等。

讨论：奥林匹克标志表达了什么理念？

讲授：古代奥林匹克运动都包括哪些项目？

讨论：为什么古代奥林匹克运动中铁饼、标枪、跳远、跑步项目一直延续至今？

讲授：现代奥林匹克运动的创始人皮埃尔·德·顾拜旦及现代奥林匹克运动会。

讨论：古代奥林匹克运动和现代奥林匹克运动有何相同或不同之处？

讲授：冬季奥运会。涉及的内容有：冬奥会举办的届数、冰上和雪上项目、中国参加冬季奥运会及取得的成绩等。

讨论：中国首次参加冬季奥运会是哪一年？获得奖牌是哪一年？

讲授：残疾人奥运会。涉及的内容有：残疾人奥运会举办的届数、比赛项目、运动员残疾类别、中国参加残疾人奥运会及取得的成绩等。

讨论：为什么要举办残疾人奥运会？它体现了什么理念和精神？

讲授：奥林匹克运动与中国。涉及的内容有：参加历届奥运会的历程、恢复我国在国际奥委会的合法地位和权利、历史性的突破、第29届奥运会。

讨论：如何通过参加奥运会的历程来看我国社会、政治、经济、文化、体育的发展和变化成就。

讲授：奥运礼仪。涉及的内容有：仪式礼仪、赛场礼仪、一般礼仪、服务礼仪和涉外礼仪等。

讨论：如何通过奥运礼仪传播民族文化？

第十二章　高中体育课程内容一体化及具体实施

第一节　认识身体

讲授：体育锻炼对人体血液成分的影响。涉及的内容有：红细胞数量、血红素含量、白细胞数量、免疫蛋白含量、淋巴细胞的数量、免疫球蛋白水平等。

讨论：血液成分的改变对你的健康意味着什么？

讲授：神经系统的一般结构和功能。涉及的内容有：脑、脊髓、中枢神经系统、周围神经系统、指挥系统、信息网络、应对内外环境的变化、刺激传入、中枢和指令传出等。

讨论：拍死叮咬身体蚊子的神经传导过程但是怎样的？

讲授：体育锻炼对人体神经系统的影响。涉及的内容有：神经工作过程的强度、均衡性、灵活性和神经细胞工作的耐久力；避免神经系统过度紧张，消除疲劳、使头脑清醒、思维敏捷；对有机体内各器官系统的控制和调节能力得到提高和完善；对外界刺激反应会更快、更准确等。

讨论：运动与学习的关系？

讲授：理想体质的标志是什么？涉及的内容有；身体发育良好，体格健壮，体型匀称，体姿正确；心血管、呼吸与运动系统具有良好的功能；有较强的运动能力与劳动等身体活动能力；心理发育健全，情绪乐观，意志坚强，有较强的抗干扰、抗不良刺激的能力；对自然和社会环境有较强的适应力。

讨论：你认为同学中谁的体质好，为什么？

讲授：2000 年世界卫生组织提出健康的 10 条标准。

讨论：对照健康的 10 条标准，你及格了吗？

讲授：什么是BMI？BMI（Body Mass Index）即体重指数。世界卫生组织（WHO）将BMI作为判定肥胖的尺度。

讨论：如何测量体重指数和评价人体的身体成分？

体重指数（kg/m^2）＝体重/身高的平方

分类	体重指数	相关疾病的危险性
体重过低	＜18.5	低
正常范围	18.5～22.9	平均水平
超重	≥23	
肥胖前期	23～24.9	增加
I度肥胖	25～29.9	中度增加
II肥胖	≥30	严重增加

讲授：营养素的功能。作为能源物质，供给热能；作为“建筑材料”，构成人体组织，供给生长、发育及组织更新需要；作为调节物质，维持正常生理功能，使人体各部分工作能正常进行。

讨论：1. 当人体摄取营养物质不足或过多时，对身体、学习和社会活动带来什么不良影响？

2. 科学的膳食和合理的营养对塑造体型、保持充沛的精力和体力有什么积极的意义和作用？

讲授：维生素与运动。

讨论：我们日常的体育锻炼后需要补充维生素吗？

讲授：糖在体内的代谢过程。涉及的内容有：糖在体内存在的两种形式、糖原储备与动员供能、糖的无氧酵解和氧化方式、糖的主要生理功能。

讨论：在正常状态下学生运动前吃巧克力对提高运动成绩有帮助吗？

讲授：脂肪在体内的代谢过程。涉及的内容有：脂肪酸在体内经β氧化逐步释放大量能量供ADP再合成ATP、运动过程中脂肪代谢的特点、运动对脂肪代谢的影响、脂肪的主要生理功能。

讨论：脂肪与糖在体内代谢供能有何相同或不同之处？

讲授：蛋白质在体内的代谢过程。涉及的内容有：蛋白质的代谢、蛋白质平衡状态、运动可导致骨骼肌蛋白质合成增加、蛋白质的主要生理功能。

讨论：日常的体育锻炼后需要增加蛋白质的摄取量吗？

讲授：过分节食对人体的不良影响。涉及的内容有：对智力的影响、体重减轻性闭经、诱发胆结石、骨质疏松症和骨折、头发脱落。

讨论：我们为什么要减肥？

讲授：什么是基础代谢和基础代谢率。基础代谢是指人体在清醒、静卧、空腹和20C°的环境下的能量代谢。基础代谢率是单位时间内维持最基本的生命活动所消耗的最低限度的能量；学生能够说出什么是基础代谢和基础代谢率。

实践：让学生算一算账。基础代谢率降低一点就可使你的体重或体内的脂肪增加很多。基础代谢率每降低10%，一年平均就可以使体重增加3.5公斤。如果你每天运动两次，使基础代谢率增高20%，那么一年内仅因基础代谢率的增高，你就可以降低7公斤的体重；再加上运动时多消耗的热量，体重就会下降更多。

讲授：如何提高或降低基础代谢率来降低或增加体重。让学生知道基础代谢对体重的影响，运动后基础代谢率可以提高并能保持一定的时间，提高或降低基础代谢率控制体重的方法。

讨论：1. 为什么有的健康的学生吃的多而不增加体重？

2. 为什么每天上下午进行两次体育锻炼对降低体重效果明显？

讲授：心肌同其他肌肉一样，通过练习可以使它强壮、有耐力；缺乏体育活动，心肌就虚弱，人体就不可能达到健康的高水平。

讨论：1. 你关心过自己的心脏吗？如果是的话，你都采用了哪些方式和方法？

2. 为什么说通过有氧代谢运动可以改善冠状动脉的形态和机能？冠状动脉形态和机能的改变对保护心脏维护健康有何好处？

3. 让学生通过查阅文献资料用具体的实例和数据来说明，提高心肺循环系统的机能对预防心血管疾病的重要作用。

讲授：心肌的收缩性功能对运动锻炼发生适应性变化是可逆的，如果停止运动3个月后，其状态又可退回到锻炼前的水平。

讨论：为什么体育锻炼要持之以恒？

讲授：心血管系统机能能力提高的表现方面。

讨论：1. 心血管系统机能能力提高表现在：心脏体积、心肌力量、血液量、血红细胞的数量、血红细胞的携氧能力、毛细血管的多少和开放程度、血液的气体交换率等。

2. 心血管系统的路经包括：空气中的氧进入肺、进入血液、进入运动器官、供能物质的路径、二氧化碳的路径。

实践：给学生展示心、肺模型，帮助学生了解它们的内部结构。

讲授：如何通过心搏频率来获得有价值的生物反馈信息。估计体温升高。当人体患病伴有体温升高时，体温升高1C°，少年儿童脉搏增加15-20次/分；成人增加10-15次/分。因此，在人感到不适时，可通过测量安静脉搏是否增加来判断身体是否发热；学生学会利用心搏频率来了解自己的身体状况。

讨论：1. 如何通过心搏频率来判断运动时的强度。

2. 如何通过心搏频率来确定身体安全运动的靶心率。

3. 如何通过心搏频率来判断身体疲劳是否发生？

4. 如何通过心搏频率来判断或身体是否恢复及恢复的程度？

5. 如何通过心搏频率来判断自己的心脏功能？

6. 在没有体温计的情况下，如何通过心搏频率来判断体温是否升高。

讲授：心理健康是健康的构成要素之一。

讨论：如何理解心理健康是健康的构成要素之一？心理健康对你形成健全的人格重要吗？

讲授：运动处方的概念。对从事体育锻炼的人们，在根据其医学检查和必要的运动能力的测试结果，按其健康、体力以及心血管功能状况，结合生活环境条件和运动爱好等个体特点，用处方的形式规定适当的运动种类、次数、强度及时间，并指出运动中的注意事项，以便有计划地经常性锻炼、达到健身或治病的目的，即为运动处方。

讨论：有通用的运动处方吗？

讲授：运动处方的4四个构成要素。选择什么运动项目最适合、运动的激烈程度应有多大、每次运动应持续多长时间、一星期锻炼几天。

实践：根据自己的实际情况，编制自己的运动处方。

第二节　使用身体

讲授：发展和提高使用身体能力的基本原则，冒险、挑战极限不应成为普通学生追求的目标；学生能够说出使用身体的基本原则；让学生知道安全的使用身体的方法；提高学生使用身体的安全意识和防范意识。

讨论：做冒险或挑战极限的活动前需要做哪些准备？

实践：1. 学生通过体操、武术、舞蹈、滑板、跑酷、攀岩、拓展等运动发展使用身体的能力。

2. 通过攀岩实战练习提高学生使用身体能力。

3. 通过野外生存课程发展学生使用身体能力。

第三节　发展身体

一、发展身体健康素质内容

讲授：身体健康素质与身体运动素质的区别与联系；让学生知道什么是身体健康素质，身体健康素质与身体运动素质的区别与联系；身体运动素质的发展对身体也很重要。

讨论：1. 身体运动素质和身体健康素质有何区别与联系？

2. 身体健康素质和身体运动素质最主要的区别在哪里？

3. 身体运动素质和身体健康素质中所谈的力量和耐力有何不同？

4. 提高身体运动素质对提高身体健康素质有何意义？

5. 高强度、大运动量的身体练习对人体的健康有益吗？为什么？

实践：1. 学生通过自己的语言或举例说明对身体健康素质的理解，应用例证支持自己的观点。

2. 让学生回答是现在的人还是一百年以前的人身体活动的多？为什么你这样认为？

讲授：体育活动对身体健康非常重要，体育活动是获得身体健康素质的唯一途径。

讨论：1. 你在什么时间、通过什么方式发展自己的身体健康素质？

2. 如同学习和做家庭作业可以使你聪明一样，做什么可以使你获得身体健 康素质？积极地参加体育活动是关心自己身体健康的聪明之举。

3. 获得和保持身体健康素质的途径有哪些？

4. 宣传媒体中介绍了许多提高健康水平的手段和方法，你认为它们有用或无用吗？

讲授：保持良好的身体健康素质包括有氧代谢能力、肌肉的力量和耐力、关节和肌肉的柔韧性和适宜的体脂水平。

讨论：1. 你认为谁的身体健康素质最棒？为什么？他是怎样使自己的身体健康素质保持高水平的。

2. 采取怎样的措施可以使你成为一名具有身体健康素质的人？提高身体健康素质是你关心自己健康的有效方法。

实践：1. 让学生写出对自己健康状况的感觉，哪些方面你感到满意或不满意？

2. 让学生写出他能够改善或提高吗？他愿意让别人帮助你改善健康状况吗？如果你愿意，教师可以提供有效的方法帮助你提高身体健康素质。要求学生写的真实，没有好坏、对错之分。

讲授：大肌肉群参与运动能够消耗更多的热量。在锻炼时要尽量使四肢和躯干的肌肉参与运动，避免只有局部小肌肉群参与的运动。

讨论：哪些运动是大肌肉群参与的运动？

讲授：体育锻炼的 FIT（锻炼的频次、强度和时间）原则；以健康为目的的运动其运动强度应控制在“靶心率”范围之内；

讨论：1. 何谓“THR”？靶心率是以健康为目的的运动效果最好、最安全的运动强度范围，它是用每分钟心搏频率的上下限区域来表示。

2. 如何计算“靶心率”?

(220－年龄)×60％＝运动时每分心搏频率下限

(220－年龄)×80％＝运动时每分心搏频率上限

其中，220代表最大心率；每分心率的上下限决定了以心搏频率表示的运动量不可超出的范围。

注：研究表明，人体在水中比在陆地上最大心率要下降10次。因此，游泳时最高心率的计算为：最高心率＝210－年龄

讲授：每周的锻炼次数和每次锻炼持续运动的时间非常重要。

实践：1. 让学生记录自己两周体育活动的情况，包括次数、时间、内容等，两周后让学生对照记录分析自己体育锻炼的时间和次数够吗？下周是否需要改进？

2. 如果锻炼的次数和时间都不够，为什么？哪些主观或客观原因起来阻碍作用？采取什么相应的措施克服这些阻碍因素？

讲授：你能够通过科学的体育锻炼改善自己的健康水平。

讨论：1. 要提高身体健康素质，改善健康状况就要循序渐进、持之以恒地不断锻炼，不断追求。保持身体健康素质的高水平应该是人一生追求的目标。

2. 在体育锻炼中由于工作、环境或身体原因偶尔的失败或放弃绝不会影响你重新开始健身锻炼的价值。要想取得良好的锻炼效果，每次锻炼的时间间隔最好不要太长。

讲授：有时要成为积极活动的人也不容易。

讨论：1. 在什么情况下从事体育活动或保持活动是困难的？如有太多的家庭作业、身体感到不舒服、练习内容感到太难、身体疲劳了等。

2. 使学生懂得不是什么时候体育练习中或练习后身体的感觉都是好的，有时可能会损伤一点肌纤维或内脏器官疲劳，这是正常现象。这种运动后的感觉与运动后非常难受或严重损伤是不同的，要能够加以区别。

3. 怎样使身体适应运动强度？一次练习太多就会感到不舒服，循序渐进是重要的。
4. 你参加体育活动都有哪些感受？这些感受都好吗？从事活动的内容都容易吗？你怎样知道一次活动的运动量太大了？你通过哪些方式帮助你认为练习不是太困难？

实践：让学生写出运动后感到愉快和运动后感到不舒服各一次的实践感受，为什么会产生不同的情感体验？

讲授：有氧耐力练习的多种方法。涉及的内容有：走、跑、跳绳、游戏、骑自行车、游泳等都是你心脏喜欢让你做的事；有许多有氧练习的方法和手段。要想获得理想的有氧代谢耐力，心脏、肺脏和肌肉必须在运动中承受一定的生理负荷，而且每周至少应运动 3 次，每次持续运动时间应在 30 分钟以上，长期不运动有氧代谢耐力就会下降。

讨论：1. 什么样的运动可称为有氧代谢运动？有氧代谢能力与心脏、肺脏和肌肉的工作能力的有什么关系？
2. 如果一项活动是有氧代谢运动它意味着什么？它主要涉及身体的哪些器官和系统？持续运动多长时间才能收到心血管系统机能增强、有氧代谢能力提高的效果？你能够通过不断的练习储存你的有氧耐力而在以后不再锻炼时使用它吗？你喜欢从事哪些有氧代谢运动？
3. 有氧耐力是否只与运动员有关？让学生列举一些日常生活中需要有氧耐力的工作或活动。
4. 提问学生，马拉松运动是不是一项很好的有氧代谢运动？你们怎么这样认为？每周进行一次足球赛是什么运动？学生列举一些需要有氧耐力运动的例子。
5. 讨论人体具有良好有氧代谢耐力的益处？它是否能防止“沙发中的土豆”产生？是否能使人拥有充沛的精力？是否能防止一些非传染性疾病的发生？
6. 鼓励学生在运动中尽量保持持续运动的时间，学生应注意增加运动持续的时间，练习时间的增加伴随着有氧耐力的提高。

实践：1. 教师提供一些体育运动名称，让学生按能否提高人体有氧代谢能力对它们进行分类和排序。

2. 在教室创办一个“健康之角”，每位学生将自己每周锻炼的次数、时间和内容展示出来，定期进行统计、表扬或奖励工作。

3. 让学生用自己的语言解释有氧代谢运动的含意以及为什么重要；结合自己运动实践的例子来加以说明。

讲授：如果你能够持续运动30分钟而不感到很疲劳，你也许已经具有了良好的有氧耐力；心肌同其他肌肉一样，通过练习可以使它强壮、有耐力；缺乏体育活动，心肌就虚弱，就没有耐力，人体就不可能达到健康的高水平。

讨论：1. 有氧代谢耐力不仅是身体健康素质之一，而且是最重要的身体健康素质，为什么？

2. 为什么心肌同其他骨骼肌肉一样需要通过体育锻炼才能保持良好的机能状态？

讲授：通过测试评价身体健康素质的水平，涉及的内容有：评价可帮助你发现目前的身体健康素质状况和是否需要进一步加强体育活动；测试有氧代谢能力有许多方法。如固定时间测量跑、走或骑自行车的距离、固定距离测量跑、走或骑自行车的时间、固定时间测量跳绳的次数、固定次数测量跳绳的时间都可作为测试有氧耐力的方法。

讨论：1. 学生应懂得有氧耐力测试结果说明了什么，而不应仅是教师明白。

2. 建立学生体质健康测试中心，鼓励学生多参加有氧活动，并为学生提供测试服务，反馈测试的结果。

讲授：选择锻炼内容的原则。一定要确实通过运动健身，达到增强自己体质之目的要适合自己的兴趣；使运动得以持久并可陶冶情操；要符合自身生理、体力特点；以平稳为主，避免强烈性竞技活动；确保运动的安全性、可靠性；谨防出现意外；选择多数人容易接受、喜爱的群体项目；便于互相督促，感受集体运动的娱乐性、趣味性。

实践：鼓励学生积极参加他选择的提议活动。

二、发展身体力量素质内容

讲授：提高肌肉力量和耐力常用的练习方法。涉及的内容有：增强臀部肌、腿部肌、胸肌、肩部肌、颈部肌、腰腹肌、背部肌、臂部肌的方法。

实践：在教师的指导下进行各种力量练习方法的学习和掌握。

讲授：肌肉练习的顺序。肌肉力量和耐力练习的顺序，一般安排从上到下，即胸大肌、背阔肌、三角肌、肱二头肌、三头肌、股四头肌、小腿三头肌、腰腹肌、前臂肌、最后是颈肌。在巩固和提高阶段，要从大肌肉群开始，然后是中等肌肉群，最后是小肌肉群。

讨论：为什么要按上述顺序进行力量练习？

讲授：身体练习对肌肉的良好作用。涉及的内容有：身体练习时，你的肌纤维没有增多，但肌纤维可变得粗壮而强健；你身体练习或活动做得越多，肌肉会变得越强壮，越有耐力。评价每种练习对发展肌肉力量和耐力的效果，并对评价给予符合逻辑的解释；鼓励学生自己评价，对错并不重要，重要的是提高学生的分析能力；肌肉是身体重要的组成部分。肌肉可帮助你直立、维持身体姿势、身体移动、移动物体、保护内脏。

实践：1. 列出10项不同的练习内容，让学生评价哪些练习内容对提高肌肉的力量和耐力有效或效果不明显，并解释为什么？

2. 展示人体肌肉解剖图。

3. 讲解肌肉是如何附着在骨骼上，没有肌肉或肌肉虚弱我们就更容易损伤。

讲授：人体获得肌肉力量非常重要。肌肉的力量说明你肌肉的强壮程度，具有强壮的肌肉组织可使你体型健美，自我感觉良好。要获得良好的身体健康素质就必须获得能够维护健康的肌肉。

讨论：1. 让学生举例，谁的肌肉强强壮？（最好在同学、朋友、家庭成员等中比较）

2. 为什么肌肉力量对日常生活重要？肌肉力量可以帮助我们做什么？没有肌肉力量我们日常生活中不能做什么？

讲授：人体获得肌肉的耐力非常重要。肌肉的耐力决定了你工作或运动可持续的时间，肌肉耐力也是身体健康素质之一。

讨论：1. 肌肉耐力同有氧代谢耐力相似，它们都影响着肌肉持续工作的时间。

2. 为什么肌肉耐力重要？我们怎样才能坚持较长时间工作或运动而不易疲劳？

实践：让学生至少列出两项，在日常生活中需要肌肉耐力才能完成的活动，鼓励学生多参加提高肌肉耐力的活动。

讲授：肌肉的力量和耐力可以通过许多方法来提高，特定的练习方法可提高特定肌肉的力量和耐力。

讨论：为什么特定的练习动作只发展特定的肌肉而不是所有的肌肉？

实践：让学生写出他们已知的发展肌肉力量和耐力的练习方法和名称。

讲授：身体练习对肌肉有益处。身体练习可以增加肌肉纤维的体积，身体练习越多，肌肉的力量和耐力就越强。

讨论：许多学生特别是女生非常注意自己的体型，科学的身体肌肉练习不会使肌肉体积越来越增大，而只增强它的力量和耐力，使体型更加美丽。

讲授：有许多方法可测量肌肉的力量和耐力。如；引体向上和仰卧起坐可测量臂部和腹部肌肉的力量。

实践：让学生自己列举测量肌肉力量和耐力的方法和手段。

讲授：通过《国家学生体质健康标准》测试，评价学生的身体健康素质水平。评价可以帮助你发现自己目前的身体健康素质状况，了解是否需要增加体育活动的内容和时间。

讨论：1. 积极参加测试是一种对自己健康负责任的一种表现。

2. 《国家学生体质健康标准》测试同数学、语文测试一样，它帮助你发现自身身体健康素质的状况，告诉你是否需要增加体育锻炼的内容和时间。

3. 采用什么方法可以帮助学生了解他们的身体健康素质状况，测试结果可表明他们是否需要增加体育活动的内容和时间，使身体更加健康强壮。

4. 教师提问学生还有其他方法可以说明你的健康状况吗？用什么方法你可以自己测试并对你的身体健康素质进行检查和判断。

三、发展身体柔韧素质内容

讲授：柔韧性得到充分发展后，人体关节的活动范围将明显加大，灵活性也将增强。这样就可以减少或减轻在日常生活中由于动作幅度加大、扭转过猛而产生的肌肉和关节的损伤，减轻痛苦，提高生活质量。

讨论：在日常生活中由于身体的柔软性差容易引发什么损伤？

讲授：发展身体柔韧性的动力性和静力性牵张练习的概念及练习时的注意事项；动力性牵张练习是为适应运动实战需要而准备的，非常重要。

讨论：1. 动力性牵张练习为什么在运动实战中非常重要？

2. 做动力性牵张练习时应注意什么？

讲授：做肌肉静力牵张练习的两个要素，一是要充分拉长肌肉，二是要静止保持一定时间。做肌肉静力牵张练习时，不要来回用力摆振；当双腿肌肉同时牵拉时，要微屈膝关节，这样不易使腰、背部肌肉损伤；在进行运动前，应做肌肉的静力牵张练习，你应重点牵拉运动时使用最多的肌肉；运动结束后，还需要做肌肉的静力牵张练习，这样可以解除肌肉痉挛，帮助加快恢复肌肉的疲劳；柔韧性的重要性。具有柔韧性好的人，意味着他的肌肉、关节在活动时更加灵活；柔韧性好意味着你身体的无痛范围加大，可防止生活和运动时的身体损伤。

讨论：为什么说柔韧性可防止生活和运动时的身体损伤？

讲授：引起运动后肌肉延迟痛的原因之一是肌纤维痉挛，静力牵张练习是解除肌肉痉挛的有效方法，这也是为什么运动后要做静力牵张练习的原因；正确的牵拉肌肉很重要。运动前、运动后都应做牵拉肌肉的练习；在做牵拉肌肉练习时，对参与运动多的肌肉或肌肉群应加强牵拉练习。

讨论：1. 为什么运动前要做静力牵张练习？教师可选用适宜的物质演示在加热的情况下它可以伸展；在冷却的情况下它就容易被折断。

2. 讨论怎样牵张一些特殊的肌肉，教师列举一些例子。

3. 运动后做肌肉的静力牵张练习是放松肌肉，减少运动后肌肉延迟性疼痛的最好方法。

讲授：可采用多种方法发展柔韧性。肌肉越牵张它的柔韧性就越好。发展柔韧性要持之以恒，循序渐进。

讨论：1. 做特定的静力牵张练习可帮助发展特定的肌肉或肌肉群的柔韧性。

2. 经常不做肌肉的静力牵张练习柔韧性就下降，发展柔韧性以天天做为好。

实践：让学生展示他所知道的发展身体不同部位肌肉柔韧性的静力牵张练习方法，学生相互学习，掌握更多的静力牵张练习方法。

讲授：有许多方法可以测量你的柔韧性。如：立位体前屈和可测量你腰部和股后肌群肌肉的柔韧性。

讨论：1. 要保持身体健康，为什么至少要保持腰、背肌最低限度的柔韧性呢？

2. 立位体前屈的测量可以告诉你你的腰、背肌是否具有最起码的柔韧性。

实践：1. 让学生自己做立位体前屈的测量。

2. 让学生在课余时间或在家里做提高身体柔韧的练习。

第四节　保护身体

讲授：提高自我保护技能的方法。涉及的内容有：模拟摔倒、意外相撞、动作失误时自我保护动作练习。

实践：教师指导学生练习自我保护技能。涉及的内容有：快速走动中侧滚翻、前滚翻、向侧滚动、向后滚动，单肩后滚翻，跳起含胸抱头并侧转、倒地俯撑、跳起落地、下蹲侧倒、滚动的组合、缓冲动作、跑动起跳单脚踏墙动作等。

讲授：刀外伤的处置。

讨论：刀外伤应如何处置？

讲授：毒蛇咬伤的处置。

讨论：被毒蛇咬伤后应如何处置？

讲授：头颈部损伤的处置。

讨论：如果有人头颈部受到损伤，在搬运时应注意什么？

讲授：溺水的原因及处置。

实践：进行胸外心脏按压实际操作。

讲授：饮食和运动是决定身体成分比率的重要因素。身体所需的营养素缺乏、不喜欢运动、膳食结构不合理都能使体内脂肪增多。身体内脂肪过多或过少都影响健康。小时候体脂过多往往容易影响成年后的身体成分。你可以通过运动和合理的膳食改变自己的体脂含量。什么是科学、合理的膳食结构。什么方式的运动利于改变身体成分。有氧运动和无氧运动的概念及不同的供能方式；饮食和运动是决定身体成分的重要因素。

讨论：1. 何谓促进身体健康的“食物金字塔”模式？

2. 中国营养学会提出的《中国居民膳食指南》的内容是什么？

3. 你的饮食结构合理吗？是否准备改变？怎样改变？

4. 如果你因肥胖而体重较大应做什么方式的运动呢？快走是最理想的运动，为什么？如果进行跑、跳关节负荷大的运动对你的膝关节、踝关节有什么不良的影响？

讲授：你可以通过测量手段来了解自己的体脂含量。

讨论：1. 如何使用皮褶厚度测量仪？你知道使用的方法和要求吗？

2. 国际流行的测量部位有哪些？怎样确定各部位的测量点？怎样读、记录和最后确定测量数据？

3. 为什么说肥胖是一种疾病？身体过瘦也是一种疾病吗？

4. 列出目前社会上流行减肥的种种方法，判断哪些是科学的减肥方法？哪些减肥方法有害于身体健康，甚至危及生命。

讲授：控制体脂的饮食要点。涉及的内容有：营养素结构（低热量、高蛋白、低糖、低脂、充足的矿物质、维生素），保障食物纤维的摄入，充足饮水。

讨论：如何理解健康也是“吃”出来的？

讲授：当心“坐”出病来。长时间静止坐容易可引发心肌衰弱、心功能减退、出现痔疮、肌肉酸痛、僵硬、萎缩、甚至丧失力量、颈椎疾病、关节病和脊椎病、慢性眩晕、中风等、导致肥胖。

讨论：预防“坐”出来的病，我们应该做些什么？

讲授：不同场地紫外线的反射率。草地为1%。沙、混凝土为10%。冰、雪为80%。

讨论：如何防范运动中年紫外线对人体的危害。

讲授：什么叫呼吸带。呼吸带是指距地面1.5M左右高的地方。

讨论：在空气污染的环境中进行锻炼容易导致什么疾病的发生？

讲授：体重肥胖或超重应该怎样进行锻炼？涉及的内容有：锻炼与节制饮食相结合、选择适宜的运动方式、保证每周的锻炼次数、每天早晨和下午各锻炼一次、持续运动30分钟以上、保证大肌肉群参与运动等。

讨论：1. 为什么说每天早晨和下午各锻炼一次锻炼的效果会更好？

2. 提高基础代谢率能消耗多少热量？

讲授：肥胖者锻炼方式的选择。如果你属于肥胖或超重，就需要要选择适宜的运动方式。体育锻炼的最佳方式应选择走、游泳、骑自行车等持续的周期性运动。随着体重的减轻，再选择其他的运动方式。

讨论：肥胖者如何选择适宜的运动方式来保护自己的关节免受伤害？

讲授：如何选择锻炼身体的时间？

讨论：1. 每天空气污染的两个高峰期是什么时间？

2. 为什么说上午10点、下午3点钟左右，为最佳的锻炼时间？

讲授：体液的自我诊断。涉及的内容有：血液、还包括汗、泪、涕、痰、唾液、尿液等。

讨论：对体液的自我诊断有何实用意义？

讲授：自我保健的准则。涉及的内容有：少肉多菜（少荤多素）、少糖多果、少咽多嚼、少盐多醋、少烦多眠少、少酒多水、少烟多茶少、衣多浴少、车多步、少停多动、少药多练、少怒多笑。

讨论：自我保健你还能想出哪些少和多？

讲授：影响心理健康的主要因素。涉及的内容有：自然的、社会的；物质的、精神的、经济的、政治的、道德的、法律的等。

讨论：怎样理解“笑一笑十年少”的含义？

讲授：人类发病常见原因有哪些？内因：常见有体质异常（如过敏体质）与精神异常。外因：主要为刺激异常（如刺激过强、过频或缺乏刺激）。缺乏运动刺激是现代社会文明病的主要原因，如心脑血管疾病（冠心病、高血压、偏瘫等）及代谢性疾病（肥胖、糖尿病等）。

讨论：为什么说体育运动正是弥补缺乏刺激的关键手段?

讲授：心理调节的途径。涉及的内容有：处理焦虑策略、积极的体育锻炼、自我调节、转移注意、合理宣泄，学会幽默、心理咨询等。

讨论：1. 为什么说体育锻炼是心理调节的良好途径?

2. 焦虑对健康的不良影响。

第五节　技能学习

技能学习课程内容的特点是：种类多、形式多、对地域、环境、气候及教学条件有一定的要求，同时也是体育教师最为熟悉、最具有实践经验的课程内容。所以一一列举是不现实，也是没有必要的。

河南省按照《体育与健康课程标准》的水平分层，分别设计提供了四套课程内容，供各学校参考、选择使用。每套教学内容分成精学、简学、介绍和锻炼四种类型。作者认为，河南省的做法很有新意，故在这里进行部分引用。因为锻炼类教学内容在本书的课程内容分类中属于发展身体的范畴，故作者将其删除。

各学校可以从技能学习的课程内容中选取符合本校实际的内容进行教学，也可以对这些内容进行补充、调整或删减，还可以把精学、简学和介绍的内容进行交换使用。如提供的技能学习课程内容不适合本学校开展，学校可进一步拓展范围，选取符合本校实际的技能学习课程内容，开展技能学习的教学活动。

一、精学类教学内容

教学要求：各校应根据本校实际选择教学内容，使学生基本掌握所学动作的技能，不断提高学生在比赛中运用所学技战术的能力和自学自练的能力，鼓励学生表演他们所学的成套动作或自我创编新动作，使学生在一两个项目上达到较高水平。

教学内容建议

篮球	1. 复习初中所学内容 2. 运球和持球突破，行进间单手低手投篮 3. 基本技术动作组合 4. 传切，掩护，三攻二，二防三，二一二区域联防 5. 规则介绍及比赛
排球	1. 复习初中所学内容 2. 上手发球，扣快球，双人拦网 3. 边二三进攻战术，防守战术 4. 规则介绍及比赛
足球	1. 复习初中所学内容 2. 抢截球，踢球和停球方法的延伸 3. 基本技术动作组合 4. 整体进攻与防守战术，任意球战术 5. 规则介绍及比赛
体操	1. 体育课常用队列及体操队形 2. 徒手操（韵律操、健美操、搏击健身操等）和轻器械体操（绳、球、棒等） 3. 技巧中的各种滚翻、手翻、平衡和倒立动作；搬运、角力、各种实用性练习等 4. 单、双杠上的支撑、摆动、上法、下法等动作 5. 跳箱的各种腾越动作
舞蹈	1. 复习初中所学内容 2. 自编动作组合和套路 3. 体育舞蹈的基本动作组合 4. 新舞种介绍
武术	1. 复习初中所学内容 2. 1-2 套长拳（太极拳）套路和器械套路（剑、棍、刀等） 3. 攻防技术

二、简学类教学内容

教学要求：各校应根据本校实际选择教学内容，通过学习此类教材，丰富学生的体育知识和运动体验，增进他们对更多体育项目的了解，为终身体育奠定良好基础。

教学内容建议

乒乓球	1. 复习初中所学内容 2. 发球的变化与接发球技术 3. 进攻战术介绍 4. 规则介绍及比赛
跆拳道	1. 各种基本拳法与腿法 2. 比赛规则介绍
毽球或藤球	1. 复习初中所学内容 2. 二传球及攻球技术 3. 规则介绍及比赛
手球	1. 复习初中所学内容 2. 传球、运球和射门技术的延伸 3. 规则介绍及比赛
游泳	1. 复习初中所学内容 2. 爬泳
野外活动	1. 利用地形地貌的越野跑 2. 因地制宜设计小型定向越野 3. 野外活动与生存知识介绍
横向攀岩	1. 三点固定法、身体姿势、手脚动作 2. 在人工岩壁上练习横向攀岩
网球	1. 发球 2. 正反手击球 3. 规则介绍及比赛

续表

搏击健身操	1. 各种基本动作组合 2. 自编成套动作
自卫防身术	有关内容
其他	符合学生身心特点，具有锻炼价值，利于达成学习目标，能反映学校特色的各种运动项目

三、介绍类教学内容

教学要求：各类学校都应根据本校实际，从本建议提供的技能学习介绍类教学内容中选取教学内容。可以根据本校实际对内容进行选择或调整。通过学习丰富学生的体育知识和经验，进一步提高学生的体育素养。

教学内容建议

教学内容	1. 滑雪 2. 攀岩 3. 野游 4. 帆船 5. 长走 6. 跑酷动作组合

第六节　行为养成

讲授：不良的生活方式对身体健康的影响。随着人民生活水平的提高及生活习惯的改变，医学家预言：大约在2015年，发达国家和发展中国家人的死亡原因大致相同，生活方式疾病将成为人类的头号杀手！

讨论：不良的生活方式的内容是什么？

讲授：不良生活方式的特点：潜伏期长、特异性差、联合作用强、易变性大、广泛存在。与不良生活方式做斗争，必须树立信心，持久努力才可奏效。

讨论：你有什么不良的生活方式？准备改正它吗？

讲授：不良健康行为的诊断与矫正。人们的行为改变过程一般分为四个层次：知晓健康信息——健康信息认同——态度改变——采纳健康行为。

实践：让学生制定自己不良行为矫正的计划。

讲授：不良的饮食习惯。狼吞虎咽容易发胖；细嚼慢咽不但能防肥和减肥，而且还能防止癌症。

讨论：为什么细嚼慢咽能防肥、减肥而且还能防止癌症？

讲授："完全健康状态"的含义和内容。"完全健康状态"除包括身体健康素质外，还包括积极健康的生活习惯和生活方式、对待健康的积极态度和行动、具有自我健康的责任感、健康的营养习惯、对烟、酒、毒品的正确认识和自我控制、对心理焦虑的正确处理能力、科学合理的控制体重、对其他一些影响人体健康因素的判断、识别和处理；学生能够说出什么是"完全健康状态"。

讨论：1. 你具有"完全健康状态"了吗？哪些方面还有缺陷？

2. 你打算怎样纠正或弥补这些缺陷？

实践：1. 让学生对照"完全健康状态"的标准检查自己的差距。

2. 根据自己与"完全健康状态"标准存在的距，制定改变实施计划或方案。

讲授：每个人应对自己的健康负责。改变不良的生活习惯尽管不是轻而易举的事，但通过自己不懈的努力是可以做到的。

讨论：1. 怎样才能养成良好的生活习惯或改变不良的生活习惯？

2. 你有什么不良的生活习惯准备去改变？打算采取什么方式？

3. 讨论同学、朋友、老师、家庭成员可以帮助你改变不良生活习惯的方法。

讲授：身体健康素质和"完全健康状态"应同步发展。要获得"完全健康状态"就意味着你不仅要积极参加体育锻炼提高身体健康素质，还要学习有关健康的各种知识，提高有关健康的认知水平以及提高分析、判断和解决自身健康问题的能力。

讨论：1. 身体健康素质和"完全健康状态"的区别与联系？在获得身

体健康素质后，还需进一步追求“完全健康状态”。

实践：让学生提出一些能够帮助他们实现“完全健康状态”的方法和途径。

讲授：身体练习可以帮助你克服心理焦虑。当人感到焦急或有心理压力时就会产生心理焦虑，身体练习可帮助缓解或解除心理焦虑。

教学要点：体育活动可以帮助你克服或缓解甚至消除心理焦虑症状。

实践：1. 让学生列出引发自己焦虑的原因，如：考试成绩、过多的家庭作业、人际关系、经济状况、升学压力等。

2. 通过走、慢跑、骑自行车、做集体游戏来放松身心、消除焦虑。

3. 列出一些正确处理和不正确处理心理焦虑的方式方法。

讲授：健康的身体是未来成功的基础；健康的行为方式是获得健康的基本保证。

讨论：1. 健康是1，其他后天获得的所有东西都是0，没有健康就等于没有一切。

2. 以牺牲健康为代价获取自己认为重要的任何东西都是愚蠢的。

3. 健康的身体、旺盛的精力是现代竞争社会对人的最基本的要求。

讲授：有害的职业性行为直接影响人们的健康。涉及的内容有：长时间静坐不动、进食不规律、作息时间易变、“开夜车”等；有害的行为方式直接影响人们的健康。

讨论：长时间静坐不动对身体健康有哪些危害？包括：心肌衰弱、心功能减退、出行痔疮、女性还易患盆腔炎、附件炎、肌肉酸痛、僵硬、萎缩、腰背肌肉下垂疼痛、易患脊柱病、肥胖症等。

实践：1. 让学生检查自己有无长时间静坐不动、进食不规律、作息时间易变、“开夜车”等不健康的行为，如果有你打算怎样纠正？

2. 让学生检查自己有无因不健康的行为对健康已经产生了不良影响，如果有你打算怎样纠正？

讲授：积极健康生活方式的获得。怎样分析自己不良的行为方式，通过什么方法和途径使之改变。

讨论：1. 什么时候积极的生活方式才能来到你的日常生活中？你现在应该怎样做呢？

2. 你想在生活方式中的哪些方面改变一下呢？你将做些什么？

3. 什么因素或条件可以帮助你实现这一改变？

4. 现在你应该怎样开始？

讲授：什么是毒品？吸食毒品对身体健康的影响。涉及的内容有：对消化系统的危害；对神经系统的危害；对心血管系统的危害；对呼吸系统的危害。

讨论：吸食毒品对社会有哪些危害？

讲授：不良的性行为对身体健康的影响。

讨论：如何认识“性自由”、“性解放”等思潮？

讲授：体育消费行为的选择。涉及的内容有：健身器械、健身用品、营养品、健身书刊、消费内容的选择。

讨论：影响体育消费的因素有哪些？

第七节　文化传承

讲授：体育文化的特征：涉及的内容有：体育文化与人的体育生活联系紧密、影响人们不同的体育价值观念、与地域或民族的社会文明、物质文明以及自身的发展产生具有互动发展的关系、是自然科学和社会科学相结合的综合性科学等。

讨论：体育文化如何反映一个国家的社会文明、精神文明和物质文明？

讲授：体育文化的特性。涉及的内容有：民族性、时代性、社会性、差异性和继承性。

讨论：如何继承和弘扬我国的民族传统体育？

讲授：校园体育文化。涉及的内容有：近代校园体育文化、现代校园体育文化、当代校园体育文化。

讨论：校园体育文化肩负着什么历史使命？

讲授：校园体育文化的功能。涉及的内容有：导向功能、凝聚功能、示范与辐射功能、约束与规范功能、育人功能、心理疏导功能、沟通功能、健身功能、娱乐功能、社会化功能、传播功能、扬弃与创造功能和平衡与协调功能。

讨论：校园体育文化对学生健康成长的作用？

讲授：怎样欣赏体育比赛。涉及的内容有：直接欣赏和间接欣赏。

实践：教师与学生共同欣赏一场体育比赛，分享欣赏的角度和内容。

讲授：奥林匹克运动的影响。涉及的内容有：政治、经济、哲学、文化、艺术和新闻媒介等方面。

讨论：奥林匹克运动对人类社会发展的贡献。

讲授：奥林匹克精神。奥林匹克运动是人类文明的产物，是推动现代社会发展的重要动力之一，是通过没有任何歧视、具有奥林匹克精神——以友谊、团结和公平精神、相互了解的体育活动来教育青年，从而为建立一个和平的更美好的世界做出贡献。

讨论：奥林匹克精神对我们有何影响？

讲授：现代奥林匹克之父——勒巴龙·皮埃尔·德·顾拜旦。

讨论：根据顾拜旦的身世如何理解体育与教育的关系？

讲授：奥林匹克运动。涉及的内容有：《奥林匹克宪章》、奥林匹克运动的组织体系、思想体系、奥林匹克主义、奥林匹克宗旨。

讨论：为什么奥林匹克运动可以举办成为世界各国共同参与的最大的国际盛会？

讲授：欣赏体育比赛的意义。涉及的内容有：体育竞赛的魅力、真实性、娱乐性、新奇性、健美性和向上性。

讨论：你观看体育比赛的动机是什么？

讲授：奥林匹克运动与文化。涉及的内容有：音乐、舞蹈、艺术、建筑艺术、雕塑、文学等。

讨论：奥林匹克运动智力和艺术的表现方面有哪些？

第十三章　大学体育课程内容一体化及具体实施

第一节　认识身体

讲授：肌纤维的类型。骨骼肌纤维类型与运动关系的一个重要方面表现在人体的肌纤维百分组成具有明显的特异性。涉及的内容有：快肌纤维、慢肌纤维、肌纤维类型与运动。

讨论：什么是红肌纤维？什么是红肌纤维？他们有何不同？

讲授：健康的新概念。“健康不仅是疾病与体弱的匿迹，而是身心健康、社会幸福的完美状态。”所谓身心健康，即身体健康、心理健康、社会适应良好和道德健康四个方面都健全，才是完全健康的人。

讨论：1. 什么是躯体健康？

2. 什么是心理健康？

3. 什么是社会适应良好？

讲授：什么是亚健康？如何自我测评亚健康？亚健康是介于健康与疾病之间生理功能低下的一种状态。

实践：让学生通过亚健康测评表评价自己的健康状况。

讲授：身体成分的测定方法。如体密度法，同位素法，电阻抗法，以及通过测定皮下脂肪厚度的推算法等。

实践：学生通过实践活动测定自己的身体成分并进行自我评价。

讲授：食物金字塔。高血压、心血管疾病和糖尿病等与饮食密切相关的疾病发病率近年来有所提高，中国预防医学科学院营养学家提出“食物金字塔”模式，提醒人们合理、科学地安排一日三餐饮食，提高健康水平。

讨论：黄帝内经“五谷为养、五果为助、五畜为益、五菜为充”的道理。

讲授：什么叫线粒体？线粒体的作用，增加肌肉的体积有利于体脂的代谢；学生能够说出什么是线粒体及作用；让学生知道线粒体数量的增加有利于体脂的代谢；力量练习可以增加肌肉的体积从而增加线粒体的数量。

讨论：1. 为什么不同性别、年龄的成年人都应该进行适量的力量练习？

2. 为什么说线粒体是脂肪的“燃烧炉”？

讲授：肌肉体积的增长幅度除练习外还受体内激素的影响。

讨论：女性通过力量练习会影响她们的身材吗？

讲授：肾上腺的位置及肾上腺素在运动中的作用；学生能够说出什么是肾上腺素及肾上腺素在运动中的作用；肌肉体积的增长幅度除练习外还受体内激素的影响。

讨论：1. 肾上腺素对运动有何影响和作用？

2. 人在发脾气或应激状态下，为何血压会升高，心跳会加快？

3. 保持心态平和对健康有何意义？

4. 女性通过力量练习会影响她们的身材吗？

第二节　使用身体

讲授：户外运动、攀岩、登山等运动的知识、身体、装备等内容的介绍；学生能够正确运用有关的知识、身体、装备等从事各种户外运动；户外运动知识、装备的讲解和使用。

讨论：户外运动是健身还是冒险？

实践：1. 学生通过体操、武术、舞蹈、滑板、跑酷、攀岩、拓展等运动发展使用身体的能力。

2. 通过攀岩实战练习提高学生使用身体能力。

3. 通过野外生存课程发展学生使用身体能力。

第三节　发展身体

一、发展身体健康素质内容

讲授：大学体育与终身体育的关系，不断提高身体健康素质应该是人们一生追求的目标；身体健康素质的提高和保持应该是终身的；体育活动对身体健康非常重要，体育活动是获得身体健康素质的重要途径。

讨论：1. 随着生活水平的提高，对你身体健康素质的发展与提高带来了哪些有利和不利因素？

2. 科技高度发达的现代社会对人的生存与发展会产生什么有利和不利的影响？

3. 人的智力发展和身体健康素质的发展哪一个重要？为什么？

4. 你获得和保持身体健康素质的途径有哪些？

5. 你具有通过各种媒体学习提高健康水平的手段和方法的能力了吗？

讲授：你可以通过多种途径成为积极活动的人。有许多有趣的途径可以使你活动，改善你的健康状况。

讨论：1. 走步或跑步同跳舞、打网球或打保龄球一样都能提高人的身体健康素质，你参加跑步或走步运动了吗？为什么？

2. 上楼、出行你采用的是什么方式？课余或休息日你都做了些什么？为何选择这种方式或做这些活动？它们对保持和增进健康有益吗？

3. 体育活动意味着必须参加竞技运动，这种说法对吗？如果你的身体条件不易参加竞技运动，那你就不是从事体育活动的料？你同意这种说法吗？为什么？

4. 你每周做了几次有氧代谢运动？每次持续运动了多长时间？符合有氧运动的条件了吗？

5. 你知道自己在多大强度下、做什么运动可以持续 30 分钟以上吗？你是通过什么方式知道的？

6. 你认为你所从事的体育活动中哪些运动对提高人体的有氧代谢能力最有效？你打算经常进行这种运动吗？为什么？

讲授：成为积极活动的人也需要科学的判断与决策。

讨论：1. 运动时你是否能够通过自身感觉或脉搏控制适宜的运动量？你是否能够通过运动后的恢复情况判断运动量的大小？

2. 你是通过什么方式来判断一项体育活动的价值的？有趣？容易？不费太多的力气？不需要花费？不需风吹日晒？对身体器官有锻炼价值？

讲授：保持身体健康素质是重要的。包括良好的有氧代谢能力、肌肉的力量和耐力、柔韧和适宜的体脂水平。体育活动是保持身体健康素质的重要途径。

讨论：1. “活着就要站着”，你认为这句话表达了一种什么样的价值观？你赞成这种价值观吗？

2. 努力成为一名具有身体健康素质的人是对自己、配偶、子女、事业、社会负责任的表现。你同意这种观点吗？

3. 你对自己目前的健康状况感到满意吗？如不满意你愿意从现在开始改变它吗？提高身体健康水平不分早晚，重要的是开始行动！

讲授：健步行走的健身价值。健步行走是一种温和的运动方式，也是人们可以坚持并容易保持终身的运动方式，它能够对骨骼、肌肉进行有效的训练，同时让身体多吸收钙质，有效地对抗骨质疏松、防止关节部位损伤。因此，世界卫生组织称其为最佳的运动方式。

讨论：1. 什么是可以伴随你终身的运动？

2. 不同运动方式对身体健康要素的影响程度？

二、发展身体力量素质内容

讲授：如何增加身体的去脂体重，去脂体重的增加对健康有何意义；肌肉力量和耐力的发展对人体有氧耐力和身体成分都要直接的影响作用；肌肉是身体重要的组成部分。肌肉可帮助你直立、维持身体姿势、身体移动、移动物体、保护内脏。

讨论：1. 肌肉是由哪些成分构成的？为什么力量练习后应适当增加蛋白质的摄取量？

2. 力量练习可以增大肌肉的体积，增加身体去脂体重的比率。

3. 肌肉中的线粒体是燃烧脂肪的“火炉”，体内肌肉组织多利于脂肪的分解代谢，有利于人体获得和保持合理的身体成分。

讲授：人体获得肌肉力量非常重要。肌肉的力量说明你肌肉的强壮程度，具有强壮的肌肉组织可使你体型健美，自我感觉良好。要获得良好的身体健康素质就必须获得能够维护健康的肌肉。

讨论：1. 肌肉主要是由蛋白质组成，蛋白质对人体有何重要意义？

2. 为什么人们需要肌肉力量？不是运动员或体力工作者也需要肌肉力量吗？

3. 你是通过什么练习方法发展肌肉力量的？你知道肌肉力量练习的“RM”方法吗？能否举例说明？

实践：让学生按照“RM”练习方法，分别找出符合自己发展肌肉耐力、增大肌肉体积和增加肌肉绝对力量的练习重量。

讲授：人体获得肌肉的耐力非常重要。肌肉的耐力决定了你工作或运动可持续的时间，肌肉耐力也是身体健康素质之一；肌肉的力量和耐力可以通过许多方法来提高，特定的练习方法可提高特定肌肉的力量和耐力。

讨论：1. 肌肉耐力与有氧代谢耐力共同影响着人体持续工作的时间。

2. 为什么说肌肉耐力是我们提高生活质量的重要条件？

3. 教师列出发展肌肉练习的动作名称，让学生指出每一练习发展的主要肌肉或肌肉群是哪些？

实践：让学生写出他们所采用的发展肌肉力量和耐力的练习方法和名称。

讲授：身体练习对肌肉有益处。身体练习可以增加肌肉纤维的体积或提高肌肉的耐力，身体练习越多，肌肉的力量和耐力就越强；有许多方法可测量肌肉的力量和耐力。如；引体向上和仰卧起坐可测量臂部和腹部肌肉的力量等。

讨论：1. 肌肉的力量练习可使腿变粗吗？这种说法对吗？为什么？

2. 学生如何选用安全的测量的方法，测量自己的肌肉力量和耐力。

讲授：女性与力量练习。同样重量的脂肪和肌肉，脂肪的体积却是肌肉的5倍。女性采用低重量多重复次数的练习方式，能够使女性获得更加优美的身材。如果说肌肉的增长会影响身材的话，那么5倍大的脂肪会比肌肉好看吗？相反，肌肉的发展可增加皮肤的弹性、改变女性胸部、腹部的松垂状态，会使身材更加好看。

讨论：1. 哪些女生参加力量练习？身体有何变化和感受？

2. 女性进行力量练习会男性化吗？

实践：学生对自己肢体和躯干的力量进行测量。

讲授：通过《国家学生体质健康标准》测试评价学生的身体健康素质水平。评价可以帮助你发现自己目前的身体健康素质状况，了解是否需要增加体育活动的内容和时间。

讨论：1. 评价结果只能说明“今天”，不能说明未来。健康是不能“储存”的，你锻炼就会获得健康；不锻炼就会失去健康。

2. 应把身体健康素质的评价看作是诊断性评价，与其他同学比较评价结果的高低并不重要，重要的是看自己进步的情况。

3. 评价结果好，说明你已经有较好的身体健康素质基础，需要进一步地保持提高；评价结果差，说明你有更大的发展空间，只要坚持不懈的努力身体健康素质一定可以提高。

三、发展身体柔韧素质内容

讲授：什么是反“牵张反射”的肌肉静力牵张练习；使学生理解反“牵张反射”的肌肉静力牵张练习的概念、机制和练习方法。

讨论：1. 为什么说静力牵张练习不容易拉伤肌肉？

2. 如何依据“牵张反射”的生理机制来进行安全的柔韧性练习？

3. 反“牵张反射”的肌肉静力牵张练习的生理机制是什么？

4. 如何应用反“牵张反射”静力牵张练习的“保持——收缩——放松——牵拉——再保持”的方法进行不同肌肉的柔韧性练习。

实践：学生分别进行动力性、静力性和反“牵张反射”静力牵张练习，掌握不同的发展肌肉柔韧性的练习。

讲授：静力性牵张练习的三个要素是什么？

讨论：涉及的内容有：体温、拉长肌肉、静止保持一定的时间。

讲授：柔韧素质对健康的重要性及对生活质量积极或消极的影响；使学生懂得柔韧素质对生活质量积极或消极的影响是什么。

讨论：1. 影响身体柔韧性的解剖因素有哪些？怎样处理柔韧性和关节稳固性的矛盾？

2. 成年人的腰背痛与腰背部肌肉的柔韧性有关。

3. 久坐学习或工作颈部、肩部和腰部的肌肉会产生疲劳，你是通过什么伸展练习来放松这些特定的肌肉或肌肉群的？

讲授：柔韧性是身体健康素质的要素之一，要具有良好的柔韧性需要通过经常的练习才可以保持。

实践：1. 让学生列举两个生活中的例子，解释为什么柔韧性在生活中重要？

2. 让学生列举并展示两个发展腰背肌柔韧性的练习方法。

3. 让学生列举并展示解除颈部、肩部和腰部肌肉疲劳的肌肉牵张练习。

讲授：有许多方法可以测量你的柔韧性。如：立位体前屈和可测量你腰部和股后肌群肌肉的柔韧性。

实践：1. 你会使用什么方法测量不同肌肉的柔韧性？

2. 参加《中国学生体质健康标准》测试

第四节　保护身体

讲授：提高自我保护技能的途径。涉及的内容有：协调性、灵活性及快速反应练习、柔韧性练习、肌肉力量练习等。

实践：让学生做垫上滚动与滚翻、协调性强的徒手体操、快速往返跑、变向跑与快速跑动中急停、变向跑、下蹲抱头、跳起侧转、抱头低头或头侧屈的闪躲动作、正压腿、侧压腿、正压肩、反压肩、体前屈、体侧屈、单足跳、负重深蹲、蛙跳、俯卧撑、仰卧撑、俯撑爬动、吸腿跳等动作练习。

讲授：自我保健的原则和内容有哪些？自我保健的原则是自我监测、自我判断、自我治疗、自我护理和自我预防，是将医疗、预防、保健、康复合为一体的综合保健措施。自我保健的内容。自我保健的内容是利用医学的知识，科学的方法，简便易行的治疗和康复手段，同危害人们身心健康的不良习惯、疾病、衰老进行斗争，利用自己的保健、医学知识不断地调整和恢复心理和机体的平衡，达到身心健康、延年益寿的目的。

讨论：如何形成自我保健的意识？

讲授：自我监测。指自己对自己的健康状况或疾病动态进行测定和自我评价。自我监测可及时发现问题，及时得到纠正和预防。

讨论：涉及的内容有：生活起居、休息睡眠、健身锻炼、社交活动、娱乐游戏、饮食营养、卫生习惯、精神卫生等。

讲授：健康的四块基石。合理膳食，适量运动，戒烟少酒，心理平衡。四块基石是健康生活的重要内容。

讨论：自我检查与四块基石的差距？

讲授：不良饮食行为的表现。涉及的内容有：纵欲式的进食方式、盲目节食、追求高蛋白、高脂肪饮食、不卫生的“共食”现象、偏食、偏信“营养补品”。

讨论：你认为健康的饮食行为在你的学习、生活以及未来的工作、事业和家庭中扮演什么角色？为什么？

讲授：合理营养的七条膳食指南。涉及的内容有：食物多样化；避免吃过多的糖；避免吃过多的盐；避免吃过多的脂肪，特别是饱和脂胞和胆固醇；如果饮酒要适量。维持理想体重；

讨论：如何根据膳食指南来纠正不良的饮食习惯？

讲授：身体成分与非传染性疾病的关系。涉及的内容有：非传染性疾病是指由不良的生活习惯或方式引起的各种疾病；身体内由于体脂过多而引发的各种非传染性疾病的致病原因和机理。

你可以通过测量手段来了解自己的体脂含量。涉及的内容有：测量体重的要求与方法；测量身体内体脂含量的要求与方法；计算体脂和去脂体重所占人体重量的百分比；科学减肥的步骤和方法。

讲授：身体成分是身体健康素质的重要组成部分。

讨论：1. 何谓“标准体重”？何谓“去脂体重”？它们对个体有何意义？

2. 有“理想体重”吗？不同职业的人（模特、不同项目的运动员、舞蹈演员、普通人等）为了所从事职业或健康的需要，都有各自的“理想体重”。

3. 适宜的身体成分比率应是人们终身追求的目标。

4. 遗传、缺乏体育活动、小时候脂肪细胞增殖过多、嗜食、不良的饮食习惯、营养素缺乏等都会影响身体成分。

讲授：肥胖是一种疾病。肥胖还可引起种种非传染性疾病。

讨论：1. 你知道21世纪人类面临的“头号杀手”是什么？为什么？

2. 什么是非传染性疾病？非传染性疾病包括什么？目前有药物能够彻底治疗吗？

3. 非传染性疾病产生的原因是哪些？不良的生活习惯和生活方式是非传染性疾病产生的重要原因。

4. 非传染性疾病可以通过体育锻炼的方法加以预防和治疗。

讲授：科学的减肥方法。身体内的脂肪不是越少越好；减肥有利健康，但减肥的方法不当则有害健康。

讨论：1. 肥胖是怎样分类的？只有明确自己是属于哪种类型的肥胖，才可能科学地实施减肥计划和选用减肥手段。

2. 肥胖与肥胖度的划分。对照我国肥胖度的划分标准来决定你是否需要减肥？如果需要，减多少？用多长时间为宜？

3. 身体内的脂肪不是越少越好，成年女性体内脂肪含量不得低于身体重量的12%；男性为7%，如果体内脂肪低于这一标准，将会影响人体正常的生理功能、甚至危及生命。

4. 列出目前社会上减肥的种种方法，判断哪些是科学的减肥方法？哪些减肥方法有害于身体健康，甚至危及生命。

讲授：你可以通过测量手段来了解自己的体脂含量。

讨论：1. 女性能否通过测量胸围、腰围和臀围与相应的量表对照来判断自己是否应该减肥？三围的数值是评价体型的常用指标，将它作为减肥的依据是不科学的。

2. 自己的衣服、裤子、腰带都可以为你提供体脂变化的宝贵信息。

讲授：罹患非传染性疾病的危险因素有不良的生活方式和习惯；不良的抽烟、酗酒的嗜好；体重超重或肥胖等。

讨论：1. 鉴别罹患心脏疾病的致病危险因素，并找出预防这些危险因素的方法。

2. 鉴别罹患糖尿病的致病危险因素，并找出预防这些危险因素的方法。

3. 体育运动对非传染性疾病的预防起什么积极的作用?

讲授：搬运物体的“5 部曲”即接近物体——屈腿搬物——靠近身体重心——站立移动——屈腿放物。

讨论：1. 为什么搬运物体要按照搬运物体的“5 部曲”要求进行？它对预防腰部损伤有什么作用?

2. 教师在课堂上提供一些重物让学生练习，鼓励学生在搬运物体时运用正确的身体姿势，避免发生腰部损伤。

讲授：睡眠的自我诊断。涉及的内容有：睡速度、睡眠深浅及睡眠总时间。

讨论：睡眠的自我诊断有何意义?

讲授：晨脉的自我诊断。

讨论：晨脉的自我诊断有何意义?

讲授：心理卫生的标准。

实践活动：让学生根据国内外心理学界专家们提出的心理健康的十二条标准进行自我评价。

讲授：负离子与健康。负离子是存在于空气中的一种带负电荷的气体离子。它是来自阳光中紫外线、宇宙线以及土壤和水中微量放射性物质等的辐射作用和空中的雷电作用，使空气不断产生电离而形成的负电荷离子。

讨论：什么自然环境下负离子的浓度较高？

讲授：创伤性休克的处置。休克是机体遭受强烈刺激后产生的严重的全身性综合症状。创伤性休克是由剧烈疼痛等强烈刺激致反射性中枢神经抑制、血管扩张，大量失血后（人体急性失血达总血量的1/3，约1500毫升以上）就可能出现休克症状。

讨论：如何处置创伤性休克病人？

讲授：食物中毒处置。

讨论：食物中毒后如何处置？

讲授：判断真假死亡者的四个要素。呼吸停止、瞳孔对光反射消失、角膜反射消失、不出现眨眼反应。

讨论：你能够说出判断真假死亡者的四个要素吗？

讲授：在体育活动中培养自尊和自信。涉及的内容有：展现自我、自我激励、量力而行、相互鼓励、发展专长等。

讨论：如何在体育活动中培养自己的自尊和自信。

第五节　技能学习

技能学习课程内容的特点是：种类多、形式多、对地域、环境、气候及教学条件有一定的要求，同时也是体育教师最为熟悉、最具有实践经验的课程内容。所以一一列举是不现实，也是没有必要的。

河南省按照《体育与健康课程标准》的水平分层，分别设计提供了四套课程内容，供各学校参考、选择使用。每套教学内容分成精学、简学、介绍和锻炼四种类型。作者认为，河南省的做法很有新意，故在这里进行部分引用。因为锻炼类教学内容在本书的课程内容分类中属于发展身体的范畴，故作者将其删除。

各学校可以从技能学习的课程内容中选取符合本校实际的内容进行教学，也可以对这些内容进行补充、调整或删减，还可以把精学、简学和介绍的内容进行交换使用。如提供的技能学习课程内容不适合本学校开展，学校可进一步拓展范围，选取符合本校实际的技能学习课程内容，开展技能学习的教学活动。

一、精学类教学内容

教学要求：各校应根据本校实际选择技能学习教学内容，要根据儿童身心特点，引导他们在一定情境下，通过游戏和其他活动充分体验运动的乐趣，发展身体基本活动能力，养成锻炼习惯，为将来在某些项目上的进一步学习打下基础。

教学内容建议

篮球	1. 篮球运动的技术组合 2. 篮球的技术对抗 3. 篮球基本战术 4. 篮球不同人数的对抗 5. 篮球比赛
足球	1. 足球运动的技术组合 2. 足球的技术对抗 3. 足球基本战术 4. 足球不同人数的对抗 5. 足球比赛
乒乓球	1. 不同旋转的发球 2. 不同角度、距离的发球 3. 乒乓球变线推挡 4. 乒乓球正反拍推挡 5. 乒乓球正反拍拉弧旋球 6. 乒乓球比赛 7. 乒乓球基本技术、战术
韵律活动	1. 在音乐或音响伴奏下的韵律活动 2. 创编韵律动作组合 3. 节奏感强的持轻器械韵律操 4. 个人或小组的韵律活动展示
武术	1. 武术动作组合 2. 完整 3. 个人或小组的武术套路展示 4. 武术段位考核

二、简学类教学内容

教学要求：各校应根据本校实际选择技能学习教学内容，要使学生通过游戏或其他活动对学习内容有基本了解和体验，了解基本的活动方法和规则要求，满足学生对体育运动求新、求异的需求。

教学内容建议

网球	1. 发球技术 2. 底线正、反手击球技术 3. 网前截击技术 4. 高压球技术 5. 教学比赛
舞蹈	1. 不同舞蹈的节奏练习 2. 不同舞步组合练习 3. 不同舞蹈技术 4. 个人或小组的舞蹈展示
生活实用技能	1. 各种跨越和支撑腾越障碍的练习 2. 使用户外用具的技能 3. 逃生与自救技能
冰雪技能	1. 滑冰（滑雪）基本技术 2. 速度滑冰（滑雪）技术
滑板运动	1. 基本滑行与停止方法 2. 滑行过障碍物技术
其他	符合学生身心特点，具有锻炼价值，利于达成学习目标，能反映学校特色的各种运动项目

三、介绍类教学内容

教学要求：各类学校都应根据本校实际，从本建议提供的技能学习介绍类教学内容中选取教学内容。可以根据本校实际对内容进行选择或调整。通过学习丰富学生的体育知识和经验，进一步提高学生的体育素养。

教学内容建议

教学内容	1. 跑酷运动 2. 击剑 3. 短式网球 4. 台球 5. 龙舟 6. 防卫技术 7. 保龄球 8. 民族民间体育 9. 户外活动 10. 定向越野 11. 拓展运动

第六节　行为养成

讲授：健康的生活方式。涉及内容有：一个中心：以健康为中心；两个基本点：小事糊涂一点，对人大度一点；三大快乐：助人为乐、知足常乐、自得其乐；四块基石：合理膳食、适量运动、戒烟限酒、心理平衡。

讨论：让学生检查自己的生活方式是否健康？

讲授："完全健康状态"应是我们一生努力去追求的目标，它对我们一生的生活质量都会产生积极的影响。每个人应对自己的健康负责。实现"完全健康状态"不是轻而易举的事，但是对它的追求应该是永不停步的。用"完全健康状态"的标准对照自己，你还需要在哪些方面努力。

讨论：1. 何谓生活水平？何谓生活质量？它们的衡量标准是什么？有何区别？

2. 良好或不良的生活习惯对人一生的生活质量有什么影响？

3. "完全健康状态"是否应成为你一生追求的目标？它与你一生的生活质量是否有密切的关系。

实践：1. 检查自己有什么不良的生活习惯准备去改变？打算采取什么方式？

2. 列出同学、朋友、老师、家庭成员可以帮助你改变不良生活习惯的方法。

讲授：保持良好的身体姿态是重要的生活习惯。良好的身体姿态对你身心的发育和发展都有积极的意义。

讨论：1. 保持良好的身体姿态对建立自尊、自信、增强竞争力有何帮助？

讲授：行为与健康的关系。

讨论：“知而不行、行而不知”的现象发生的原因？

讲授：“健康五级台阶”的概念和基本内容。身体健康各级台阶的名称分别是：不健康、亚健康、健康、高水平的身体健康素质、完全健康状态。

讲授：身体健康素质和“完全健康状态”应同步发展。要获得“完全健康状态”就意味着你不仅要积极参加体育锻炼提高身体健康素质，还要学习有关健康的各种知识，提高有关健康的认知水平以及提高分析、判断和解决自身健康问题的能力。

讨论：何谓“健康五级台阶”？

实践：1. 让学生分析自己目前已蹬上了哪一级台阶？有何努力方向和目标？

2. 通过《国家学生体质健康标准》测试指标的反馈，制订自己实现“完全健康状态”的阶段性目标和努力方向。

讲授：体育活动可以克服或解决部分心理问题，还可以帮助你预防、缓解、甚至消除心理焦虑症状。

讨论：1. 利用体育手段解决心理问题的方法和途径有哪些？

2. 举例说明你是怎样利用体育手段来缓解心理问题的？

实践：列出一些你已经掌握和运用的解决心理问题的体育手段和方法。

讲授：健康积极的生活方式对身体健康短期和长期的效果。涉及的内容有：积极生活方式的计划和目标；阻碍积极生活方式养成的因素；成功改变生活方式的步骤。

行为和生活方式的形成与特点。人的行为和生活方式受复杂的个人生理和心理及外部社会因素的影响，如人的神经活动、认识能力、兴趣、爱好、气质、性格等心理活动的特点、人与人之间的影响以及人所处的社会环境的影响等等。这些都是行为和生活方式发生的条件。

讨论：1. 人的行为有何特点？包括：行为具有目的性；行为受思维、情感、意志、气质、性格、能力等心理活动的调节；行为表现出更大的差异性；行为具有极大的可塑性；人的相同行为可来自不同的刺激；相同的刺激可引起人不同的行为。

2. 人的行为具有遗传的特点。人体生理的遗传已被人们所熟知，但不良生活行为和生活方式的"遗传"往往被人们所忽视。这种"遗传"对人体的健康有潜移默化的不良影响。但你的健康状况的好坏仍然掌握在自己手中。

讲授：不良健康行为的诊断与校正。涉及内容：行为改变过程的四个层次；改变行为的计划、改变不良行为的步骤过程；自我健康行为的保持与强化；不良健康行为的诊断与校正。认识行为改变过程的四各层次、改变行为的计划和改变不良行为的步骤过程；自我健康行为的保持与强化。

讨论：1. 行为改变过程分哪四个层次？知晓健康的信息、健康信息的认同、态度的改变、采纳健康的行为。

2. 怎样制定改变行为的计划？包括：对你的不良行为进行分析（不良行为是什么时候开始的？在什么条件下容易发生？为什么这种不良行为可一直保持？这种不良行为最后一次发生是在什么时候？）、制定未来行为目标（改变的行为和时间）、制定实现目标的计划（目标要符合实际容易实现）。

3. 改变不良行为的步骤过程是什么？包括：有改变的愿望、分析不良行为产生的时间和保持的历史、记录现在的历史、分析当前的情况、设定长期目标、设定短期目标、和同学朋友签订合约、列出多项可行的实施方案和行动策略、选择一两项方案和策略具体实施、学习相关的技能、列出达到目标后容易再次引发的潜在因素、学习新的对应技能、定期重温自己所设定的近期和远期目标。

4. 当你行为改变的目标实现后，改变行为最困难的时候也就来临了。怎样保持这种改变就成为你成功或失败的关键。

讲授：影响人们运动行为的生理和心理因素。涉及内容：学生认知水平、价值观、态度、社会舆论、风俗、时尚、集体、同学和亲属等对人们运动行为的影响；影响人们运动行为的生理和心理因素。

讨论：1. 学生认知水平对运动行为的影响。体育锻炼对健康影响的知识、怎样锻炼的知识、怎样锻炼的知识比为什么要锻炼的知识更为重要、积极健康生活方式的知识、健康评价标准指标体系及对测试指标有价值的解释知识。

2. 学生心理因素对运动行为的影响。性别、个性、动机、意向、态度、兴趣、价值观等。

3. 社会对运动行为的影响。社会舆论、风俗、时尚、集体、同学和亲属等。

讲授：阻碍积极运动行为的因素。

讨论：1. 你为什么参加或不参加体育活动？“我的同学和朋友都经常参加体育活动”、“如果医生告诉我必须参加体育活动，我就参加体育活动”、“如果我不经常参加体育活动我就不能保持现在的体型”、“经常参加体育活动的人都精神饱满、身体健康”、“我挤不出时间进行体育活动”、“因为我每天都从事体力劳动，所以不需要再参加体育活动”。

2. 阻碍积极运动行为的10个因素：能力水平、精力和体力、器材设备、家庭的支持、兴趣爱好、经济条件、动机水平、同学影响、自律能力、可用时间。

3. 怎样激发和保持你的运动行为？注意锻炼过程而不要太在乎锻炼结果，有锻炼过程，锻炼的健康结果一定会伴随而来、制定锻炼计划或设定锻炼目标一定要切实可行，稍加努力就可以达到、在家里或教室布置一些健身的图片或名言警句、经常收看一些健身节目，增加知识激发动机、学会自我评价身体健康素质的方法，每学期至少测评一次、尽量使你的运动行为得到同班、同宿舍同学的支持并与你一起参加锻炼、参加力所能及的体育表演或竞赛活动，感受运动的内涵和乐趣。

讲授：什么是艾滋病？艾滋病（获得性免疫缺陷综合症）是一种主要由性接触和血液传播的传染病。

讨论：1. 艾滋病的传播途径有哪些？

2. 如何预防艾滋病？

第七节　文化传承

讲授：体育文化的内涵。体育文化是人类本身需求的特殊反映。它是人类在体育生活和体育实践中创造出来的，并通过有形的身体形态、动作技能、运动器材、物质以及无形的与社会属性相关的意志、观念、时代精神反映出来，显现了各具特色的存在方式。

讨论：我国的体育文化反映了哪些民族特征？

讲授：如何品尝体育文化。涉及内容：陶冶情操、美化生活、振奋民族精神、激发体育意识。

讨论：体育在你成长中起到了什么作用？

讲授：体育运动中的美。涉及内容：环境、健康、身体、运动、行为等方面。

讲授：体育欣赏的基本内容。涉及内容：对运动员动作美的欣赏、对比赛中所表现出的品德的欣赏、对比赛技术、战术运用和临场发挥的欣赏、对竞技运动比赛中裁判执法水平的欣赏、对教练员临场指挥风格的欣赏、对国内外重大体育比赛中解说员、评论员精湛评说的欣赏、对有关体育的书籍、报刊、摄影作品的欣赏、对体育运动场馆的建筑艺术风格的欣赏、对体育运动的器材、服装的欣赏、体育健身者在运动中的自我欣赏、对人体形体的欣赏、对体育音乐的欣赏、对比赛场地环境的欣赏等。

讲授：体育审美修养。观众要从比赛中获得美的享受，就必须不断地提高自己的审美修养。提高审美修养首先要控制好审美的心境。心境可以控制和改变，只有保持良好的心境才能对精彩的比赛越看越有趣，越看越感到是一种美的享受。提高审美修养还要懂得一点美学，特别是体育美学，多欣赏一点艺术，掌握一点体育知识和参与一定的体育实践活动。

讲授：奥林匹克科学大会。随着科学技术的进步和奥林匹克运动的不断发展，奥林匹克科学大会讨论的主题逐渐集中到与奥林匹克运动有关的学科，如奥林匹克运动史、体育美学、奥林匹克理想教育、妇女参加奥林匹克运动、运动医学、运动心理学、生物力学、生物化学、运动训练学、体育管理学、人类学、社会学等各个方面。

讨论：1. 我们能为奥林匹克运动做些什么？

2. 奥林匹克运动的价值？

讲授：奥林匹克运动与经济。涉及内容：非商业性的和商业性的经济形式。

讨论：北京奥运会的成功举办对我国经济有何影响？

讲授：奥林匹克运动与政治。

讨论：奥林匹克运动如何影响政治？

讲授：2008年北京奥运会。涉及内容：奥运会会徽、中国印、舞动的北京、绿色奥运、人文奥运等。

讨论：科技奥运在北京发展“知识经济”的过程中发挥了怎样的作用？

附 件

附件一：中小学体育教材内容类目表分析

在中小学体育教材样本来源中，凡是与类目表所列项目内容一致的，则每项记 1 分，并分别统计出每个来源（即每本教材样本）在类目表中的得分（表 1 和 2）。

表 1 中小学主要体育教材内容类目表

教材内容＼教材名称	小学体育新课标教法图解	中学体育新课标教法图解	中小学体育教学活动设计	体育与健身	体育与健康（高教）	体育 1-2 年级	体育 3-4 年级	体育 5-6 年级
走与队列				√		√	√	√
跑	√	√	√	√	√	√	√	√
跳跃	√	√	√	√		√	√	√
投掷	√	√	√	√		√	√	√
简易身体运动	√			√	√	√	√	√
翻滚		√			√	√		
单双杠		√		√				
篮球		√	√	√	√		√	√
足球		√		√	√		√	√
排球		√		√	√			
乒乓球				√				√
羽毛球				√				√
综合身体活动（游戏）	√		√	√			√	
游泳				√	√			√

续表

教材内容 \ 教材名称	小学体育新课标教法图解	中学体育新课标教法图解	中小学体育教学活动设计	体育与健身	体育与健康（高教）	体育 1-2年级	体育 3-4年级	体育 5-6年级
舞蹈						√	√	√
武术		√		√	√		√	√
健美与健美操		√			√			
实践部分得分统计	5	10	5	14	9	7	10	12
健康概念				√				
了解自己的身体							√	
身体形态发展							√	
合理的休息与锻炼								
运动健康观与健康教育				√	√			
运动损伤与康复				√				
体育与卫生保健				√				√
体育活动与营养								√
社会适应						√		
体育与个人身体健康				√		√		√
体育与心理健康				√		√		
体能常识				√				
运动参与						√		
自我健身				√	√			
科学锻炼知识								
体育锻炼中的自我监督					√			
身心发展特点与体育锻炼					√			√
运动竞赛观赏				√				

续表

教材名称 教材内容	小学体育新课标教法图解	中学体育新课标教法图解	中小学体育教学活动设计	体育与健身	体育与健康（高教）	体育 1-2 年级	体育 3-4 年级	体育 5-6 年级
奥林匹克文化								
理论部分得分统计	无	无	无	9	4	4	2	4

表 16　中小学主要体育教材内容类目表

教材名称 教材内容	体育与健康七至九年级（人教）	体育与健康（人教）	体育与健康七至九年级（地质）	体育与健康（山东）	体育与健康（七年级）	体育与健康（八年级）	体育与健康（十至十二年级）	体育与健康七至九年级（河北）
走与队列			√		√			
跑	√	√	√	√	√			√
跳跃	√	√	√	√		√		√
投掷	√	√	√	√		√		√
简易身体运动	√	√	√	√	√			
翻滚				√				
单双杠	√	√	√	√				
篮球	√	√	√	√	√	√		√
足球	√	√	√	√	√	√		√
排球	√	√		√	√	√		√
乒乓球	√			√	√	√		
羽毛球	√			√				
综合身体活动（游戏）					√			√
游泳	√	√	√	√	√	√		√
舞蹈	√					√		
武术	√	√			√	√		√
健美与健美操	√	√		√				√

续表

教材名称 \ 教材内容	体育与健康七至九年级（人教）	体育与健康（人教）	体育与健康七至九年级（地质）	体育与健康（山东）	体育与健康（七年级）	体育与健康（八年级）	体育与健康（十至十二年级）	体育与健康七至九年级（河北）
实践部分得分统计	14	11	9	13	10	9	无	10
健康概念			√				√	√
了解自己的身体			√		√			
身体形态发展					√	√		√
合理的休息与锻炼	√				√	√		
运动健康观与健康教育	√		√			√	√	
运动损伤与康复	√		√					√
体育与卫生保健	√			√			√	√
体育活动与营养	√	√	√			√	√	√
社会适应	√	√	√				√	√
体育与个人身体健康	√	√		√	√	√	√	
体育与心理健康	√	√	√	√	√	√	√	√
体能常识	√	√	√				√	√
运动参与	√	√						
自我健身	√						√	
科学锻炼知识	√	√					√	√
体育锻炼中的自我监督	√	√						
身心发展特点与体育锻炼	√		√		√	√		
运动竞赛观赏	√		√				√	
奥林匹克文化	√	√	√				√	
理论部分得分统计	17	9	11	3	6	7	12	9

附件二：大学体育教材内容类目表分析

在大学体育教材样本来源中，凡是与类目表所列项目内容一致的，则每项记 1 分，并分别统计出每个来源（即每本教材）在类目表中的得分(表 21 至 28)。

表 21　大学主要体育教材内容类目表

教材名称 / 教材内容	大学体育（杨文轩）	大学体育（李艳翎）	体育实践教程（第二版）	大学体育教程（第二版）	体育与健康（刘传进）	大学体育（蔡志坚）	大学体育（周天跃）	新编大学体育
田径	√	√	√	√		√	√	√
篮球	√	√	√	√	√	√	√	√
足球	√	√	√	√	√	√	√	√
排球	√	√	√	√	√	√	√	√
乒乓球	√	√	√	√	√	√	√	√
羽毛球	√	√	√	√	√	√	√	√
网球	√	√	√	√	√	√	√	√
健美操	√	√	√	√	√	√	√	√
健美与形体运动		√	√		√			√
体育舞蹈	√	√	√	√	√	√	√	√
瑜伽	√		√	√		√		
体操与艺术体操	√		√			√	√	
武术			√	√		√		
跆拳道			√	√	√	√	√	
游泳	√	√	√	√		√		
轮滑与滑板	√	√	√		√		√	√
攀岩	√	√	√	√		√		
高尔夫	√	√	√					
台球	√	√	√					
民族传统体育	√	√	√		√		√	√

续表

教材名称 / 教材内容	大学体育（杨文轩）	大学体育（李艳翎）	体育实践教程（第二版）	大学体育教程（第二版）	体育与健康（刘传进）	大学体育（蔡志坚）	大学体育（周天跃）	新编大学体育
定向运动	√	√	√			√	√	
野外生存		√	√			√	√	
实践部分得分统计	18	18	22	14	12	17	15	12
体育概述		√			√		√	
体育的功能								
大学体育概述						√		
大学生体育学习概述								
体育锻炼原则与科学方法								
大学体育教育	√	√		√	√	√		√
体育与健康	√	√		√	√	√	√	√
急救与方法	√	√		√			√	√
运动损伤预防与处理	√	√		√	√	√	√	√
体育安全教育与预防	√			√	√		√	√
体育与营养		√			√	√	√	√
体育竞赛概述							√	
体育欣赏					√	√	√	
体育竞技运动的组织								
体育文化	√			√	√		√	
理论部分得分统计	6	6	无	6	8	6	9	6

表 22　见大学主要体育教材内容类目表

教材名称 / 教材内容	新编大学体育教程	大学体育理论与方法	高校体育实用教程	新编大学体育理论	新编大学体育实践	体育教程	大学体育与健康（上册）	大学体育与健康（下册）
田径	√				√	√		
篮球	√		√		√	√		√
足球	√		√		√	√		√
排球	√		√		√	√		√
乒乓球	√		√		√	√		√
羽毛球	√		√		√	√		√
网球	√		√		√	√		√
健美操	√				√	√		√
健美与形体运动	√				√	√		√
体育舞蹈	√				√	√		√
瑜伽	√							√
体操与艺术体操					√	√		√
武术	√		√		√	√		√
跆拳道			√					√
游泳	√		√		√	√		
轮滑与滑板			√		√	√		
攀岩					√			
高尔夫					√			
台球			√			√		
民族传统体育								
定向运动								
野外生存					√			
实践部分得分统计	13	无	11	无	17	15	无	13
体育概述			√					

续表

教材内容 \ 教材名称	新编大学体育教程	大学体育理论与方法	高校体育实用教程	新编大学体育理论	新编大学体育实践	体育教程	大学体育与健康（上册）	大学体育与健康（下册）
体育的功能								
大学体育概述		√		√				
大学生体育学习概述		√						
体育锻炼原则与科学方法			√			√	√	
大学体育教育				√		√	√	
体育与健康	√	√	√	√		√	√	
急救与方法		√				√		
运动损伤预防与处理		√				√		
体育安全教育与预防		√				√		
体育与营养		√				√	√	
体育竞赛概述								
体育欣赏	√	√	√			√		
体育竞技运动的组织	√	√				√	√	
体育文化			√	√		√	√	
理论部分得分统计	3	9	5	4	无	10	6	无

表 23　大学主要体育教材内容类目表

教材内容 \ 教材名称	当代大学体育教程	大学体育与健康教程	普通高等学校体育教程	大学体育与健康	体育与健康(陕西)	大学体育	体育与健康	大学体育
田径	√	√	√	√	√	√	√	√
篮球	√	√	√	√	√	√	√	√
足球	√	√	√	√	√	√	√	√
排球	√	√	√	√	√	√	√	√

续表

教材名称 / 教材内容	当代大学体育教程	大学体育与健康教程	普通高等学校体育教程	大学体育与健康	体育与健康(陕西)	大学体育	体育与健康	大学体育
乒乓球	√	√	√	√	√	√	√	√
羽毛球	√	√	√	√	√	√	√	√
网球	√	√	√	√	√	√	√	√
健美操	√	√	√	√		√	√	√
健美与形体运动	√	√		√	√	√	√	√
体育舞蹈	√			√	√		√	
瑜伽								
体操与艺术体操			√			√		√
武术	√	√	√	√	√	√	√	√
跆拳道	√			√	√		√	
游泳	√	√	√	√	√	√	√	√
轮滑与滑板				√	√	√	√	
攀岩					√		√	
高尔夫								
台球			√		√	√	√	
民族传统体育								
定向运动					√		√	
野外生存								
实践部分得分统计	13	11	12	14	16	14	17	12
体育概述	√	√	√		√			√
体育的功能			√					
大学体育概述				√		√		√
大学生体育学习概述								

续表

教材内容 \ 教材名称	当代大学体育教程	大学体育与健康教程	普通高等学校体育教程	大学体育与健康	体育与健康(陕西)	大学体育	体育与健康	大学体育
体育锻炼原则与科学方法	√	√	√	√		√	√	√
大学体育教育	√		√				√	
体育与健康	√	√	√	√	√	√	√	√
急救与方法	√	√	√					√
运动损伤预防与处理	√	√	√			√	√	
体育安全教育与预防	√	√	√		√			√
体育与营养			√				√	√
体育竞赛概述	√				√	√	√	
体育欣赏		√	√	√		√	√	
体育竞技运动的组织		√	√	√			√	
体育文化		√		√		√		
理论部分得分统计	8	9	11	6	4	7	8	7

表 24　大学主要体育教材内容类目表

教材内容 \ 教材名称	体育与健康	大学体育（航海类）	大学体育（综合类）	大学体育（上册）	大学体育（上册）	大学体育与健康教育	大学体育理论教程	大学体育理论教
田径	√				√	√		
篮球	√	√	√		√	√		
足球	√		√			√		
排球	√				√	√		
乒乓球	√		√			√		
羽毛球	√		√			√		
网球	√		√			√		

续表

教材名称 教材内容	体育与健康	大学体育（航海类）	大学体育（综合类）	大学体育（上册）	大学体育（上册）	大学体育与健康教育	大学体育理论教程	大学体育理论教
健美操			√		√	√		
健美与形体运动	√	√	√	√		√		
体育舞蹈		√	√					
瑜伽								
体操与艺术体操								
武术	√	√			√	√		
跆拳道		√	√			√		
游泳	√	√		√				
轮滑与滑板	√		√					
攀岩	√							
高尔夫								
台球								
民族传统体育						√		
定向运动								
野外生存	√					√		
实践部分得分统计	13	6	11	2	5	13	无	无
体育概述		√	√	√		√		
体育的功能				√		√		
大学体育概述		√	√	√		√		
大学生体育学习概述		√	√					
体育锻炼原则与科学方法	√			√		√	√	√
大学体育教育								√
体育与健康	√	√	√	√		√	√	√
急救与方法		√	√	√		√	√	√

续表

教材名称 / 教材内容	体育与健康	大学体育（航海类）	大学体育（综合类）	大学体育（上册）	大学体育（上册）	大学体育与健康教育	大学体育理论教程	大学体育理论教
运动损伤预防与处理	√	√	√			√	√	√
体育安全教育与预防		√	√	√		√	√	√
体育与营养	√			√		√	√	√
体育竞赛概述						√		
体育欣赏		√	√				√	
体育竞技运动的组织						√		
体育文化	√	√	√			√	√	
理论部分得分统计	5	9	9	8	无	12	9	7

表 25　大学主要体育教材内容类目表

教材名称 / 教材内容	现代大学体育教程	大学体育与健康	大学体育实践教程	新编大学体育学	高校体育理论教程	体育学	大学公共体育教程	大学体育理论与实践
田径				√	√	√	√	
篮球	√	√	√	√	√	√	√	√
足球	√	√	√		√	√	√	√
排球	√		√	√	√	√	√	√
乒乓球	√		√	√	√	√	√	√
羽毛球	√		√		√	√	√	
网球	√		√	√	√	√		
健美操	√				√	√		
健美与形体运动	√	√	√				√	
体育舞蹈	√				√			
瑜伽								
体操与艺术体操	√							

续表

教材内容＼教材名称	现代大学体育教程	大学体育与健康	大学体育实践教程	新编大学体育学	高校体育理论教程	体育学	大学公共体育教程	大学体育理论与实践
武术	√	√		√		√	√	
跆拳道		√	√					
游泳	√		√		√	√		
轮滑与滑板	√				√	√		
攀岩								
高尔夫			√			√		
台球								
民族传统体育			√					
定向运动				√		√		
野外生存								
实践部分得分统计	13	5	11	7	11	13	8	4
体育概述					√	√		
体育的功能					√	√		
大学体育概述						√		
大学生体育学习概述	√							
体育锻炼原则与科学方法	√	√				√	√	√
大学体育教育	√						√	
体育与健康		√			√	√	√	√
急救与方法	√					√		
运动损伤预防与处理	√				√	√		
体育安全教育与预防	√				√	√		
体育与营养	√	√						
体育竞赛概述					√			
体育欣赏						√		

续表

教材内容＼教材名称	现代大学体育教程	大学体育与健康	大学体育实践教程	新编大学体育学	高校体育理论教程	体育学	大学公共体育教程	大学体育理论与实践
体育竞技运动的组织					√			
体育文化						√		
理论部分得分统计	7	3	无	无	7	10	3	2

表 26　大学主要体育教材内容类目表

教材内容＼教材名称	体育理论与实践教程	体育基础理论与实践教程	大学体育标准教程	体育与健康	现代大学体育理论教程	大学运动健康	大学生体育健身理论与方法	大学生体育健身与指导
田径	√						√	
篮球	√	√	√	√	√	√	√	√
足球	√	√	√	√		√	√	√
排球	√	√	√	√		√	√	√
乒乓球	√	√	√	√	√	√	√	√
羽毛球	√	√	√	√	√	√		√
网球	√	√	√	√		√		√
健美操	√	√	√				√	√
健美与形体运动	√	√					√	√
体育舞蹈	√						√	
瑜伽	√	√	√			√		
体操与艺术体操	√							
武术	√	√	√	√		√	√	
跆拳道	√	√	√					√
游泳		√	√	√	√	√		√
轮滑与滑板		√	√		√	√	√	√
攀岩				√	√		√	√

续表

教材名称 / 教材内容	体育理论与实践教程	体育基础理论与实践教程	大学体育标准教程	体育与健康	现代大学体育理论教程	大学运动健康	大学生体育健身理论与方法	大学生体育健身与指导
高尔夫					√			
台球					√		√	
民族传统体育								
定向运动	√	√				√		√
野外生存				√		√		
实践部分得分统计	15	14	12	11	8	12	12	13
体育概述	√							
体育的功能	√						√	
大学体育概述	√	√		√		√		
大学生体育学习概述								
体育锻炼原则与科学方法	√					√	√	
大学体育教育						√		
体育与健康	√	√	√	√	√	√	√	
急救与方法	√				√		√	
运动损伤预防与处理					√		√	
体育安全教育与预防	√	√			√	√	√	
体育与营养	√	√	√		√	√	√	
体育竞赛概述								
体育欣赏		√			√		√	
体育竞技运动的组织					√			
体育文化		√			√			
理论部分得分统计	8	6	2	2	8	6	8	无

表 27 大学主要体育教材内容类目表

教材内容 \ 教材名称	大学公共体育教程	大学体育教程	大学体育教程	体育与健康	体育与健康	大学体育与健康	大学体育	大学体育与健康
田径	√	√	√	√	√	√	√	√
篮球	√	√	√	√	√	√	√	√
足球	√	√	√	√	√	√	√	√
排球	√	√	√	√	√	√	√	√
乒乓球	√	√	√	√	√	√	√	√
羽毛球	√		√	√	√	√	√	√
网球	√	√	√	√	√	√	√	√
健美操	√	√	√	√	√	√	√	√
健美与形体运动	√	√	√	√			√	
体育舞蹈	√	√			√		√	
瑜伽		√						
体操与艺术体操	√		√			√		√
武术	√		√	√	√	√	√	√
跆拳道	√						√	
游泳	√	√	√	√	√	√	√	√
轮滑与滑板	√	√					√	
攀岩	√							
高尔夫	√							
台球								
民族传统体育								
定向运动							√	
野外生存								
实践部分得分统计	17	12	12	11	11	11	15	11
体育概述	√	√	√	√	√	√	√	√

续表

教材内容＼教材名称	大学公共体育教程	大学体育教程	大学体育教程	体育与健康	体育与健康	大学体育与健康	大学体育	大学体育与健康
体育的功能		√	√	√		√	√	√
大学体育概述	√		√			√	√	
大学生体育学习概述								
体育锻炼原则与科学方法	√			√		√	√	√
大学体育教育	√					√		
体育与健康	√	√	√	√	√	√	√	√
急救与方法	√	√	√	√	√			√
运动损伤的预防与处理	√	√	√	√	√	√	√	√
体育安全教育与预防	√	√	√	√	√		√	√
体育与营养		√		√		√	√	
体育竞赛概述					√		√	
体育欣赏					√			
体育竞技运动的组织			√		√		√	
体育文化		√		√			√	
理论部分得分统计	8	8	8	9	8	8	11	7

表 28　大学主要体育教材内容类目表

教材内容＼教材名称	大学现代体育	大学体育实用教程	大学体育	大学体育教程	体育与健康实践教程	大学生体育	大学体育	高校体育教程
田径		√		√		√	√	
篮球	√	√	√	√	√	√	√	√
足球	√	√	√	√	√	√	√	√
排球	√	√	√	√	√	√	√	√
乒乓球	√	√	√	√	√	√	√	√

续表

教材名称 / 教材内容	大学现代体育	大学体育实用教程	大学体育	大学体育教程	体育与健康实践教程	大学生体育	大学体育	高校体育教程
羽毛球	√	√	√	√	√	√	√	√
网球		√	√	√	√	√	√	√
健美操	√	√	√	√	√	√		√
健美与形体运动		√		√	√			√
体育舞蹈		√				√		√
瑜伽					√			
体操与艺术体操	√	√			√	√	√	√
武术	√	√	√	√	√	√	√	√
跆拳道			√					√
游泳	√	√	√	√	√	√	√	√
轮滑与滑板	√							
攀岩	√							
高尔夫	√							
台球	√					√		
民族传统体育						√		
定向运动								
野外生存	√							
实践部分得分统计	14	13	10	11	13	14	11	13
体育概述				√			√	√
体育的功能								
大学体育概述		√	√	√			√	
大学生体育学习概述			√					
体育锻炼原则与科学方法		√	√	√				√
大学体育教育				√				

续表

教材名称 教材内容	大学现代体育	大学体育实用教程	大学体育	大学体育教程	体育与健康实践教程	大学生体育	大学体育	高校体育教程
体育与健康		√	√	√			√	√
急救与急救方法				√				
运动损伤预防与处理				√				
体育安全教育与预防								
体育与营养								√
体育竞赛概述								
体育欣赏			√					
体育竞技运动的组织		√						
体育文化								
理论部分得分统计	无	4	5	7	无	无	3	4